영혼을 세우는
관계의 공동체

IVP(InterVarsity Press)는
캠퍼스와 세상 속의 하나님 나라 운동을 지향하는
IVF(InterVarsity Christian Fellowship)의 출판부로서
생각하는 그리스도인을 위한 문서 운동을 실천합니다.

© 1999 by Larry Crabb.
Originally published in English under the title
Becoming a True Spiritual Community
by Thomas Nelson, Inc., Nashville, TN, USA.

All rights reserved.

This Korean Edition Copyright © 2013
by Korea InterVarsity Press, Seoul, Republic of Korea.
This Korean edition is translated and used by arrangement of Thomas Nelson, Inc.
through rMaeng2, Seoul, Republic of Korea.

이 한국어판의 저작권은 알맹2 에이전시를 통하여 Thomas Nelson, Inc.와 독점 계약한
IVP에 있습니다. 신 저작권법에 의하여 한국 내에서 보호받는 저작물이므로
무단 전재와 무단 복제를 금합니다.

영혼을 세우는
BECOMING A TRUE SPIRITUAL COMMUNITY

관계의 공동체

래리 크랩
김명희 옮김

차례

서언 10

감사의글 13

들어가며 의자를 돌려놓자 16

part One : 영적 공동체를 어떻게 생각할 것인가

1 제발, 쉽다고 생각하지 말자 26
2 쉽지는 않지만 그만한 가치가 있다 37
3 영적 공동체란 무엇인가 52
4 아르만도가 필요해 63
5 영적 공동체가 아닌 것 74
6 영적 공동체가 아닌 이유 84

part ***Two*** : 우리의 분투를
　　　　　어떻게 이해할 것인가

7　두 개의 방　104
8　아랫방은 존재한다　123
9　아랫방 가구들　134
10　윗방은 존재한다　155
11　윗방 가구들　168

part ***Three*** : 이 세상 속에서
　　　　　　어떻게 관계를 맺을 것인가

12　서로를 바라보는 우리 영혼: 세 가지 기본 신념　188
13　갈림길　203
14　관리자인가, 신비가인가: 공동체의 신비　224
15　위험을 감수할 만하다　236
16　들어가라, 보라, 어루만지라:
　　 영적 공동체를 세우는 방법　247
17　영적 공동체 되어 가기　270

차례

묵상과 토론을 위한 질문

들어가며 의자를 돌려놓자 282

part One : 영적 공동체를 어떻게 생각할 것인가

1. 제발, 쉽다고 생각하지 말자 285
2. 쉽지는 않지만 그만한 가치가 있다 287
3. 영적 공동체란 무엇인가 290
4. 아르만도가 필요해 292
5. 영적 공동체가 아닌 것 295
6. 영적 공동체가 아닌 이유 298

part *Two* : 우리의 분투를
　　　　　　어떻게 이해할 것인가

7　두 개의 방 302
8　아랫방은 존재한다 305
9　아랫방 가구들 308
10　윗방은 존재한다 311
11　윗방 가구들 314

part *Three* : 이 세상 속에서
　　　　　　　어떻게 관계를 맺을 것인가

12　서로를 바라보는 우리 영혼: 세 가지 기본 신념 319
13　갈림길 322
14　관리자인가, 신비가인가: 공동체의 신비 326
15　위험을 감수할 만하다 329
16　들어가라, 보라, 어루만지라:
　　　영적 공동체를 세우는 방법 332
17　영적 공동체 되어 가기 336

주 339

나의 영적 공동체에게,
하나님께로 향해 계속 함께 여행하자!

서언

예수를 우리 주와 구세주로 따르기로 결단하기만 하면, 우리는 저절로 영적 공동체에 속할 거라고 생각한다. 마음이 맞는 친구들, 가족 같은 형제자매와 영광에 이르는 여정에서 우정을 나누는 그런 공동체 말이다.

그러나 실망이 이만저만이 아니다. 이유가 뭘까? 왜 영적 공동체, 즉 '교회'는 늘 문젯거리로 사람들 입에 오르내리는 걸까?

누구나 이런 질문을 한다. 나이가 적든 많든, 예배당 의자에 앉아 있는 신자든 강대상 앞에 서 있는 목사든, 오랜 기간 믿어 온 그리스도인이든, 갓 그리스도인이 된 이든, 혹은 비그리스도인이든 상관없다. 이것은 모든 교파를 아우르는 질문이기도 하다. 격노한 소리로, 혹은 조롱하는 냉소주의로, 혹은 거의 들리지 않는 절망 속에서 아주 다양한 형태로 표현되기도 한다. 그리고 영적인 수요 공급 법칙에 맞는 온갖 대답들이 쏟아져 나온다.

하지만 의외로 래리 크랩은 해답을 제시하지 않는다.

대신 인간은 관계 맺으며 사는 인격적인 존재라는 사실에 대해 공감할 수 있는 대화를 나누어 보자고 청한다. 그는 예수 안에서 가능한 그 삶을 삼위일체께서 어떻게 보여 주셨는지에 집중한다. 또한 우리 속에 "그리스도의 형상이 이루어지고"(갈 4:19) 우리가 "그리스도의 장성한 분량이 충만한 데"까지 자라 나갈 때(엡 4:13), 영적 공동체(교회)가 중심이 된다는 사실에 집중하게 한다. 이런 성장은 우리 혼자서는 이룰 수 없는 일이므로 개인주의는 대안이 아니다. 또한 영적 공동체 안에서 겪는 감당하기 힘든 어려움들도 껴안아야 된다고 주장하는데, 이것은 이 책에서 가장 중요한 충고일 것이다. 순식간에 친밀해지는 경우는 없다. 지름길도 없다. 혼란과 실망을 피할 수도 없다. 오히려 우리처럼 허둥대거나 절뚝거리는 깨어진 사람들의 공동체 속에서 예수를 따르는 힘겨운 모험을 평생 동안 각오해야 할 것이다.

이 책의 특징인 정직함과 절박함은 공동체를 상품화하는 우리 시대의 상업주의 정신과 대비된다. 영적 공동체의 피폐로 말미암아 그리스도인들은 그러한 상업주의에 손쉽게 넘어갔다. 공동체에 대한 욕구는 있으나 우리가 속한(혹은 대충 훑어본) 공동체에 대해 불만이 쌓이다 보니, '공동체'를 파는 사람들이 여기저기 활개 쳤다. 공동체라는 상품은 오늘날 북미에서 놀라운 성장 산업 가운데 하나다. 성령께서 시작하신 공동체가 어떻게 이토록 빈번하게(수익성도 좋다!) 기술이나 상품으로 포장될 수 있을까?

그러나 자세히 살펴보면 팔리는 것은 공동체가 아니다. 미국인들은 클럽을 만들고 무리를 모으는 일을 잘한다. 하지만 클럽과 무리는 공동체가 아니다. 종교적인 클럽과 무리라도 마찬가지다. 공동체를 만드는 일은 정교하고 끈기를 필요로 하며 고통스러운 성령의 작업이다. 우리는 공동체를 사거나 만들 수 없다. 단지 공동체가 되도록 우리 자신을 드릴 수 있을 뿐이다. 이 책은 우리 문화에서 높은 찬사를 받는 경영 능력과 리더십 기술이 아닌, 진정한 영적 공동체가 자라나는 조건에 집중한다. 그럼으로써 우리에게 주어진 장소와 그곳에서 우리가 만나는 사람들에게로 다시 들어갈 수 있도록 필요한 지침과 지혜와 소망을 제공한다. 이것이 하나님의 말씀과 성령께서 영적 공동체를 세우실 때 우리가 해야 할 준비다.

유진 피터슨
리젠트 칼리지의 영성 신학 명예 교수

감사의 글

이 책은 내게 일종의 이정표다. 사실 집필하면서 처음으로 누구에게도 피드백을 요청하지 않았다. 책이 마무리될 때까지 클라우디아 외에는 단 한 문장도 본 사람이 없다.

처음에는 마음속 깊은 곳의 욕구를 표현하기가 좀 두려웠다. 뛰어난 예술가이자 영적 친구인 마샤는 창작을 하는 중 받는 피드백에는 양날이 있다고 말했다. 사람들이 내 말을 어떻게 듣고 평가하는지 더 잘 감지할 수 있지만, 그러다 보면 화폭이나 지면에 쏟아 놓으려 했던 것 일부를 바꿀 가능성도 있다는 것이다.

그래서 더 힘겨웠다. 아무것도 하지 않는 것은 무언가를 하는 것보다 훨씬 어려운 법이다. 당신이 곧 읽을 이 글은 시작 단계에서부터 네댓 번 실패했고, 성령으로 충만해지기 전에 썼던 몇몇 장은 다시 쓰기도 했다. 집필에 집중하기 위해 몇 주 동안 호텔 방에 처박혀 있기도 했고, 일 년 내내 지하 사무실에서 은둔하며 지내기도 했다. 그러는 동안, 하나님의 임재를 의식하며 작업할 수 있도록 기도했다. 그러고 나서 많은 사람들의 도움으로, 성령께서 내 눈을 열어 보여 주시고 내 마음을 열어 말씀하시는 것들을 글로 담았다.

클라우디아 잉그램이 없었다면 이 책에 담긴 내용은 그저 이것저것 끄적거려 놓은 종이 뭉치로 어딘가에 처박혀 있었을 것이다. 그녀는 손으로 휘갈겨 쓴 후 팩스로 전송된 내 글을 깔끔한 원고로 정돈해 주었을 뿐만 아니라, 하나님이 나를 어떻게 쓰시는지 알고자 하는 강렬한 열정도 품고 있었다. 이는 한쪽 날이 되어 내게 계속 좋은 영향을 미쳤다.

W 출판 그룹에서 일하는 친구 조이 폴은 이 책을 위해 몸을 아끼지 않았다. 그는 그저 출판인이라기보다는 친구며, 하나님 나라 사역을 함께하는 동역자다. 이 프로젝트를 믿어 준 W 출판 그룹의 모든 편집 팀원에게 감사를 전한다.

레라 길버트는 이 원고를 훨씬 읽기 쉬운 책으로 편집해 주었다. 리사 게스트는 내 생각들을 잘 소화해서 탁월한 토론 질문들을 만들어 주었다. 두 사람 모두에게 감사를 전한다.

실리 예이츠는 골프 시합에서는 내게 승리를 양보하는 아량을 베풀지 않았지만, 함께 일하는 동안 하나님과 그분의 백성을 향한 열정으로 모든 일에 활기를 더해 주었다. 그리스도를 향한 내 열정을 일깨워 준 그의 탁월함을, 단순히 나의 저작권 에이전트라는 말로는 제대로 표현할 수 없다.

제리 밀러는 하나님이 어떤 말씀을 하시든 그것을 말하도록 내게 담대함을 불러일으켜 주었다. 프랭크 윌슨은 만날 때마다 자기 속에 살아 있는 무언가를 내게 부어 주었다. 바로 본론으로 들어가는 척 예거의 재능 덕에, 내가 진정으로 말하고 싶은 바에 초점을 맞출 수 있었다.

짐과 수지 칼람, 드와이트와 샌디 에드워즈, 트립과 주디 무어, 켄트와 카라 덴링거는 레이첼과 내게 영적 우정이라는 용어의 의미를 분명히 알게 해준 친구 목사와 사모들이다. 우리의 사랑은 정말 깊다.

이 책을 쓰는 동안, 매주 정해진 시간에 기도로 지원해 준 기도 팀에게 큰 감사를 전한다. 랜디와 마샤, 켑과 킴, 리처드, 포이베, 던컨과 엔지, 앨과 지니, 프레디와 사라, 켄트와 카라, 빌과 샌디, 프랭크와 크리스, 크리스틴, 웨스와 주디, 켄, 커티스, 빌과 메리, 탐과 제니, 마거릿, 몬테와 쉐릴, 척, 밥과 클라우디아, 앤서니와 다이앤, 짐과 수지에게 감사한다. 이 책에 담긴 영적 지혜는 모두 이들의 신실한 수고의 결과다.

하나님 및 다른 사람들과 친밀한 관계를 맺고자 하는 나의 갈망이 되살아난 것은 많은 이들의 도움 덕분이다. 론과 제니, 마크, 엘리사와 에번, 필립과 재닛, 켄과 다이앤, 챕과 디, 탐과 비키, 조지와 코니, 마이크와 줄리안 그리고 그 외 아주 많은 사람들에게 감사를 전한다.

아들들에게도 감사를 전한다. 나는 우리 아이들이 하나님과 동행하는 모습을 보며 다른 어디에서도 맛볼 수 없는 기쁨을 누렸다. 부모님께도 감사를 전한다. 가혹한 시련의 시기에도 하나님을 꼭 붙잡고 계셨던 부모님 덕분에 나 역시 어두운 밤을 지날 때에도 힘을 낼 수 있었다.

마지막으로 아내에게 감사를 전한다. 아내는 성령께서 내 속에서, 또 나를 통해서 하시는 일을 위해 어떤 대가도 마다하지 않았다! 빛을 향해 함께 여행하는 동안, 자신의 마음을 내 마음에 맞추어 준 아내에게 진심으로 감사한다. **함께**라는 단어는 눈물이 나게 한다. '함께'는 하나님이 계획하신 일이다!

들어가며

의자를 돌려놓자

잊을 수 없는 광경이었다. 잊어 보려 했지만, 25년이 지난 지금도 사소한 몇 가지만 흐릿해졌을 뿐, 그 장면의 전반적인 특징이나 구체적인 모습 대부분이 마치 어제 본 것처럼 생생하게 남아 있다.

레이첼과 나는 마이애미 해변을 여행 중이었다. 우리는 우중충한 중서부에서 막 남부 플로리다로 이사 와서, 그 유명한 햇살 가득한 휴양지를 처음으로 방문하는 즐거움을 누리고 있었다.

온갖 엽서들에 담긴 휘황찬란한 해변의 호텔들 서쪽으로 한 구역을 가니 아주 평범한 대도시 거리가 나왔다. 시끄럽고 지저분했으며 택시와 버스와 공사 트럭들이 뒤엉켜 교통 체증도 심했다. 그 거리에는 그다지 우아하지 않은 상점들과 주택들이 늘어서 있었고, 간혹 콘크리트 사이에 있는 작은 땅을 비집고 초록색 관목이 몸을 내밀고 있었다. 고개를 들어 위를 올려다봐야 겨우 파란 하늘 한 조각을 볼 수 있었다.

집에 보내거나 사진첩에 간직하려고 사진을 찍는 사람은 아무도 없었다. 그러다 나무 널빤지로 된 발코니 앞을 지나게 되었다. 3미터 가량의 폭에 보도 옆으로 길이가 18미터쯤 되는 크기였다. 그곳에는 적어도 100개는 족히 될 의자들이 정확히 같은 간격으로 떨어진 채 열과 행을 맞추어 가지런히 놓여 있었다.

대부분의 의자를 차지한 은퇴한 노인들은 모두 거리를 똑바로 바라보며 움직임 없이 가만히 앉아 있었다. 분명 누군가는 몸을 흔들어 댔을 테지만 그런 모습을 본 기억은 없다. 지나가는 택시나 보행자를 따라 고개를 돌리거나 옆에 앉은 누군가와 잡담을 하기 위해 고개를 돌리는 사람도 없었다. 다리를 꼬고 앉아 있는 사람도 보지 못했다(한 여성의 발목 주위에서 주름 잡힌 스타킹을 보았던 것은 기억한다). 소설책이나 신문도, 커피나 아이스티 같은 것조차 없었다. 대화도 없었기에 이들에게서는 관계적인 하나님이 친밀한 관계를 즐기도록 창조하신 사람들이라는 흔적을 전혀 찾아볼 수 없었다.

생기 없는 관계들과 초점 없는 대화로 오랜 세월을 보낸 탓에 이들의 영혼은 잠들어 버리고 무감각해진 것이 아닐까? 사업상의 거래, 낭만적인 만남, 아이들을 향한 잔소리, 교회 모임 등은 당시에는 분명 중요한 사안들이었을 것이다. 그러나 그런 만남들이 삶에 활기를 줄 만큼 깊은 부분을 건드리지 못한 것이다.

이들을 보며 이런 생각을 했다. '이 발코니에 앉아 있는 사람들은 은퇴 후 모두 플로리다에서 보낼 꿈을 꾸며 평생 디트로이트나 뉴욕에서 열심히 일했겠지. 그리고 지금 그 꿈을 이루었어. 하지만 그들 모습을 봐! 이 꼴이 되려고 그렇게 살아 왔던 것인가. 주님, 제가 다른 사람과 절대 눈도 맞추지 않고 아는 사람 하나 없고 알아봐 주는 사람 하나 없

이 앞만 바라보며 다른 사람들 옆에서 의자를 차지하고 앉아 있지 않게 도와주소서.'

그 발코니의 광경은 이루 말할 수 없이 슬펐다. 나는 그 모습을 잊을 수가 없다. 그 옆을 지나칠 때 아내는 이렇게 속삭였다(듣는 사람도 없는데 왜 속삭였는지는 모르겠다). "목청껏 노래를 부르며 춤을 추고 싶은 이상한 충동을 느껴요."

이 책을 쓰게 된 것도 비슷한 충동 때문이다.

성령께서 그리스도인들 무리 곁을 지나가실 때도 우리와 비슷한 느낌이 들지 않으실까? 물론 약간의 차이는 있다. 우리는 자주 잡담을 하고 가끔 노래도 하고 어쩌다가(어떤 그룹은) 춤도 춘다. 진지한 대화도 하고 성경 공부도 하며 이야기도 나누고 함께 주말 수련회 계획도 세운다. 또 스포츠와 재미있는 토막 뉴스 같은 활기차지만 평범한 대화를 나누기도 한다.

매주 일요일 오전에는 일어났다가 다시 앉고 또 누군가의 인도에 따라 노래를 부른다. 손을 들고 있는 사람도 일부 있지만, 대부분은 누군가가 우리에게 말을 하는 동안 잠잠히 앉아 있다. 헌금을 해야 할 순간이 되면 지갑을 열고 소리가 나지 않도록 벨벳 안감을 대어 만든 커다란 그릇에 지폐와 동전을 넣는다.

우리는 많은 일을 **하고 있다**. 하지만 항상 성부 성자와 **관계를 맺고 계시는** 성령께서는 레이첼과 내가 마이애미 해변 발코니에서 은퇴한 사람들을 바라보는 것처럼 우리를 바라보시는 것은 아닐까? 의자에 줄 지어 앉은 채 서로 삶을 나누지 않고 앞만 쳐다보던 그들처럼. 실제로 우리가 그렇게 보이는 것은 아닌가?

꽤 큰 교회에서 몇몇 소그룹을 담당하시는 어느 목사님이 최근에 이런 말을 했다. "우리 가정 교회 가족들은 매뉴얼대로 잘 따라합니다. 개인적인 이야기도 하고 기도 제목도 나누고 흥미로운 토론도 하고 성경 말씀도 묵상하고 함께 예배드려요. 가끔 서로를 위해 울기도 하지요. 그런데 꼭 있어야 하는 뭔가가 없습니다. 모두가 원하는 어떤 것이 있는데, 그게 뭔지는 모르겠어요. 우리는 뭔가를 놓치고 있어요."

몇 사람이 모여 관계를 맺으려 할 때에도, 우리의 영혼은 깊이 숨은 채로 실제로는 전혀 **만나지** 않거나, 서로에게 필요한 것을 주지도 않고 받지도 않는 것은 아닌가?

또 다른 소그룹의 리더는 점심 식사 도중에 이렇게 말했다. "우리는 한 단계 더 성장해야 해요. 우리 모임은 잘되고 있는 것처럼 보이지만, 대부분의 사람이 바라는 그 일, **일어나기를** 기대하는 바로 그 일이 일어나지 않고 있어요."

그러고 나서 그녀는 마이애미 해변의 장면이 떠오르는 말을 했다. "우리 몸은 빙 둘러앉아 있지만, 우리 영혼은 등받이가 꼿꼿한 의자들에 앉은 채 다른 사람들을 바라보지 않고 있어요. 누구도 모임 안에서 안전하다고 느끼지 않기 때문에(실제로도 그렇기 때문에) 스스로 안전한 방책을 찾으려 하는 거죠."

내가 이 책을 쓰는 이유는 우리가 의자를 돌려놓는 모습을 보고 싶어서다. 우리는 서로의 영혼을 마주 보아야 한다. 그러고 나서 의자에서 내려와 무릎을 꿇었으면 좋겠다. 그리고 우리 자리로 다시 돌아가기 전에, 비유적이든 말 그대로이든 간에 서로 발을 씻겨 주었으면 좋겠다.

예배, 겸손, **그다음**에는 대화가 와야 한다. 그것이 자연스러운 순서다.

서로 대화를 나누었으면 좋겠다. 그저 대화만 하는 것이 아니라, 서로 영향을 미치고 성령께서 거하시는 또 다른 영역으로 들어갔으면 좋겠다. 그곳에서 우리는 첫 번째 것을 첫 번째 자리에 두고, 두 번째 것은 두 번째 자리에 둘 것이다. 우리가 일종의 하나 됨을 경험하길 바란다. 즉, 우리 안에 있는 가장 선한 것을 인식하게 해주고, 그것이 드러나지 못하도록 가로막는 온갖 악을 깨닫게 해주는 그런 하나 됨, 멋진 소년은 남성으로, 예쁜 소녀는 여성으로 만들어 주는, **마음이 통하는** 하나 됨을 이루기를 바란다.

히브리서 저자가 마음에 두었던 것이 바로 그것이었을 것이다. 그는 모이기를 폐하는 어떤 사람들의 습관과 같이 하지 말라고 말했다. 그리고 우리가 모일 때, 성령이 우리 안에 두신 생명을 일깨워 불을 타오르게 할 말을 하고 그런 행동을 하라고 조언했다. 그렇게 할 때 우리는 보이지 않는 실재에 시선을 고정하여 어두운 밤을 헤쳐 나갈 수도 있고 즐거운 아침을 맞이할 수도 있다는 것이다. 또 이 모든 것이 무슨 의미인지 숙고하라고, **골똘히 생각하라**고 말했다.

그러나 우리는 그렇게 하지 않았다. 대신 '교회 생활을 하는' 법, 진정한 하나 됨은 필요 없는 소그룹에 속하는 법, 우리의 의자를 완전히 돌려놓지 않으면서도 동료 그리스도인들과 관계 맺는 법을 찾았다. 우리는 활동, 조직, 야망(세속적이기도 하고 종교적이기도 한)이 담긴 넓은 고속도로를 걸었고, 많은 사람들이 간 그 길을 따라가며 교회 건물을 세웠다. 그리고 우리와 함께 그 길을 가는 수많은 여행객들을 건물 속으로 맞아들이고, 그 청중을 공동체라고 불렀다.

하지만 그런 것들은 공동체가 아니다. 진정한 공동체에서는 사람들이 서로 잘 안다. 그들은 성령께서 일하실 때에만 가능한 관계를 맺는다. 최근에 한 친구가 이렇게 말했다. "나는 아는 사람들과 함께 있을 때 예배를 훨씬 더 잘 드린다네." 공동체에 속한 그리스도인들은 하나님과 서로를 잘 아는 사람들을 통해서만 하나님이 주시는 것을 주고받는다. 혹은 적어도 온 힘을 다해 그것을 추구하는 소수의 사람들을 통해서만 주시는 것을 주고받는다.

오늘날의 교회는 진정한 공동체라 하기 어렵다. 오히려 사교를 위한 단체인 경우가 훨씬 많다. 잠시 순조롭게 작동되다가 문제가 생기면 수리하고, 그러고 나서 다시 순조롭게 작동되거나 요란스럽게 엔진 소리를 내며 작동되는 기계 같다. 예배가 시작될 때쯤 옆에 앉은 사람과 인사를 나누라는 제의는 그저 기어에 기름을 뿌리는 것 정도일 뿐 보통 별효과가 없다. 당신의 이름을 말할 수야 있지만 이름이 뭐든, 그것은 사실 관계에 아무런 영향도 미치지 못할 것이다. 이러한 상호 작용은 대부분 공동체를 세우지 못한다. 그저 공동체의 대용품에 지나지 않는 경우가 훨씬 많다.

성령의 길은 전혀 다르다. 그 길은 다른 길보다 좁고 더 가파르고 더 곧다. 그 길은 친구들로 이루어진 작은 공동체가 가는 길이다. 의자를 돌려놓고 서로를 바라보며 기꺼이 그들 곁에 머무르면서, 그들이 하나님과 서로를 의지한다는 사실을 함께 기뻐하는 예배자들만이 걸어갈 수 있다. 공동체를 가능하게 하시는 성령의 능력을 발견하는 예배자들만이 갈 수 있는 길이다. 그들은 하나님이 자신들에게 성령을 보내시고 그들 안에서 그리고 그들 가운데서 기적을 일으키신다는 사실을 안다. 하지만 그 기적은 그들이 명석하게 일을 해냈기 때문이 아니라, 기꺼이 하나님과 서로를 의지하며 성령의 음성을 듣는 법을 배웠기 때문에 일어난다(갈 3:5을 보라).

인생에는 많은 길이 있다. 많은 사람이 걸어간 길도 있고 소수의 순례자들만이 매료되어 간 길도 있다. 하지만 진정한 공동체에 이르는 길, 즉 영혼들을 하나로 묶어 주고 변화시키는 세상에서 가장 안전한 곳에 이르는 길은 단 하나뿐이다.

성경은 우리에게 그 길과 그 길이 우리를 어디로 이끄는지 골똘히 생각해 보라고 말한다.

그것이 바로 이 책에서 하고 싶은 것이다.

나는 **영적 공동체**에 대해 쓰려 한다. 서로를 바라보며 의자를 돌려놓는다는 것이 무슨 의미인지 말하고 싶다. 또 우리 마음속에 있는 생명을 형제자매들의 마음속으로 흘려보내고 그들의 생명도 우리 속으로 흐르게 하는 것이 무슨 의미인지 말하고 싶다. 때로는 주는 것보다 받는 것이 훨씬 어렵다. 하지만 영적 공동체에서는 두 가지가 다 있다.

1부에서는 **영적 공동체를 어떻게 생각해야 할지**를 다룬다. 영적 공동체란 무엇인가? 우리는 어떻게 성령이 꼭 계셔야 하는 관계, 비그리스도인들에게는 절대 불가능한, 그런 관계를 맺을 수 있을까? 무엇이 그들을 매료시키며 호기심을 갖게 하는가? 성령이 없는 사람들도 간혹 서로 아주 잘 지내며(좋은 이웃이 다 그리스도인은 아니다), 일부 사람들은 감동적인 희생과 자비의 행동들을 한다. **영적 공동체의 독특성은 무엇인가**?

2부에서는 우리의 분투를 어떻게 이해해야 하는지를 다룬다. 이는 영적 공동체에서 주요한 두 관계인, 영적 친구와 영적 지도자가 어째서 우리를 돕기에 가장 적합한지 밝혀 줄 것이다. 영적 공동체는 직업 공동체보다 안전하다. 비록 많은 사람이 그 반대의 경험을 하지만 말이다. (영적 공동체가 안전하지 않다면 그것은 영적 공동체가 아니다).

마지막 3부에서는 이 책의 핵심, 즉 **이 세상 속에서 어떻게 관계를 맺을지**에 대해 제시한다. 이는 영적 공동체에 속한다는 것이 어떤 의미인지 분명히 보여 줄 것이다.

그리고 우리에게 의자를 돌려놓으라고 요청한다.

1
영적

공동체를

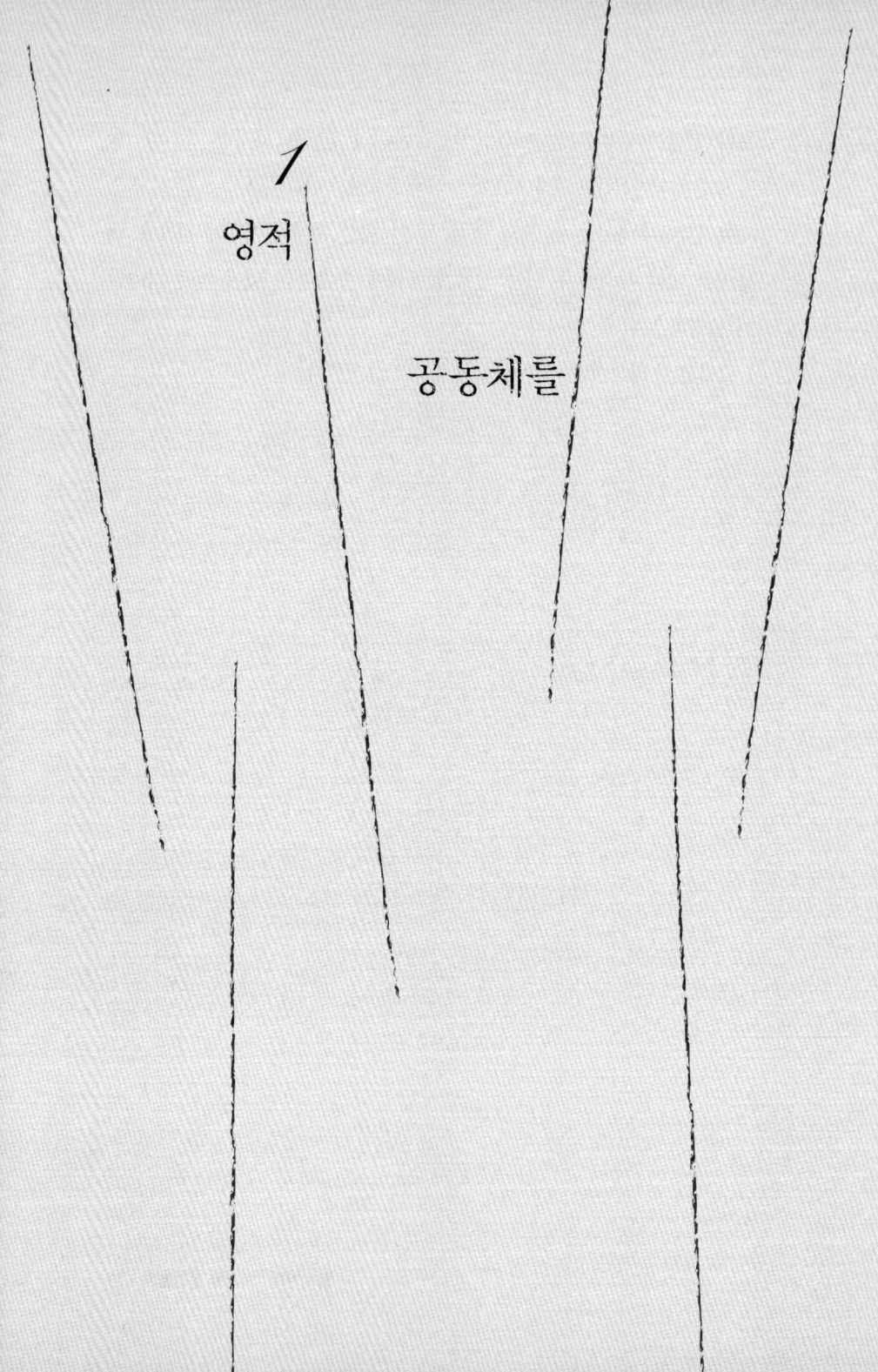

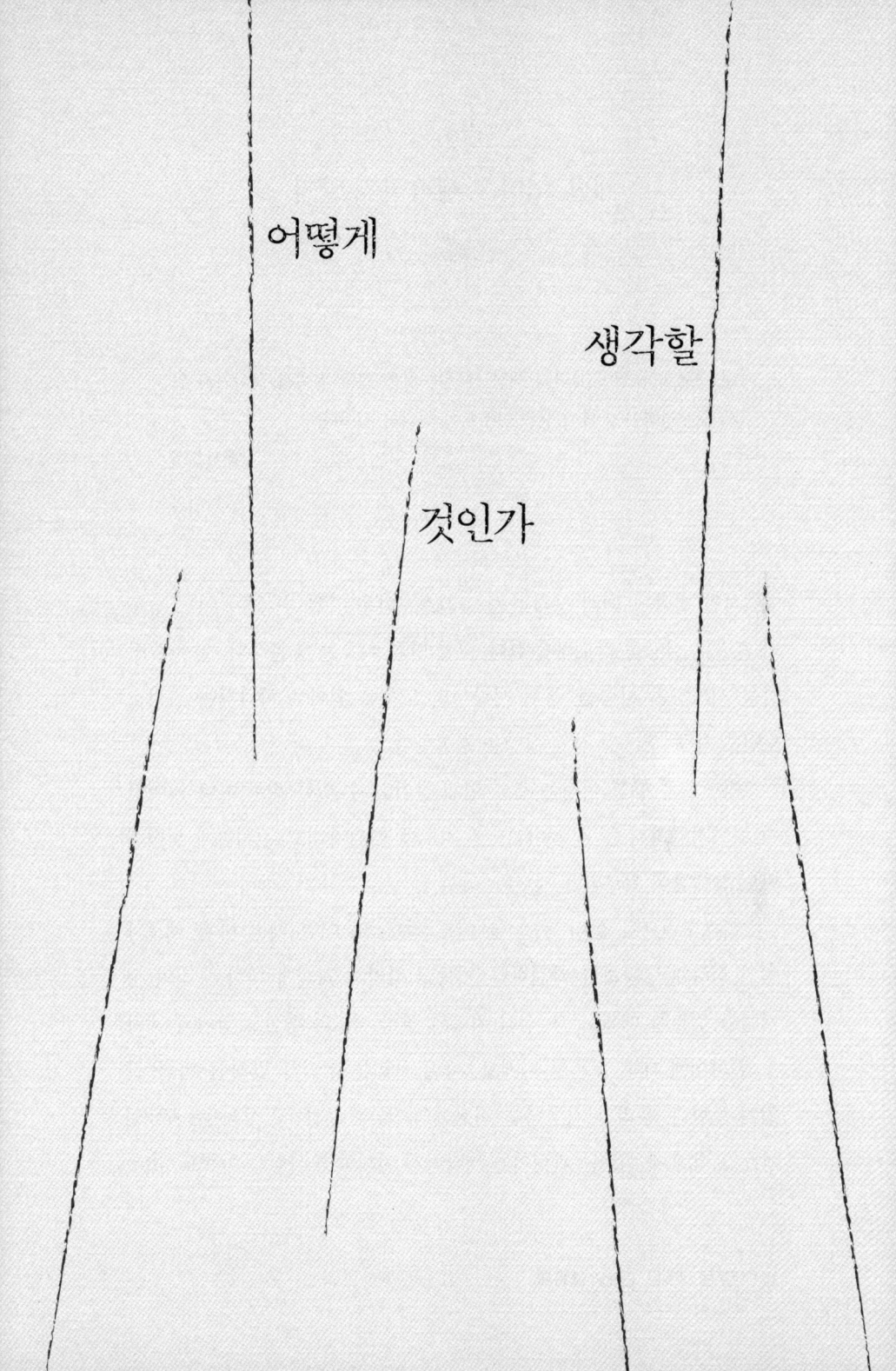

1
제발, 쉽다고 생각하지 말자

> 내 경험을 곱씹어 보면서 새삼 깨닫는 것은 세상 속에서 살아가기 위해서는 영적인 삶에 초점을 맞추어야 한다는 것이다.
>
> —헨리 나우웬

인격적인 변화에 대해 생각하는 그리스도인은 어쩔 수 없이 어느 정도의 혼란과 실망을 각오해야 한다. 그럴 만한 이유는 충분하다. 실제로 변화를 시도하는 사람들, 특히 사람들의 도움을 얻어 변화하려는 그리스도인은 자주 혼란을 겪고 실망을 경험한다.

그리스도를 향한 여정은 결코 쉽게 찾아갈 수 있는 길이 아니다. 어떤 지도든 정확하지 않을 것이고, 그 지도를 따라가려고 진지하게 노력해 봐도 장애물이 가로막을 것이다.

그리스도인으로 살다 보면 늘 어느 정도, 또 어떤 때는 다른 때보다 훨씬 심하게 당황하고 좌절한다. 기독교 상담과 교회에 대한 우리의 생각들을 검토할 때에도, 또 심리 치료와 영적 지도와 평신도 상담과 제자도의 차이에 대해 토론할 때에도, 사실 우리는 우리가 말하는 바를 잘 알지 못한다. 우리가 지향하는 목표든(온전함은 무엇이고 성숙이란 무엇인가?), 그 목표에 이르는 과정이든 명확하게 이해하는 사람은 아무도 없다.

데이트 신청을 거절당해 불같이 화를 내는 청년을 어떻게 대해야 하는가? 관계가 냉랭해지고 긴장이 표출될 때에는 어떻게 반응해야 하는가? 대화를 나누고 이해하려고 노력해야 하는가, 아니면 문제를 덮고 다시 사랑하려고 노력하는 것이 최선인가? 우리가 항상 답을 아는 것은 아니다.

일주일 전에 남편이 떠났거나 이틀 전에 실직했다면, 성숙한 사람은 어떤 반응을 보일까? 성숙함이란 사람마다 다른 모습일까? 다르지 않은 측면은 무엇인가? 영적으로 헌신된 사람은 끔찍한 학대의 기억이나, 친한 친구의 배신을 어떻게 다루는가? 신앙의 길을 걷는 가장 정직한 사람들은 잠도 이루지 못할 만큼 회의가 엄습할 때에 어떻게 할 것인가? 또 어떤 목표든 그것을 향해 가라고 사람들을 격려하는 법을 확실히 아는가? 다중 인격을 보이는 여성이나 포르노물에 탐닉한 남자와는 어떻게 대화할 것인가?

우리가 이루려는 목표는 무엇이며, 어떻게 그곳에 이를 수 있다고 생각하는가? 그저 교회 출석 잘하고 예산에 보탬이 되고 공적으로 비도덕적인 행동을 하지 않는 정도로 그치는 삶이 아니라 그 이상의 비범한 삶을 기대한다면, 또한 사람들의 삶으로 들어가 그 내면에 일어나는 갈등을 본다면, 우리는 혼란을 느낀다. 그리고 자주 실망한다.

영적인 삶에 대해 설명하고 그런 삶을 살아내고 다른 사람들도 그렇게 살도록 도우려 할 때, 거기에는 우리가 모르는 무언가가 있다. 바울과 요한은 (그들을 포함하여) 우리 중 누구도 진정한 성숙함에 대해 정확하게 알 수 없다고 가르쳤다(고전 13:12, 요일 3:2-3). 그리스도를 똑바로 바라보게 될 때까지는 명확하게 알 수 없을 것이다. 그때가 되어서야 비로소 알게 될 것이다. 천 년 동안(천 년이 하루 같을 것이다) 그분을 바라본 이후에야 거울에 비친 낯선 우리 모습을 보고 놀라서 이렇게 소리칠 것이다. "성숙한 그리스도인의 모습은 **이런 것이구나. 그럼, 그렇지!**" 그때까지 우리는 더듬거리며 길을 가게 될 것이다. 몇 가지는 항상 틀릴 수밖에 없으며, 길을 가는 중에 몇 번이고 마음을 바꿀 것이다. 그 사실들을 인정해야 한다. 많은 것을 확신하겠지만 그중에서 어떤 것들은 더 확고하게 붙잡아야 할 것이고 독단적인 태도는 가능한 한 줄여야 한다.

혼란이 나쁘기만 한 것은 아니다. 어떤 것에도 혼란을 느끼지 않는다면, 그것은 중요하지 않은 진리일 가능성이 크다. 중요한 문제들에 대해 깊은 확신을 갖기란 결코 쉽지 않다. 사실 그런 혼란은 하늘에 이를 때까지 결코 끝나지 않을 것이다.

그러므로 경력이 아무리 화려해도, 개인적인 문제를 완벽하게 설명해 내고 그리스도인 조력자에게 해야 할 바를 정확하게 말하는 완벽한 체계를 갖춘 전문가는 조심하라. 혼란은 키울 필요도 없고, 기본적인 것을 다루는 어떤 내용의 경우에는 혼란이 필요하지도 않다. 하지만 세속적인 세상에서 영적으로 사는 삶을 탐구할 때, 혹은 나우웬의 표현대로 영적인 삶에 초점을 맞추는 삶을 탐구할 때에는 혼란은 당연한 일일 뿐 아니라 환영할 일이기도 하다.

실망 역시 불가피하다. 아니, 오히려 실망은 유익하다. 그리스도를 따르려면 실망의 시기를 **반드시** 지나게 된다. 기독교는 우리 꿈을 실현시키기 전에 먼저 그 꿈을 재구성해 주기 때문이다. 그 과정은 몹시 괴롭다. 이혼, 파산, 사고, 살인, 배교와 같은 수준까지 갈 수도 있다.

그러나 분명히 해야 할 것이 있다. 영적인 사람들은 모두 고난을 겪기 마련이므로 우리가 행복을 추구해서는 안 된다는 주장을 하는 것은 아니다. 오히려 행복을 추구해야 한다고 생각한다. 나는 불행을 더 가치 있는 것이라고 여기지 않는다. 그리고 나를 불행하게 하겠다고 약속하는 사람을 따르지는 않을 것이다. 사실, 제대로 된 고통의 신학은 우리의 행복 욕구를 인정한다.

내가 하고 싶은 말은, 무엇을 행복이라 생각하는지 철저하게 점검해야 한다는 것이며, 꿈이 산산조각 나는 고난을 겪어야만 그 일을 할 수 있다는 것이다. 행복에 대한 우리의 갈망이 아무리 선하다 하더라도, 그런 갈망을 충족시키기 위해 그리스도를 따른다면 예상치 못한 충격을 받게 될 것이다.

기독교는 행복을 약속한다. 이는 기독교가 지닌 매력이다. 하지만 우리가 이미 머릿속에서 그린 길로 간다면 그 행복을 찾지 못할 것이다. 진정한 영적 여행에서는 죽음이라 부를 정도로 가혹한 실망을 결코 피할 수 없다. 개구쟁이 데니스가 친구 조이에게 했던 말처럼 말이다. "윌슨 씨가 그러셨어. 하나님을 웃기고 싶으면, 하나님께 앞으로의 계획을 말씀드리라고."

혼란에는 긍정적인 측면이 있다. 열린 마음을 갖게 한다는 것이다. 혼란을 겪는 사람은 더 잘 듣는다. 항상 그런 것은 아니지만, 확고한 생각을 가진 사람보다는 훨씬 잘 듣는다. 확고한 생각을 가진 사람은 오로지 비판하기 위해서나 다른 사람들이 올바른 방향으로 가고 있는지 살펴보기 위해서만 귀를 기울인다. 올바른 방향이란 그들이 생각하는 것과 같은 방향이다. 반면 혼란을 느끼는 사람은 혼란을 헤치고 나온 다른 사람들의 확신에 대해 좀 더 너그러운 자세를 취하는 경향이 있다.

또 정직한 사람들과 의미 있는 대화를 나누고 싶어 하는 열정을 가졌기 때문에, 그들이 얻은 확신으로 실제 삶의 현실을 다룬다.

실망에도 좋은 점이 있다. 실망은 소망이 꼭 필요하다고 말하며 소망을 불어넣는다. 실망이 불어넣는 이 소망은, 마르크스가 영혼의 감각을 마비시킨다고 경고한 아편도 아니고, 프로이트파 학자들의 해석처럼 소원 성취의 환상도 아니다.

먼저 전혀 혼란스럽지 않고 결코 실망하지 않을 사실을 인정하라. 곧 그리스도의 속죄로 인해 우리가 태어날 때부터 죽음을 거쳐 영원에 이르기까지 성령께서 우리 삶에 계속 역사하신다는 사실을 인정하라. 그러면 실망은 오히려 더 나은 꿈을 갖게 하고, 더 큰 소망을 염원하게 할 것이다. 그런 소망이 없다면 우리는 견딜 수 없이 비참한 존재일 뿐이다. 영혼을 으스러뜨린 것 같은 고투는 우리를 기분 좋게 해주는 **이름뿐인 소망**이 아닌, 인생의 폭풍을 지나 닻을 내린 **진짜 소망**을 품게 해준다.

삶을 변화시키지만 대체로 숨겨진 영적 공동체의 능력에 대한 내 관점을 제시하면서 또 다른 책을 시작했는데, 나는 개인적으로 혼란과 실망을 모두 경험했다. 영혼을 치유하는 관계가 정확히 어떤 건지, 또 어떻게 그런 일이 일어나는지 혼란스럽다. 생각도 많이 했고 몇 가지 확신도 있지만, 전체 그림의 일부만이 확실하다고 생각한다.

또 그리스도인 공동체의 현 실태를 조사하면서 크게 낙심했다. 살면서 매우 감사하게도 기쁨을 주는 관계를 맺은 적도 있지만, 그 어떤 관계도 삼위일체의 기준에는 이르지 못했다.

그러나 혼란과 실망 둘 다 제 역할을 했다. 나는 성령께서 인도하시는 대로 따라가는 면에 대해 좀 더 **열린** 마음을 갖게 되었고, 하나님이 나를 포함한 그분의 백성이 영적 공동체를 더 깊이 경험하도록 인도하시리라는 강한 **소망**도 품게 되었다.

몇 가지 내용은 전혀 혼란스럽지 않다. 루이스가 '순전한 기독교'라 표현한 것, 즉 기독교 신앙의 핵심 내용은 진리임을 기꺼이 인정한다.^{주1} 그러나 상담이 과연 타당한가, 성경이 상담하는 법에 대해 말하는가 등 심리학의 가치와 관련한 내용에 대해서는 의견이 분분하다. 아마도 이렇게 논란이 되는 주제들에 대해서는 내 의견을 약간 언급하는 것이 좋을 것 같다. 그 내용은 안전한 공동체의 치유 능력에 대한 내 생각의 기초들이 되어 줄 것이다.

심리학은 선한가, 악한가?

나는 교회에서 영적 돌봄이라는 주제를 다룰 때, 심리학이라는 학문에 권위를 부여하지도 않고, 심리학이 보충 역할을 한다고도 보지 않는다. 다만 이 모든 중요한 사역의 전략을 구상하고 기초를 세울 때, 실험 과학과 이론적인 고찰은 특별 계시와 성경에 종속되어야 한다고 믿는다.

하지만 인간 행동에 대한 관찰과 추론은 우리의 사고를 자극할 수 있음을 인정한다. 회심하지 않은 심리학자들이라도 적절한 촉매 역할을 하는 연구를 할 수 있다. 훌륭한 성경 해석자들은 폭넓게 책을 읽는데, 그것은 그들이 단순한 비평이 아닌 사고를 해야 하기 때문이다. 성경만 연구하고 심리학자들의 작품은 무시하며 읽는 심리학 비판가들은, 고군분투 중인 추구자들에게 겸손하게 다가가지 못하는 경향이 있다. 그들은 결국 다른 영혼을 돌볼 때 성경의 관계적인 측면을 놓치고 도덕주의적인 면만을 주장하다 끝나기 쉽다.

그리스도인들에게 상담이 필요한가?

통찰력 있는 상담가와 마음을 열고 돌봄을 받으며 문제에 대해 대화를 나누는 것은 좋은 일이다. 하지만 어떤 상담가가 훌륭한 상담가인가, 어떤 상담이 좋은 상담인가, 어디서 누구와 어떤 순서로 상담하는 것이 최선인가는 다른 문제다.

사람들을 도울 때 필요 위주로 접근하지 않으면서 개인적인 깊은 갈망에 대해 나눌 수 있을까?

나는 인간의 본성을 필요 중심, 인간 중심으로 이해하는 입장을 받아들이지 않는다. 사람들이 먼저 개인적인 안전감과 의미를 찾아야만 하나님께 순종하고 다른 사람을 사랑하는 일에도 더 깊은 관심을 보일 것이라고 생각하지 않는다.

우리는 이미 그리스도 안에서 안전하고 의미 있는 존재다. 죄 사함을 받았고 그분의 나라를 확장하기 위해 부르심 받았으며 그 길을 갈 준비도 되어 있다. 우리에게는 해야 할 일이 있다. 어느 누구도 낮은 자존감이나 불리한 배경이나 어려운 환경 탓에 신앙을 갖지 못했다고 핑계 댈 수 없다. 그러나 우리가 관계를 위해 지음 받았다는 것과 진정한 관계가 가져다주는 친밀함을 갈망한다는 것 또한 여전히 사실이다.

그리스도의 몸을 세우기 위해서는 사람들 속에 있는 선한 것만 인정하고 절대 죄를 대면하지 말아야 하는가?

붕괴는 일어나기 마련이다. 집요하게 매달리거나 집착하지 않으면서 죄와 고통을 직면하는 것은 영적 여정의 한 부분이다. 노련하고 통찰력 있는 상담가들은 내가 육체의 작용이라 부르는 그 둘의 미묘함을 잘 인지할 수 있다.

사람들의 문제를 다루며 돕는 일에 그리스도인 공동체는 얼마나 중요한가?

나는 철저한 공동체 지지자다. 하나님은 인류와 새 언약을 맺으셨고, 성령께서는 자비롭게도 모든 그리스도인 안에 근본적인 치유와 변화를 일으킬 수 있는 자원을 두셨다. 그 자원이 한 사람에게서 다른 사람에게로 갈 때 그런 치유와 변화가 일어난다. 모든 구성원이 역동적이고 영적인 연합을 이루는 하나 된 공동체는 치유하는 공동체가 된다.

성경은 상담 교과서인가, 아니면 상담하는 법을 배우기 위해 다른 책을 찾아봐야 하는가?

나는 상담 사역과 관련하여 성경의 권위와 충분성을 믿는다. 사실 권위와 충분성은 골치 아픈 질문이 아니다. 우리의 문제는 해석학에서 시작된다. 성경은 참되며 충분하지만 그것을 어떻게 사용하는가? 이것이 화급한 문제다.

성경 본문을 숙지하여 본문의 진리와 원리를 명확하게 설명하려 하는 학문적인 성경 연구는 보통 어떤 상담 규범을 제시하기 쉽다. '이렇게 믿고 저렇게 행하라!'는 형태로 말이다. 여기서 상담가와 내담자(혹은 목회자와 회중)의 관계는 중요하지 않다. 성경의 정확성과 엄격한 적용에만 초점을 맞추느라, 성경에서 삶의 중심이라고 말하는 공동체는 부차적인 문제가 되어 버린다.

반면 심리 치료적 접근은 통합 모델을 지지하며 해석학적 입장(과 그 결과)에 반대한다. 이는 (1) 성경에 상담에 관련한 내용이 나오면 (2) 성경과 모순되지 않는 훌륭한 심리학적 통찰과 통합하라고 말한다. 그러면 상담에 대한 기독교적 접근을 찾을 수 있으리라는 것이다. 이 통합 모델은 성경의 권위는 인정할지 모르지만, 적어도 성경의 충분성은 부인한다.

나는 제3의 대안을 제시한다. 그것은 도덕주의도 아니고 통합에 기반을 둔 치료법도 아닌 공동체적 모델이다. 이 접근은 정직한 정보에 근거한 주관주의적 해석을 추구한다.주2 그래서 훌륭한 학자로서만이 아니라 정직하게 고투하는 사람으로서 본문을 연구하라고 말한다.

먼저, 하나님이 성경에서 응답하고자 하시는 질문이 무엇인지 찾아보라. 하나님만이 온전히 지혜로우셔서 어떤 질문에 대답이 필요한지 아신다. 그러고 나서 평생 동안 그분의 대답을 연구하라.

둘째로, 연구를 계속하는 가운데 생기는 정직한 삶의 문제들을 다시 연구해 보라. 그리고 새로운 피조물로서 당신이 알아야 할 모든 것은 성경을 믿는 신앙 공동체 안에서 찾을 수 있음을 믿으라(이것이 중요하다). 그 결과는 상담 규범도 아니고 치료적 상담도 아닌, 공동체적 상담일 것이라고 나는 믿는다. 이것은 영적 공동체를 통하여 삶을 변화시키시는 성령의 능력을 깊이 존중하는 접근법이다.

교회와 성경은 영적인 문제에 관한 한 분명한 역할을 담당하지만, 심리적 문제는 어떻게 다룰 것인가? 그것은 전문적인 돌봄이 필요한 문제 아닌가?

심리적 문제와 영적 문제는 선명하게 구분할 수 없다. 육체적 문제와 인격적 문제만을 구분할 수 있을 뿐이다. (여기서도 그 구분이 모호한 경우가 있다.)

인격적인 문제에는 인격적인 돌봄, 즉 **목회적 돌봄**이 필요하다. 하지만 목회자들만 상담을 해야 한다는 의미는 아니다. 영적 돌봄은 영적 공동체 안에서 가장 잘 이루어질 수 있음을 말하기 위해 '목회적'이라는 용어를 사용했을 뿐이다. 영혼을 돌보는 것과는 무관한 것으로 여기며 행하는 심리 치료는 분명 잘못된 것이다. 심리 치료라 부르든 영적 돌봄이라 부르든, 풍부한 의미의 영적 돌봄만이 인격적인 문제를 다룰 수 있다.

아주 깊은 수준의 영적 돌봄이 지역 교회에서 일어날 수 있는가?

영적 돌봄을 위해서는 영적 우정과 영적 지도라는 두 가지 관계가 필요하다. 이 두 관계는 영적 공동체에만 존재한다. 그러나 서구 교회에는 둘 다 흔하지 않다.

나는 심리 치료사, 상담가, 목회 상담가, 평신도 상담가 대신, 영적 우정과 영적 지도라는 두 관계가 존재하는 치유 공동체를 생각해 볼 것을 제안한다. **영적 우정**은 삶을 공유하는 영적인 동료들 사이에 생겨난다. **영적 지도**는 존경받는 사람이(잘 아는 사람은 아니더라도) 특별히 시간을 떼어서 가급적 아무런 대가 없이 다른 한 사람의 이야기를 들어주고 기도하고 생각하고 대화를 나누기로 기꺼이 동의할 때 일어난다.

실제로 이 책은 영적 공동체가 우리 생각보다 훨씬 더 강력하다고 주장한다. 이런 논의가 절실하게 필요하다고 생각하는 이유는, 영적 친구들이나 영적 지도자와의 좋은 대화가 우리 교회 공동체에서 드문 일이 되었기 때문이다.

우리에게 일반적인 의미의 교회는 더 이상 필요하지 않다. 오히려 좋은 친구들과 지혜로운 사람들이 서로를 바라보며 의자를 돌리고 대화를 나누는 **영적 공동체**가 더 많이 필요하다. 그런 공동체를 세우는 일은 쉽지 않을 것이다. 이 책에 쓰인 내 생각들을 읽으며 모든 말에 동의한다 할지라도 여전히 혼란스러울 것이다. 그럴 **수밖에 없다**. 또 그래야만 한다.

또 그리스도인 모임에서 공동체를 세우기 위한 안내서로 이 책을 사용한다면 크게 실망할 것이다. 그것은 어쩔 수가 없다. 누구의 생각을 따르든지, 우리는 천국에 갈 때까지 혼란과 실망을 느낄 것이기 때문이다. 그때는 사정이 달라지겠지만, 그곳에 이를 때까지는 지금 우리의 영적 공동체가 어떤 모습이 될 수 있을지 열심히 생각하자.

2
쉽지는 않지만 그만한 가치가 있다

> 교회에 미래가 있다면, 그것은 어떤 형태로든 가난한 이들과 함께하는 미래다.
>
> —헨리 나우웬

> 내가 여호와께 피하였거늘 내 영혼에게 새같이 네 산으로 도망하라 함은 어찌함인가…터가 무너지면 의인이 무엇을 하랴.
>
> —시편 11:1, 3

우리는 서로를 필요로 한다. 심각하게 깨어져 있을 때는 특히 더 그렇다. 그러나 깨어짐이란 악화될 수도 있고 좋아질 수도 있는 암 같은 질병이 아니다. 그것은 우리가 허울 좋은 모습을 유지하는 한, 표면 아래, 우리 내면에 늘 조심스럽게 숨겨진 상태로 존재한다. 우리는 깨어진 상태로 살아간다. 단지 우리 속에서나 다른 사람들 속에서 항상 그것을 보지는 못할 뿐이다.

공동체의 가장 중요한 임무는 벽을 허물 만큼 안전한 곳, 우리의 깨어짐을 인정하고 드러낼 만큼 안전한 곳을 만드는 것이다. 그때에야 우리를 하나로 묶는 힘이 발휘되기 시작하며, 그때에야 비로소 하나님이 우리 영혼을 회복시키는 도구로 공동체를 사용하실 수 있다.

우리가 서로를 바라보기 위해 의자를 돌려놓을 때 가장 먼저 보게 되는 것은 끔찍한 현실이다. 모두가 힘겨운 고투를 하고 있다는 것이다. 모든 사람의 내면에서는 공동체의 도움으로만 이길 수 있는 영적 전투가 아주 격렬하게 일어나고 있다. 그것은 다른 사람들과 가장 잘 '어울리는' 것처럼 보이는 사람도 마찬가지다. 이제 그 전투의 성격과 어떤 공동체가 도움이 될 수 있는지 생각해 보자.

진정한 영성을 함양하려면 우리 본성의 토대가 무너져야 한다. 다른 길을 아무리 바라도 그런 길은 없다. 그것이 바로 하나님이 우리의 가장 소중한 꿈을 산산조각 내시는 이유일 것이다. 혹은 그 꿈들이 산산조각 나도 그것을 그냥 지켜보신다. (그분이 직접 우리 꿈을 부서뜨리시든, 그냥 그 과정을 지켜보시든 결과는 동일하다. 고통 가운데서 그 둘을 구분하는 일은 그다지 중요하지 않다.) 우리에게는 그분의 그런 자비가 당혹스럽게 여겨진다.

하나님이 다스리시는 우주에서는 간혹 상상도 할 수 없는 일이 일어난다. 결코 생각도 못한 악몽 같은 일이 일어나는데, 때로는 수년 동안 해결책도 보이지 않는다. 하나님은 우리가 중요하게 여기는 삶의 기쁨과 의미의 근원을 빼앗아가 버리고는 아무런 보상도 해주지 않으신다. 이런 일은 보통 그리스도인들의 생각보다 훨씬 자주 일어난다.

이 글을 쓰는 지금, 텔레비전 방송에서는 1999년 4월, 이 지역에서 1.5킬로미터도 채 떨어지지 않은 콜로라도 리틀턴에서 일어난 끔찍한 사고 장면을 계속해서 보여 주고 있다. 10대 청소년 두 명이 일으킨 총기 난사 사건으로 열세 가정이 자녀를 잃었다. 그 두 소년의 가족은 아들들의 자살로 인한 슬픔뿐만 아니라 도저히 설명할 수 없는 그들의 폭력이 준 소동과 혼란을 견뎌야 했다.

비정한 대학살이 일어난 그날 아침에 안전하리라 생각했던 토대, 적어도 예측 가능하고 공정하다고 생각했던 토대, 행복한 가정생활의 토대가 모조리 무너졌다. 그러고 나서 사람들은 기도한다. 하나님께 매달린다.

무엇을 위해? 죽은 아이들을 살려 달라고? 위로를 달라고? 왜 이 사람은 죽도록 내버려두시고 저 사람은 살려 두시는지 설명해 달라고?

형이 비행기 사고로 죽었을 때였다. 추도 예배를 집도한 설교자는 이렇게 말했다. "두려워 말고 여러분의 영혼 가운데 일어나는 가장 어려운 질문들을 하십시오. 하지만 대답을 기대하지는 마십시오. 오히려 하나님을 체험하기를 기대하십시오." 그러나 항상 그런 일이 일어나는 것은 아니며, 적어도 곧바로 일어나지는 않는다. 그리고 아마 우리의 생각대로 일어나지도 않을 것이다.

우리는 하나님이 우리를 가혹하게 대하실 수 없으며, 절대 그렇게 하실 분이 아니라고 굳게 믿고 싶어 한다. 그러나 하나님은 우리를 향한 사랑과 선한 뜻에서 물러서시지 않은 채로, 그분 외에는 아무것도 없는 상황이 될 때까지 우리를 몰아가신다. A. W. 토저(Tozer)는 자신에게 하나님밖에 남은 게 없다고 불평했던 한 남자를 가리켜, "그것은 자기에게 바다밖에 남은 게 없다고 한탄하는 물고기 같다"고 비유했다. 적절한 비유이기는 하지만 우리가 그것을 누리는 데에는 문제가 있다. 하나님은 종종 실제 바다가 아니라 여행 책자에 나오는 바다 사진 같으니 말이다. 알다시피 사진 속에서는 수영을 할 수 없다.

서구 교회에서 뭔가 심상찮은 일이 일어나고 있다. 많은 사람들이 새로운 형식의 예배, 새로운 방식의 관계를 열망하고 있다. 한 친구는 바로 어제 이렇게 말했다. "예배를 마치고 나올 때마다 마음이 무거워. 여전히 짐을 벗어 버리지 못하고 오히려 갈수록 무거워진다네. 난 그저 하나님께 말씀드리고 그분이 내게 하시는 말씀을 듣고 싶을 뿐이네. 그리고 친구들과도 대화를 하고 싶어."

이 책은 자신의 토대가 부서지고 있거나 혹 이미 무너진 수많은 동료 순례자들을 위한 것이다. 당신은 지쳤다. 인생은 기대했던 대로 되지 않는다. 그리스도인이 되고 나서 당신은 버뮤다로 가기 위해 짐을 꾸렸는데 비행기는 아이슬란드에 착륙했다. 코트도 없는 당신이 살아남기 위해서는 공동체의 온기가 필요하다.

당신은 지금쯤이면 영적으로 훨씬 진보해 있을 것이라고 기대했다. 포르노물이나 절망 같은 악한 것들의 유혹도 덜 받고, 교인들과 나누는 교제도 만족스럽고, 가족이나 친구들과의 관계도 훨씬 친밀해질 것이라 생각했다. 그토록 오랫동안 교회에 다녔고 아침마다 일어나 성경을 읽으며 보냈으니 영적인 메마름, 탐욕, 외로움, 분노와 싸우는 일은 줄어들 거라 생각했다. 직장에서 일할 때나 사역을 할 때 더 행복해지고 더 낙천적이며 느긋해지리라 기대했다.

어쨌든 당신은 한참 동안 소위 그리스도인으로 살아왔다. 하지만 베드로처럼 밤이 새도록 열심히 일했으나 아무것도 잡지 못했다고 주님께 말한다. 그러자 그분은 "깊은 데로 가서 그물을 던져라"라고 말씀하신다.

이치에 맞지 않는다. 당신은 이미 그 호수에서 애를 써봤다. 하지만 물고기는 없었다.

당신의 토대는 서서히 침식된 것이 아니다. 아마 갑자기 폭파되었을 것이다. 그리고 지금 당신은 그 여파로 휘청거린다. 하나님이 인도하셨다고 **생각했던** 사역은 실패했거나 끝없는 문제의 구렁텅이 속으로 빠져 가고 있다. 당신은 깊이 낙심했다. 어떤 것도 그다지 중요해 보이지 않는다. 앞으로 나아가고자 하는 에너지는 완전히 사라져 버렸다.

혹은 이혼으로 새로운 아픔을 겪고 있는지도 모른다. 이전에는 결코 경험하지 못했고 생각조차 못했던 그런 아픔을 겪고 있을지도 모른다. 그것은 지금까지 들어본 적도 없는 심한 아픔이다. 당신이 선택할 수 있는 대처 방안은 계속 화를 내거나 무감각해지거나 미쳐 가는 것이다. 그리고 네 번째 대안, 즉 즐거움을 약속하는 죄가 손짓한다.

암에 걸렸다는 진단을 받으면 당신이 보여 줄 수 있는 것보다 훨씬 더 깊은 신뢰가 필요하다. 아침에 일어나 처음 드는 생각은 '난 암에 걸렸어' 혹은 '그걸 되돌릴 수 있을까?'이다. 구름이 해를 가렸다. 당신의 세상은 온통 잿빛이다.

그러고 나면 의문이 생긴다. "내가 사랑한다고 말하는 이 하나님은 어떤 분이신가? 그분은 어디에 계신가? 그분이 선하신 것은 알지만 그 선은 어떤 모습인가? 나는 가끔 그분을 미워하는 것 같다." 미워하는 것이 합리적인 듯 보인다. 미워해야 마음이 안정되고 그나마 생기가 도는 듯하다. 그것이 어른스러운 반응인 듯하다.

더 많은 의문이 생긴다. "하나님은 내게 모습을 보이기는 하실까? 치유에 대한 갈망보다 하나님의 영광을 더 갈망할 정도로 내가 그분의 사랑을 느낄 수 있을까? 하나님은 이 한 가지라도 바로잡거나, 이치에 맞는 일을 하실까?" 한 친구는 특히 극심한 시련을 겪은 후에 이렇게 말했다. "하나님은 단 한 번만이라도 내가 바라는 대로 행동하실 수는 없을까? 그렇게 해서는 영광을 얻으실 수 없는 것일까?"

의문은 꼬리에 꼬리를 문다. "나는 누구일까? 사람들은 나를, 세상의 기초를 놓기 전에 선택받고 사랑받은 특별한 사람, 하나님의 친구라고 말한다. 그런데 친구를 이런 식으로 대하신다면, 그분의 원수가 되는 것도 그다지 나쁠 것 같지 않다. 도대체 무슨 차이가 있는가? 어떤 차이가 있기는 한가? 남편이 아프다. 돈은 부족하다. 엄마는 노인성 치매에 걸려서 내 이름도 모르신다. 내가 복음을 믿는 단 한 가지 이유는 지옥에 가지 않기 위해서인데, 가끔은 이미 지옥에 있다는 느낌이다. 하나님은 지금 정확히 나를 위해 무슨 일을 하고 계신가?"

하나님께 소리친다. 그러나 대답은 없다.

어제 한 친구를 위해 기도하고 있었다. 그때 내 마음에 어떤 영상이 떠올랐다. 한밤중에 인적이 드문 공터에서 한 사람이 혼자 서서 하나님을 향해 주먹질을 하며 "당신은 어디에 있습니까? 내 영혼은 죽어 가고 있습니다. 내 삶은 거덜났습니다. 그런데 당신은 아무것도 하지 않으시는군요! 왜 아무 말도 하지 않으십니까?"라고 외치고 있었다.

나는 그에게 다가가 그를 끌어안았다. 그리고 대화를 나누었다. 그는 마음을 쏟아 내며 울었다. 하지만 나는 곧 떠나야 했다. 그에게서 떠나올 때 그가 내게 소리쳤다. "당신을 친구로 생각했어요. 그런데 당신 역시 나를 혼자 내버려두고 떠나는군요. 나는 화가 나는데 당신은 개의치 않는군요!"

그의 곁을 떠나며 되돌아보니, 그가 다시 홀로 서서 하나님을 향해 주먹질을 하며 뭔가를 외쳐 대는 모습이 보였다. 그에게로 다시 돌아가고 싶은 유혹을 느꼈지만 그러지 않았다. 그의 여정에서 이 순간에는 내가 없는 것이 더 유익하다고 느꼈기 때문이다. 그 친구와 더 오래 같이 있었어야 했을까? 잘 모르겠다. 우리는 어떤 모습으로 서로를 위해 '옆에 있어' 주어야 할까? 때로는 참 알기 어렵다.

나는 지금 그 토대에 금이 가거나 그것이 무너지는 경험을 묘사하고 있다. 이것은 실제로 정직하게 주를 따르는 모든 순례자들이 경험하는 일이라 생각한다. 하나님의 임재가 있는 기쁨의 길은 항상 기쁨 없는 고독의 순간을 지나야만 도달할 수 있다. 우리가 그토록 갈망하는 관계의 결속이 고통스럽게도 외면되는 순간 말이다.

그런 일이 일어나고 우리가 고통 가운데서 울부짖을 때, 우리가 속한 영적 공동체의 특성이 드러난다.

보통 어떤 리더들이나 친구들은 메스꺼울 정도로 조급하고 무례하게 말한다. "극복해야지! 그만 징징거려! 너 자신에 대해 한탄하지 말고 다른 사람을 위해 뭔가를 해야지!"

이 시대의 유행에 부합하는 반응을 보이는 사람들도 있다. 그들은 약간이나마 우리의 아픔을 보고 도와주려 애쓴다. "상담가를 만나 봐. 약을 먹어. 먼저 너의 진짜 감정을 표현해 봐. 영적 훈련을 해. 아니면 이틀 정도 휴가를 갖는 건 어떨까?"

이 사람들은 좋은 의도로 말하는 것이지만, 당신은 짜증과 압박 그리고 이상하게도 치욕을 느낄 뿐이다. 나라면, 어떤 불청객이 '상담을 해주려' 하거나 내 배경을 파헤치려 할 때, 혹은 뭔가 조언이랍시고 뭔가를 하려 할 때 가장 짜증이 날 것 같다.

최근 50명쯤 모이는 우리 공동체의 주일학교에서 나의 영적 여정에 대해 나눈 적이 있다. 상당한 모험이라 느꼈고, 마음이 불안했다. 누군가 나를 도와주려 하면 어쩌나 하는 점이 가장 두려웠다. 오히려 나는 친구들이 나의 세계로 들어와 주기를 간절히 원했다. 하나님이 내 인생 가운데서 하시는 일들에 흥미를 느끼고 내게 질문해 주기를 원했다. 그 여정 중에 내가 어디까지 와 있는지를 보고 그것을 귀하게 여겨 주기를 바랐다. 그리고 이 모든 것에 대해 어떤 간섭 없이 나를 지켜봐 주기를 간절히 바랐다. 치료하기 위해 병리적인 측면을 찾고 잘못된 뭔가를 바로잡으려 하는, 치료법에 미친 우리 문화가 도움이 된다는 말은 듣고 싶지 않았다.

나는 우리가 하는 모든 일에 **자아**가 아주 많이 뒤섞여 있다고 말했다. 강의를 할 때에도 내가 얼마나 잘할지, 어떻게 받아들여질지 염려스럽다. 하나님의 영광을 최우선 순위에 두고 그분이 주시는 것은 무엇이든 나누고 싶지만, 나 자신의 영광을 추구하고 싶은 마음이 몰래 들어온다. 나는 그것을 **감지할** 수 있다.

새로워 보이는 이 모든 것을 나누었을 때 내 자신이 정말 볼품없는 것처럼 느껴졌다. 그들이 내게서 멀어질까 봐 두려웠고, 또 나를 고치려 들까 봐 두려웠다. 하지만 가장 두려웠던 것은 단지 겉치레에 불과한 도움이었다. "이렇게 혹은 저렇게 해보면 훨씬 더 매력적일 겁니다." 도움을 주고자 하는 **노력**은 종종 도와주겠다는 **요구**처럼 보인다. 또 생색내는 듯한 느낌을 준다.

헨리 나우웬이 말년에 쓴 일기에 나온 글은 내 생각을 나눌 수 있도록 용기를 주었다.[주1] 나는 먼저 나의 상처를 인정했다. 옳지 않은 지적을 받거나, 누군가 나를 흘끗 쳐다보거나, 조금이라도 나쁜 소식을 들을 때 내가 불안과 분노에 빠질 수 있음을 인정했다. 그리고 나서 천국에 이를 때까지는 그 상처들이 치유될 거라고 기대하지 않는다고 말했다.

정말 용기가 필요한 일이었다. 그러나 나우웬도 생애 말엽에 같은 결론에 이르렀다.

치유의 의미가 내 안에 있는 문제를 고쳐 갈등을 줄이는 것이라면, 나는 이미 치유를 포기했다. 나는 이제 성숙한 여정을 추구한다. 그것은 내 문제에만 초점을 맞추지 않고, 마음속의 충족되지 않는 갈망에만 초점을 맞추지 않으며, 여전히 나를 아프게 찌르는 고통의 기억에만 초점을 맞추지 않는 것이다.

그 모임에서 내 이야기를 나누는 중에 「한 영혼의 이야기」(The Story of a Soul)에서 발췌한 몇 부분을 언급했다. 이 책은 1897년 24세의 나이에 세상을 떠난 수녀, 리지외의 성 테레사(St. Theresa of Lisieux)의 삶에서 하나님이 어떻게 일하셨는지에 대한 탁월한 기록이다.주2 사실 기쁨을 잃어버린 시기에 그리스도를 향한 그녀의 놀라운 사랑과 헌신이 훨씬 깊어졌다는 이야기를 읽으면서, 나는 소망으로 살아나는 느낌이었다. 나는 청중들에게 말했다. "이것은 내 이야기가 될 수도 있습니다. 지금은 그 경지에 다다르지 못했지만, 성령께서 성 테레사에게 하셨다면 성자답지 않은 이 성자에게도 동일하게 역사하실 수 있습니다."

흥분되었다. 내가 마음과 목숨과 뜻과 힘을 다하여 하나님을 찾을 생각을 하니 절망적이고 비참한 현실도 기쁘게 느껴졌다. 그러고 나서 대부분의 사람들이 생각하는 교회는 하나님을 더 깊이 체험하고 싶은 나의 갈망을 더 이상 채워 주지 않는다고 말했다.

54년을 살아오며, 또 그리스도인으로 46년을 살면서 성령이 인도하시는 대로 따라갈 때 누리는 자유를 처음으로 느꼈다. 나는 그리스도만을 바라며 성경이 제시하고 성령이 인도하시는 방향으로 기꺼이 나아갈 것이다. **교회**에 대해 우리 문화가 가진 생각을 기꺼이 버리고, 성경이 교회를 어떻게 말하는지 찾기 위해 애쓸 것이다.

강의를 마치니 끔찍한 공포감이 엄습했다. 사람들이 내 강의를 어떻게 생각할지 신경 썼지만 초점은 조금 달랐다. 나는 어떤 반응을 애타게 기다렸다. 사람들의 평가나 공감, 권고, 충고는 바라지 않았다. 그저 사람들이 내 말을 들어주기를 바랐다. 믿음의 여정에서 지금 위치의 나를 받아들이고, 혹 내 이야기 중 어떤 생각이나 개념이 자극이 되었는지 알려 주는 친구들을 만나기를 간절히 원했다. 그들이 내 말을 듣고 존중하고 아주 좋아했다는 사실을 먼저 알았을 때에야 질책과 교정, 내가 알고 싶지 않던 것을 알려 주는 대화에도 마음이 열릴 것 같았다. 그러고 나면 아마 그들의 지시도 받아들일 것이다.

다행히도 그날에는 깨닫지 못했지만 내 두려움이 타당하디고 생각한다. 현대인들은 우리의 영적 여행을 하나님이 지도하시는 모험이라 생각한다. 하지만 뭔가가 심각하게 잘못되거나, 하나님께 문제를 없애 달라고 내어놓았는데도 문제가 끈질기게 계속되면 생각이 달라진다. 그때는 문제 가운데서 하나님을 발견하는 일보다는 문제 해결을 더 많이 생각한다. 어떤 상황에서도 하나님을 예배하는 데 초점을 맞추기보다는, 우리 삶을 개선시키기 위해 그분을 사용하는 데 더 초점을 맞춘다. 우리의 여행보다는 병적인 측면, 즉 고칠 수 있는 부분을 더 많이 생각한다.

우리는 서로의 이야기를 들을 때 **영적인** 성장보다는 **정서적인** 치유나 **상황** 개선에 더 초점을 맞춘다. 하나님을 알아 가는 여행길을 우회해서 간다. 하나님을 영화롭게 하는 좁은 길에서 벗어나, 우리를 좀 더 편안하게 해줄 휴게소나 병원을 찾아다닌다.

우리의 공동체는 실제적인 도움을 줄 수 없고 도움을 줄 여력도 없는 무능한 단체처럼 느껴진다. 그것은 친구에게 이가 아프다고 말하는 것과 비슷한 느낌이다. 기도해 주겠다는 말은 치과에 데려다 주겠다는 제안보다 쓸모없다. 어떤 문제를 나누거나 그 문제를 알아차렸을 때 우리가 서로에게 하는 별 효과 없는 말들을 떠올려 보라.

- "우울증에 빠지신 것 같군요. 치료를 받으시면 어떨까요?"
- "형님의 죽음을 잘 극복해 내셨는지 궁금합니다. 응어리진 슬픔은 마음 깊은 곳에 분노를 일으킬 수 있거든요. 그것 때문에 삶이 엉망이 될 수도 있어요."
- "당신과 친해지면서 깨달은 건데, 당신은 내게서 동정심을 끌어내려는 것 같아요."
- "당신이 관계를 맺는 방식은 자기중심적이고 교묘하게 사람을 조정하려는 경향이 있어요."
- "분명 고통스러울 겁니다. 아내가 죽고 나서 처음 맞는 크리스마스니 정말 힘들 겁니다."
- "아시다시피 예수님은 정말 아주 멋진 분이세요. 그분의 임재 가운데서 좀 더 많은 시간을 보내세요. 훨씬 나아지실 거예요."

작가로 일하는 친구가 소그룹에 와서 수술을 앞두고 있다는 말을 했다. 그는 약간 침울하게 몇 개월이나 병상에 있을 거라고 말했다. 나는 그에게 이렇게 말했다. "이번 일이 글을 더 많이 쓸 수 있는 기회가 될지도 몰라."

어리석은 말이었다. 나는 단지 도움을 주고 싶었을 뿐이다. 하지만 그게 문제였다. 우리 공동체에는 해결사들이 너무나 많다. 우리는 문제가 생기면 해결하지 않으면 못 배긴다. **여행은 궁금하지 않다**. 오로지 상황을 개선하고 더 편안하게 느끼는 환경이 되도록 애를 쓴다. 좀 더 만족을 느낄 수 있도록 관계를 개선시키는 의사소통 기술을 배우고 공감해 줌으로써 어떻게든 상대의 고통을 덜어 주려 한다.

그뿐만 아니라 우리는 서로의 문제들에 **이름표 붙이기**를 좋아한다. 그 이름표가 정확하든 않든, 그것은 우리가 상황을 통제하고 있다는 느낌을 준다. 어떤 문제든 처리할 수 있다는 느낌이다. 공동체에 대해 우리가 접근하는 중심부 근처 어딘가에는 우리가 보지 못하는 어두운 골짜기들이 존재한다. 그 골짜기들은 우리가 풀어야 할 문제를 보여 주는 곳이 아니라, 오히려 우리가 기존에 알아 왔던 것과는 다른 더 좋은 관계를 경험하는 **영적 우정의 기회**를 제시한다. 문제는 우리가 그것을 깨닫지 못한다는 것이다.

우리가 상황을 그런 식으로 보지 못하는 것도 이해할 만하다. 하나님은커녕 아무도 나타나지 않는 시련의 상황을, 우정을 통한 성숙의 기회로 환영하기는 쉽지 않다. 적어도 어느 누구도 우리가 원하는 대로 나타나지는 않는다. 우리가 어두운 골짜기를 지날 때, 우리의 토대가 무너져 내릴 때, 흔히 "하나님께로 도망간다"고 말하지만 사실 그 뜻은 "산으로 도망간다"이다. 꿈이 산산조각 나고 사는 것이 끔찍해질 때, 우리는 즉시 도움을 구하려 한다. 그보다 더 중요한 것은 없다!

이것이 우리의 사고방식이다. 스스로를 영화롭게 하시기 위해 장엄한 계획을 이루어 내실 하나님, 숨어 계신 하나님을 기다리는 것은 우리의 습관이 아니다. 우리는 다른 것을 기다린다. 아이들을 바로잡기 위해, 좀 더 즐겁게 살기 위해, 좀 더 만족스러운 관계를 위해, 성경의 원리를 따르거나 상담을 하려 한다. 우리가 정말 원하는 것은 더 나은 삶이다.

교회에서도 많은 이들이, 아마도 대부분의 사람들이 그런 욕구를 드러낸다. 여기에 할 일이 있다고, 여기에 참석할 세미나가 있다고, 여기에 만날 만한 상담가가 있다고, 여기에 따라야 할 원리가 있다고, 여기에 지켜야 할 규칙이 있다고, 여기에 우리가 주장할 성경의 약속들이 있다고 말한다. 예배와 새로운 차원의 신뢰를 이야기하는 사람은 많지 않다. 오직 소수의 사람들만이 영적 공동체에서 영적인 대화를 나누는 장으로 초대한다.

그러나 마음속에서 이렇게 외치는 소리가 들린다. "제가 원하는 것은 바로 **주님**입니다. 저는 **주님** 안에 피합니다. 저는 구조 받기 위해 산으로 달려가고 싶지 않습니다. 저보다 더 높고, 저의 모든 고통보다 더 높은 반석으로 저를 인도하소서. 저를 하나님의 임재 속으로 이끄소서. 다른 모든 것은 부차적인 것들입니다!"

당신의 마음속에서 울려 퍼지는 그 외침에는 진정한 교회에 속하고 싶다는 갈망이 담겨 있다. 영적 공동체에 참여하고 싶다는 깊은 갈망, 하나님을 예배하고 다른 이들과 함께 영적인 여정을 떠나는 동안 나누는 영적 대화에 참여하고 싶다는 깊은 갈망이 담겨 있다. 당신은 안전한 곳을 원한다. 하나님을 간절히 찾는 친구들의 공동체를 바란다. 서로 대화를 나눌 때 그들 안에서 성령이 어떻게 일하시는지 이해하는 친구들로 이루어진 공동체를 바란다. 당신의 삶을 개선시키는 법을 찾기 위해 여념이 없는 이들이 아니라, 당신이 여행하는 곳은 어디든 함께 있어 주는 형제자매들을 갈망한다. 자신이나 다른 누군가에 대한 대화가 아니라 그리스도에 대한 대화를 통해 서로를 알게 되기를 바란다.

우리는 해결책에만 초점을 두는 문화, 어떻게든 일이 되게 하는 문화의 권고를 너무 오랫동안 들었다. 삶이 힘겨워질 때, 정서적인 고통과 관계에서의 긴장과 재정적인 어려움이 우리 삶을 위협할 때, 그 문화는 인간적인 산으로 도망하라고 권했다. 우리는 세속적이고 세상적인 축복을 받는 삶을 목표로 삼았다. 충분히 오랫동안 상담을 받았고, 약을 복용했고, 종교적인 처방을 받았으며, 격려를 받고, 권고를 듣고, 기분 전환을 하고, 지침을 들었다. 그러나 영적 삶에는 초점을 맞추지 못했다.

지친 순례자들을 위한 안전한 장소가 필요하다. 정치적인 캠페인과 자아중심의 계획들, 프로그램 제작, 교회 활동, 섬김 독려 등은 뒤로 미루어 두어야 할 때다. 우리 마음대로 되지 않는 어수선한 관계의 세계로 뛰어들어야 한다. 우리의 실패를 인정하고 관계 속에서 일어나는 갈등을 분명히 인지하며 우리의 결점을 분석해야 한다. 자신과 아버지가 하나이듯 우리가 하나 되게 해달라는 주님의 기도에 대답이 되어야 한다.

조직으로서 교회보다는 영적 공동체에 속하기 위해 어떤 대가든 치러야 할 때다.

서로를 바라보며 의자를 돌려놓고 대화하는 법을 배울 때다. 거식증 환자가 음식을 먹고, 다중 인격 장애 환자가 성숙한 인격을 갖게 되며, 성 중독증 환자가 좀 더 고상한 욕구를 갖게 하는 대화를 배워야 한다. 또한 지친 그리스도인들이 어두운 골짜기를 지나 푸른 초장에 이르게 하며 하늘 보좌가 있는 방에 이르게 하는 대화를 나누는 법을 배워야 한다.

교회를 세울 때다. 교회는 하나님께로 피하는 사람들을 위하고 결코 다른 도움을 찾아 도망하지 않도록 서로 격려하는 공동체가 되어야 한다. 이 세상에서 살아가는 유일한 방법은 하나님과 타인과 함께하는 영적인 삶에 초점을 맞추는 것임을 아는 사람들이 모인 공동체가 되어야 한다. 그것은 쉽지 않은 일이다. 하지만 그럴 만한 가치가 있다. 세상에 대한 우리의 영향력은 위기에 처해 있다.

3
영적 공동체란 무엇인가

> 나는 교회를 사랑한다. 교회는 문제나 갈등의 진원지 혹은 논쟁지가 아니라, 지금 여기에 있는 우리를 위한 그리스도의 몸이라 쓰고 싶다.
> —헨리 나우웬

교회는 하나님께로 여행하는 사람들의 공동체다. 초자연적인 하나 됨을 이루고 성령의 인도하심을 따라 움직이는 곳이 바로 교회, 즉 영적 공동체다.

어느 날 아침, 일찍 일어나 기도하는 중에 덴버에 사는 가족들을 초대해서 함께 예배드리고 기도하라는 하나님의 인도하심을 느꼈다. 우리 가족은 예상치 못한 힘겨운 시련을 겪은 터였다. 나는 하나님의 임재 가운데 우리가 가족으로 함께해야 할 필요가 있음을 감지했다. 우리는 함께 모여 영적 전투에 대해 생각했고 복음 내용을 같이 묵상했다. 또 함께 기도했고 성찬을 나누었으며, 함께 울었고 찬양을 드렸다.

그 짧은 시간 동안 놀라운 일이 일어났다. 우리가 함께한 시간은 마치 만나처럼 단지 그날 하루만을 위한 양식이었지만 우리 안에 더 깊은 갈망을 불러일으켰다. 성령께서 주시는 생명으로 우리 마음이 서로에게 가 닿았고, 우리가 초자연적인 능력으로 하나 된다는 것이 어떤 것인지 이해하게 되었다. 우리 중 누구도 철저히, 완벽하게 변화되지는 않았다. 우리 삶 안팎에는 여전히 많은 문제가 있었다. 하지만 잠시 동안 우리는 보이지 않는 세상을 보았고 경배를 드렸다. 또 우리가 얼마나 예수를 알기를 갈망하는지 깨달았다.

영적 공동체를 맛본 자로 영적 공동체에 대해 글을 쓰는 전율을 어떻게 묘사해야 할지 모르겠다. 나는 확신을 가지고 말한다. 영적 공동체란 성령만이 이루실 수 있는 하나 됨을 경험한 사람들의 모임이다. 그들은 올바른 방향으로 나아가며 그런 경험을 하기를 **열망한다**. 성령께서 그들 가운데 역사하시기 때문이다.

저녁에 가족이 함께 모이는 것을 신약 교회의 요건이라고 주장하고 싶지는 않다. 나는 그렇지 않았을 것이라 생각한다. 하지만 그러한 공동체가 존재하지 않는 곳에는 교회도 없다고 확신한다. 핵심은, 교회란 하나님께로 함께 여행하는 영적 공동체라는 것이다.

영적 공동체에서는 보통 쉽게 도달하지 못하는 서로의 마음 깊은 곳까지 이른다. 어색함을 느끼면서도 서로 껴안고 소리쳐 울고 의견을 나누고 **싶어 하는** 장소들이 있다. 그들은 터놓고 사랑을 표현하고 두려움을 드러낸다. 이런 수준의 친밀함이 아주 낯설게 **느껴지긴** 하지만 말이다.

영적 공동체에 속한 이들이 거룩한 그곳에 이르면 무언가가 시작된다. 거룩한 것들에 대한 욕구가 살아난다. 잠시 동안 하나님을 알고자 하는 갈망이 다른 모든 열정보다 더 강렬해지고 그것을 위해서라면 어떤 대가도 치를 만큼 귀하게 여긴다. 내가 **하나 됨**이라 부르는 영적인 함께함이 이루어지면 어떤 움직임이 생겨난다. 그리스도 안에서 **함께하면** 그리스도를 향해 움직이게 **된다**.

하지만 이런 생각을 실제 대화에서 다루는 일은 쉽지 않다. 이 글을 쓰는 지금은 오전 6시가 조금 지났다. 나는 오늘 아침 한 남자를 만날 예정이다. 그의 아내는 지난주에 14년간의 결혼생활을 청산하고 이혼하겠다는 뜻을 밝혔고, 세 아이에 대한 양육권도 자신이 갖겠다고 공표했다. 그는 너무나 놀랐고 분노했으며 절망했다.

그의 아내가 이혼 계획을 밝히고 이틀 후에 우리는 이미 한 차례 대화를 나누었다. 그를 고통스럽게 하는 것은 현실적인 문제였다. 그는 아이들을 **찾아가서 만나야** 한다는 생각만으로도 견디기 힘들어 했다. 몇 시간 후 그를 만날 때 영적 공동체를 경험한다는 것은 우리에게 어떤 의미가 있을까? **하나 된다**는 것, 구속받은 우리 마음속 깊은 곳에서 서로 만난다는 것은 어떤 의미일까?

또 그리스도께로 **나아간다**는 것은 어떤 의미일까? 상황이 어려워질 때 생명이 있는 곳을 찾을 수 있도록 서로를 자극한다는 것은 무슨 뜻일까? 그 생명을 체험하기 위해 영적 자원에 의지하도록 돕는다는 것은 어떤 것일까? 어떻게 해야 온갖 시련을 이겨 내신 그리스도의 영원한 생명을 누리고자 하는 강렬한 열망을 가질 수 있을까?[주1]

1장 서두에 나왔던 헨리 나우웬의 글을 다시 생각해 보자. "내 경험을 곱씹어 보면서 새삼 깨닫는 것은 세상 속에서 살아가기 위해서는 영적인 삶에 초점을 맞추어야 한다는 것이다." 무슨 뜻인가? 그것이 심리학자, 아니 나 같은 그리스도인 심리학자가 일상적으로 하는 일과는 다른 것일까?

과거의 나라면 이런 상황에서 이 사람이 아내를 되찾기 위해 했을 일과 그가 실패했을 부분을 떠올려 보고, 앞으로는 어떻게 달라질 것인지 생각해 보았을 것이다. 그리고 결국 그의 아내가 이혼을 강행하면 그를 어떻게 도와야 할지 생각했을 것이다. 나는 그의 결혼을 어떻게든 구하려고 대부분의 에너지를 쏟았을 것이다. 그리고 나를 도우시는 하나님이 내 모든 노력에 복 주시기를 간구했을 것이다.

그러나 지금은 더 높은 비전이 생겼다. 바로 결혼생활에 가장 좋은 기회를 주는 비전이다. 그것은 결혼 관계를 구하는 것보다 더 중요한 비전이며, 이 남자가 도달할 수 있는 비전이고, 그의 아내가 막을 수 없는 비전이다. 그는 물론 자신의 결혼이 회복되기를 **바란다**. 하지만 그는 더 숭고한 **목표**를 품어야 한다.주2

나는 이 좌절한 남편을 만날 때 역사를 주관하시는 하나님의 큰 뜻을 기억하고 싶었다. 이런 어려운 순간도 있지만 결코 그것에 제한되지도 않고 방해받지도 않는 하나님의 뜻을 염두에 두고 싶었다. 그리고 그 일을 함께하자고 그를 초대하고 싶었다. 나를 겸손하게 하시는 성령의 능력으로 우리가 대화를 나누는 중에 뭔가 선한 일이 일어난다면 그것은 내 행동보다는 내 존재와 더 관련이 깊을 것이다. 또한 내가 받은 훈련을 기억하여 전문 기술을 사용하느냐 마느냐보다는 내가 성령께 귀 기울이고 그분을 따르느냐에 따라 결정될 것이다. 성령 안에서 사는지 여부가 전문적인 상담 능력을 갖고 있는지보다 더 중요하다.

내가 기도를 했는가? 하나님의 음성을 들을 만큼 잠잠히 있었으며 정직하고 간절한 마음이었는가? 아니면 거짓 선지자처럼 하나님으로부터 결코 들은 적도 없는 메시지를 내 친구에게 전하려 하는가? 우리는 커피 두 잔을 주문하고 커피숍 구석에 있는 작고 둥근 테이블 앞으로 의자를 당기고 앉아 대화를 시작할 것이다.

오늘 아침에 일어날 일을 기대하고 있을 때 문득 지난주에 나누었던 대화가 떠올랐다. 나는 그때 그의 마음에는 그가 아직 들어가 보지 못한 또 다른 방이 있다고 말했다. 적어도 오랫동안 들어가 보지 못했을 그 방에 대해서 어쩌면 그 자신조차 인지하지 못할 수도 있다고 말했다. 그가 그 방 안에서 말을 할 때에야 영적 에너지를 갖게 될 거라는 말도 했다.

아내의 반응은 그가 어떻게 할 수 있는 부분이 아니다. 그는 아내의 행동에 대해 스스로를 비난하거나 칭찬해서는 안 된다. 하지만 그가 그 방에 거하면서 대화를 나눈다면, 어떤 일이 일어나도 기쁨을 느낄 것이다. 나는 루이스(C. S. Lewis)의 말을 인용했다. "가장 중요한 일을 우선순위에 두고, 부차적인 일은 나중에 하라. 부차적인 일을 먼저 하다 보면 가장 중요한 일과 부차적인 일 모두 실패할 것이다." 물론 아내를 되찾는 일과 가정을 지키는 일은 아주 중요하다. 간절히 소원하는 것이 마땅하다. 하지만 그것은 우선순위에서 가장 중요한 일 다음의 일이다.

나는 이렇게 말했다. "당신은 이 여인의 남편이 되기 위해 태어난 것이 아닙니다. 당신의 삶을 통해 하나님의 성품을 드러내기 위해 이 땅에 존재하는 것입니다. 당신이 누구와 함께하든, 그들이 당신을 어떻게 대하든 당신의 삶을 통해 그들에게 하나님의 생명을 흘러넘치게 하기 위해 이 땅에 있는 것입니다. 이것이야말로 가장 중요한 일입니다. 어떤 상황에서도 하나님을 예배하고 신뢰하며, 또 그분이 어떤 분이신지 드러냄으로써 하나님을 영화롭게 하는 것 말입니다."

그러고 나서 덧붙였다. "최우선 순위는 성령께서 살아 역사하시는 당신 마음의 그 방을 찾는 것입니다. 그러고 나서 그분이 그곳에 두신 영적인 에너지를 사용하는 것입니다. 그 방에서 당신은 하나님의 뜻에 자신을 드리고, 성경을 통해 말씀하시는 성령님께 귀를 기울이며, 그분을 따라 생각할 것입니다."

그는 집중하여 들었다. 나는 그에게 확신을 가지라고 요구하지 않았다. 그를 돕겠다는 결심을 하지도 않았다. 그것은 **내게** 부차적인 일이었다. 나의 경우, 그 대화에서 최우선 순위는 내 마음의 윗방에서 말하는 것이었다. 늘 그렇듯이 다른 동기들이 섞여 있었지만 그것이 내가 가장 원하던 일이었다.

우리의 대화는 영적 공동체의 흔적을 갖고 있었다. 우리는 성령께서만 가능하게 하시는 수준의 만남을 가졌고, 우리 둘 다 하나님을 향한 여행에서 한걸음 앞으로 나아갔다.

그는 우리가 나눈 그 대화가 다른 관점을 보게 해주었다고 말하며 그 자리를 떠났다. 그는 내가 자기 아내의 마음을 누그러뜨릴 가장 좋은 전략을 생각해 내도록 도와주기를 기대했다. 그러나 대화를 나누는 가운데 자신이 얼마나 희망적인 상황을 **요구하는지**, 아내가 이혼을 철회하려는 증거에 얼마나 간절하게 **매달려 있는지**, 무슨 수를 써서라도 결혼생활을 유지하고자 하는 마음이 얼마나 **확고한지** 깨달았다.

"그러한 바람들이 이해할 수도 있고 선하기도 하지만, 가장 중요한 일은 아니라는 말씀이시죠. 당신이 그렇게 이야기할 때 왠지 가슴이 뛰었어요. 그 다른 방으로 초대받았다는 느낌이 들었습니다. 그곳에 가고 싶습니다."

거의 한 주가 지났을 때 우리는 다시 만났다. 어제의 음식이 오늘 우리에게 자양분이 되지는 않을 것이다. 우리에게는 또 다른 식사가 필요하다. 우리는 하나님을 향해 여행하는 두 사람으로 이루어진 공동체이다. 우리는 어떻게 하나가 되어 앞으로 나아갈 수 있을까?

앞의 마지막 문장과 지금 읽을 다음 문장 사이에 또 반나절의 시간이 흘렀다. 나는 내 친구와 두 번째 만남을 갖고 다시 책상 앞으로 돌아왔다. 우리 대화의 몇 토막을 아래에 실어 놓았다.

> **친구** "지난주에 선생님이 하신 말씀이 도전이 되었습니다. 내 속에서 어떤 일이 일어나고 있음을 느낄 수 있었죠. 하지만 변호사들, 합의, 집안의 온갖 긴장들이 존재하는 실제 세계 속으로 돌아오고 보니 그 모든 감동이 사라져 버렸습니다. 끔찍한 일주일이었어요."
>
> **래리** "지난주 우리가 나눈 대화에서 뭐가 도전이 되었나요?"

상담가들은 일반적으로 내담자가 고통에 대해 자세히 설명할 수 있도록 격려한다. 어떤 판단도 내리지 않는 환경에서 그들이 보내는 공감적 이해는 내담자의 거부감을 내려놓는 작용을 한다. 물론 감정을 표출해야 할 때가 있다. 하지만 나는 고통의 세세한 내용보다는 삶의 역경 한가운데서도 역사하시는 성령의 거처에 더 관심이 있다.

> **친구** "전 공허한 사람인데 선생님은 이제 견고한 사람이 되는 것에 대

한 말씀을 하셨죠. 저도 견고해지고 싶어요. 이 말을 하는 지금 이 순간에도 뭔가 마음속에서 요동쳐요."

래리 "그것이 바로 가장 중요한 일에 대한 갈망입니다. 당신이 공허한 상태에서 아내에게 하는 말은 아내를 조정하려는 의도를 가지고 있고 궁색하며 강요하는 말일 것입니다. 견고한 사람이 되어 아내에게 말하는 모습을 상상해 보세요. 당신 아내는 **반응할 수도 있고 어쩌면 반응을 보이지 않을 수도 있습니다.** 하지만 하나님은 영광을 **받으실 겁니다.**"

성령께서는 항상 하나님의 자녀들에게 '아바'를 속삭이신다고 생각한다. 그것은 하나님이 그들을 돌보시므로 안전하다는 뜻이다. 그리고 그분은 계속해서 하나님의 자녀들에게 그분의 뜻하신 존재가 되라고 부르신다. 즉, 견고한 사람, 영원히 살아 있는 존재, 상처를 받아도 아버지를 기쁘게 하는 일에 자신을 바치는 존재가 되라고 요청하신다. **어떤 존재가 될 수 있을지**에 대한 비전을 제시할 때 성령의 사역이 마음 깊은 곳에서 시작된다.

친구 "지난주에 한 번 견고한 상태에서 말한 것 같아요. 아내에게 내가 얼마나 아내를 실망시켰는지 말했어요. 하지만 예전처럼 '제발 나를 용서하고 돌아와 줘'와 같은 태도로 훌쩍거리지는 않았습니다. 아내가 미안한 마음을 느끼게 하려고 사과를 한 것이 아니었어요. 그저 그녀를 축복해 주고 싶었어요. 그러자 잠시 동안 아내는 아무 말도 하지 않았어요. 눈물을 흘리는 것 같았죠. 그런데 모든 게 엉망진창이 되었어요. 또 다른 상황에 내 자신이 잘 대응하고 있다고 생각했지만 그녀는 몹시 화를 냈어요. 그러고 나서 폭발해 버렸습니다. 정말 최악이었어요."

래리 "혼란스럽지 않았던 그 짧은 순간이 정말 좋았을 것 같군요."

내 친구가 얼마나 쉽게 영적인 초점을 잃고 자신의 고통과 힘겨운 상황으로 돌아오는지 주목해 보라. 다시 말하지만, 육체적으로나 언어적으로 자신을 돌보아 주는 사람에게 어려운 짐을 나누고 의지해야 할 때가 있다. 하지만 나는 언젠가 한 번 그가 견고한 상태에서 한 말 중에 중요한 에너지를 감지했다. 그때 그는 자신의 내면 깊은 곳의 고통에 둔감한 것 같지도 않았다.

친구 "제 속에 있는 또 다른 방에 대해 말씀하셨던 것 기억하시죠? 그런데 보통 제가 사는 방은 그동안 상처받으면서 어떻게든 삶을 헤쳐 나가려고 노력해 온 방이라고 말씀하셨어요. 맞나요?"

래리 "맞아요. 그 방은 꽤 크죠. 또 당신의 주의를 끌 만한 것도 아주 많습니다. 걱정이 되는 점은 이런 위기를 겪는 동안 당신이 그 방에 머물면서 그 방을 깨끗이 치우고 가구를 재배치하려는 건 아닌지 하는 것입니다."

상담가들은 하나님이 버리신 것을 개선하려고 애를 쓰며 시간을 낭비한다. 무언가를 자세히 살펴보는 이유는 보통 무엇이 잘못되었고 어떻게 고쳐야 하는지 이해하기 위함이다. 하지만 성령께서는 우리 영혼 속에 또 다른 방을 만드셨다. 그 방은 항상 깨끗하고 가구 배치가 잘 되어 있다. 우리는 복잡한 심리적 역학이 있는 매력적인 방을 떠나, 하나님으로부터 오는 영적 능력이 살아 움직이는 그 방을 찾아야 한다.

친구 "전 그러고 싶지 않아요. 다른 방을 찾았다고 생각했는데 아주 잠시 동안만 머물렀을 뿐이에요. 어떻게 해야 그곳에 좀 더 오래 머무는 법을 배울 수 있을까요?"

래리 "쉽지 않은 일이지요. 지금 당신은 가장 힘겨운 상황에 직면해 있습니다. 그러다 보니 상황을 더 좋게 하기 위해 무엇을 할 수 있을까에만 초점을 맞추려 할 것입니다. 당신이 어디서 잘못되었는지, 아내가 어디서 잘못되었는지를 찾는 일에 매달리고 싶을 겁니다. 그러는 동안 분노와 자기혐오가 마치 해일처럼 몰려올 것입니다. 온 마음을 다해 하나님이 주신 그 다른 방에 거하고자 하지 않는다면, 말 그대로 그것을 위해 하나님을 기다리지 않는다면, 그 방에 도달하지 못할 것입니다. 그 새로운 방에 대한 갈망이 자라나야 합니다."

그러고 나서 우리는 기도 생활과 금식의 중요성 그리고 내게 도움이 되었던 좋은 책 몇 권에 대한 대화를 나누었다. "이 길을 계속 가려면 제게 도움이 필요할 거예요. 우리가 다시 만날 수 있을까요?" 그는 이렇게 말하며 떠났다.

우리가 영적 공동체를 경험했다고 생각한다. 거기서 나는 영적 친구보다는 영적 지도자로 그를 섬기는 특권을 누렸다.

내 삶에서 그리고 많은 이들의 삶에서 이런 대화는 흔하지 않다. 우리가 맺는 관계들은 성령께서 이루어 주시는 관계와는 한참 거리가 멀다.

이유가 뭘까? 영적 공동체는 왜 이리도 드물까? 그것은 깨어짐이라는 필요조건과 관련이 있을 것이다. 우리는 깨어진 상태보다는 온전한 상태로 당당하게 있으려 한다. 하지만 깨어진 사람들만이 영적 공동체를 공유한다. 이것이 다음 장에서 내가 핵심적으로 다루려는 개념이다.

4
아르만도가 필요해

> 내 속에는 안전하게 살고자 하는 경향이 있다. 나는 모든 사람과 친구가 되고 싶다. 갈등이나 논쟁은 싫다. 종종 우리 삶이[여기에서 나우웬은 자신의 조용한 교제가 있는 세계에 대해 말한다], 초대 교회에 바울과 사도들이 살아왔던 삶과 매우 흡사하다는 생각을 한다. 초대 교회 가정에서는 진심 어린 축하를 하고 기도하며 대화를 나누고 서로를 지원했다. 단순하지만 서로를 매우 잘 돌보는 삶이었다.
> —헨리 나우웬

내가 영적 공동체라 부르는 특별한 종류의 공동체만이 사람들로부터 안전해지려 하는 마음을 내려놓고 사람들과 함께 안전함을 누리게 해준다. 라르쉬 공동체는 전 세계에 걸쳐 장애인들에게 그들의 진정한 가치와 아름다움을 발견할 기회를 제공하는 곳이다. 그 공동체의 창시자 장 바니에(Jean Vanier)는 다음과 같은 이야기를 한 적이 있다.

1987년 로마 가톨릭 교회 평신도의 역할에 관한 회의에 참석한 주교들은 또 다른 특이한 모임에 초청을 받았다. 그곳에서 장 바니에는 다음과 같이 말했다.

로마의 '신앙과 빛'(Faith and Light) 공동체는 모든 주교들을 공동체 모임에 초대했습니다. 이 공동체는 지적 장애인, 그들의 부모와 친구, 특히 젊은이들로 구성되어 있습니다. 몇 명 안 되는 주교님들이 그 모임에 참석했습니다. 로마의 라르쉬 공동체도 그들이 기쁘게 받아들인 여덟 살 소년 아르만도와 함께 왔습니다.

아르만도는 걸을 수도 없고 말도 못하며 나이에 비해 아주 작습니다. 아르만도는 고아원에 버려진 후 우리에게로 왔습니다. 엄마에게 버림받고 더 이상 살고 싶지 않았던 아르만도는 아무것도 먹고 싶어 하지 않았습니다. 몹시 마른데다 영양실조로 죽어 가고 있었지요. 우리 공동체에 온 후 그 아이는 자신을 돌봐 주고 사랑해 주고 그가 살기를 바라는 사람들이 있다는 것을 알았습니다. 서서히 다시 먹기 시작한 아르만도는 놀랍게 회복되기 시작했습니다.

아르만도는 여전히 걷지 못하고 말을 하지도 못하고 혼자서 먹지도 못합니다. 몸은 뒤틀리고 상한 상태로 심각한 정신 장애까지 갖고 있지만, 여러분이 아르만도를 안으면 그 아이는 기쁨과 흥분이 담긴 눈빛을 보내며 온몸으로 "당신을 사랑해요"라고 말하면서 떨 것입니다. 그 아이에게는 사람들을 치료하는 능력이 있습니다.

제가 주교님 한 분에게 아르만도를 안아 달라고 부탁했을 때 그분이 아르만도를 안아 주었습니다. 저는 그 두 사람이 함께하는 모습을 지켜보았지요. 아르만도는 작은 눈을 반짝거리며, 그 주교님의 팔에 자리를 잡고 몸을 떨며 미소를 짓기 시작했습니다. 30분쯤 지나서 저는 그 주교님에게 이제 아르만도를 다시 데려가도 될지 물어 보았습니다. 그는 "아뇨, 아닙니다"라고 대답하더군요. 그렇게 작은 아르만도가 마음속에 있는 사랑의 능력으로 그 주교님의 마음을 어루만지고 변화시키고 있음을 알 수 있었습니다.

주교님들은 바쁜 사람들입니다. 그들에게는 권력이 있어서 자주 공격을 당해 어려움을 겪기도 합니다. 그래서 견고한 방어 기제를 가져야만 합니다. 하지만 **아르만도와 같은 사람**은[저자 강조] 그들과 우리 모두가 마음에 만들어 놓은 장벽을 허물어뜨릴 수 있습니다. 아르만도는 우리에게 사랑을 일깨우고, 생명수와 우리 마음속에 감추어진 부드러움의 샘이 솟아나게 합니다.

아르만도는 아무도 위협하지 않습니다.…그저 이렇게 말합니다. "저는 당신을 사랑합니다. 당신과 함께 있는 것이 정말 좋아요." 주1

영적 공동체는 진실함으로 정결을 추구하는 사람들로 이루어져 있다. 다른 사람의 약점과 실패보다는 자신의 약점과 실패를 더 혐오하기에 공동체 구성원들은 약점과 실패를 인정한다. 그리하여 악취가 진동할 정도로 타락한 그들의 영혼 이면에 깨끗한 샘물이 흐른다는 사실을 발견한다. **아르만도와 같은 사람**은 영적 공동체를 세우는 데 꼭 필요한 존재다. 그들은 깨어진 상태의 모습 그대로 사랑받는 존재이며 그래서 숨기고 있는 계획이나 자기 본위의 계획 같은 것이 전혀 없이 존재 자체로 사랑을 부어 준다.

아르만도의 장애는 신체적인 것이기 때문에 숨기는 것이 불가능하다. 하지만 우리의 장애는 도덕적이라 좀 더 쉽게 숨길 수 있다. 진실성이 첫걸음이다. 우리는 우리 공동체에게, 영적 친구나 영적 지도자에게 우리가 어떤 사람인지에 대해 최악의 모습까지 고백해야 한다. 의도적으로 숨기려고 하지 않고 자신에 대한 모든 이야기를 해야 한다.

공동체의 반응은 그다음 문제다. 그들이 무조건적인 사랑을 보여 주지 못한다면, 우리의 상처는 파쇄된 조각이 되어 버린다. 안전하지 않은 공동체에서 우리는 자신에 대해 부분적인 모습만을 드러내고 나머지는 숨긴다. 그러면 진정한 자아를 발견할 수도 없고, 다른 사람들과도 함께할 수 없다. 하지만 라르쉬 공동체 사람들이 신체적으로 깨어지고 영적으로도 깨어진 아르만도를 사랑한 것처럼 누군가 우리를 사랑한다면, 우리는 온갖 상처에도 불구하고 어떤 선(善)이 살아 있음을 발견한다. 깨어짐 가운데서도 오염되지 않은 순결한 무언가가 남아 있음을 알게 된다. 그리고 힘들이지 않고도 그것을 흘려보내고 있음을 깨닫는다.

지금은 오후 4시 정각이다. 바로 한 시간 전에 나는 친구 리치를 만나기 위해 어려운 걸음을 했다. 2주 전 다른 친구에게 그에 대한 말을 했었다. 그의 이름을 밝히지는 않았지만 핵심을 명확히 하기 위해 사석인 대화를 나누는 중에 리치가 관련된 사건의 내용을 말했다. 나와 이야기를 나눈 친구는 리치를 몰랐고 설사 그를 알았다 해도 이야기의 주인공이 리치라는 사실을 알아채기는 어려웠을 것이다. 나는 비밀을 누설하지 않았다고 자신했다.

오늘 아침 7시 30분부터 9시까지 리치는 민감하고 아주 개인적인 문제들에 대해 내게 영적인 지도를 구하고 있었다. 그런데 어느 순간 그가 이렇게 말했다. "아시다시피 지난 몇 개월간 우리가 나누었던 대화들은 아주 민감한 사안들입니다. 선생님이 그 내용을 누구와도 나누지 않는다는 사실이 정말 기쁩니다."

나는 움찔했다. 그 순간까지 도덕적인 기준을 위반했다는 생각을 전혀 하지 않았다. 다른 친구에게 했던 말들을 다시 떠올려 봤지만 약속을 어겼다는 생각이 들지는 않았다.

하지만 리치도 나와 같은 생각일지에 대해서는 확신이 없었다. 그래서 웃으며 말했다. "당신과 함께 나누는 이 귀중한 교제의 특권을 깨뜨릴 수는 없지요."

그 대화가 끝나고 한 시간쯤 지나 나는 리치에게 전화를 걸어 만나자고 청했다. 나는 어렵게 그의 사무실로 갔다가 이제 막 집으로 돌아왔다. 그에게 내 행동에 대해 말했다. 나는 다른 친구에게 그에 관한 이야기를 했지만 여전히 비밀을 어겼다고 생각하지 않는다고 설명했다. 하지만 아침에 그의 말을 들었을 때에는 그런 내 생각을 밝힐 용기가 없었음을 고백했다.

그는 이렇게 대답했다. "오늘 아침 우리가 대화를 나누었던 그 순간에 선생님이 허둥대는 것을 느꼈어요. 그 순간 전에는 항상 자연스러워 보이셨거든요. 무슨 일인가 싶었습니다."

당연하다. 내가 겁을 냈기 때문에 내 영혼에서 생명수가 흘러나오는 길이 막혀 버린 것이다. 그러나 그 앞에서 깨어진 모습을 드러내며 그의 은혜를 누렸을 때 생명수가 다시 흘렀다. 내 마음의 가장 깊은 부분은 겁을 내지 않는다. 그 마음은 사랑이 많고 강인하고 선하다. 그리고 그리스도의 에너지가 있다. 리치는 그리스도를 마음에 모신 나의 영향력을 느꼈고, 나 역시 그에게서 같은 영향력을 느꼈다. 우리는 그리스도 안에서 우리가 공유하는 생명에 연결되었다. 둘 다 안전하다고 느꼈다.

용납해 주는 공동체 안에서 향유 병이 깨질 때에야 향기가 흘러나온다.

영적 공동체의 모든 것은 세상의 질서와 정반대로 움직인다. 우리의 능력이 아니라 우리의 약함이 다른 사람들을 움직인다. 우리가 받은 복이 아니라 우리의 슬픔이, 우리를 멀어지게 하는 두려움과 수치의 장벽을 부순다. 우리를 소망 가운데 하나로 묶는 것은 가두 행진을 벌일 만한 성공이 아니라 우리의 공공연한 실패다.

영적 공동체인 **교회**는 깨어진 사람들로 가득하다. 그들은 혼자서는 할 수 없음을 알기에 서로를 향해 의자를 돌린다. 이렇게 깨어진 이들은 상처받고 염려하며 때론 엄청난 실패를 경험하면서 함께 여행하지만, 그 깨어짐 너머에 뭔가 살아 있고 선하며 온전한 것이 있다는 것을 안다.

우리는 모두 상처 입은 사람들이다. 우리 속에서 어떤 일이 일어나는지 냉정하리만치 정직하게 보면 깨어진 부분이 분명히 보인다. 영적 공동체는 단지 상처와 깨어짐에 대한 대화만 나누는 곳이 아니다. 사람들이 자신의 안전지대를 떠나 아주 세세한 것들까지 드러낸다. 물론 모두에게 드러내지는 않지만 최소한 한 사람 정도에게는 그 모습을 보여 준다.

사실 그건 너무 무서운 일이다. 아주 나약하고, 심히 쓸데없고, 매우 건전하지 않고, 자기 비판적인 것처럼 들린다. 그러나 깨어짐을 인정하는 것보다 더 안 좋은 것은, 하나님과의 관계가 풍성하지 못함을 인정하는 일이다. 깨어짐은 종종 하나님과의 더 깊은 관계에 이르는 길이라는 말을 듣는다. 하지만 실제로 그렇게 되는 경우는 거의 없어 보인다. 우리가 깨어진 존재가 아님을 보여 주어야, 사람들은 우리가 하나님을 안다는 사실을 믿을 것 같다.

하지만 우리는 모두 상처 입은 사람들이다. 우리는 모두 실패했다. 거절당하면 속에 있는지조차 몰랐던 깊은 분노가 분출된다. 그 무자비함에 눈물을 흘리며 어느 누구도 우리를 다시 그런 식으로 대하지 못하게 하겠다고 결심한다. 누군가로부터 무시당하면서 우리 영혼은 위축당했다. 비판을 받으면 우리는 무가치하다고 느끼고, 그 때문에 참여하지 않고 뒤로 물러서거나 방어적인 오만함으로 덤벼든다.

우리는 새끼들을 보살피는 암사자처럼 맹렬하게 우리 상처를 보호한다. 그리고 그러한 상처와 자신을 분리해서 보는 것은 거의 불가능하다. 그래서 우리 **상처**를 보호할 때 우리 **자신**을 보호하고 있다고 생각하는 것이다.

베스와 함께 식사를 하고 있을 때였다. 베스는 내게서 영적인 가르침을 원했다. "1년 전, 제가 스물한 살 때 낙태를 했다고 말씀드린 것 같아요. 대충 말하고 지나갔죠. 하지만 여전히 그 일에 대한 심한 죄책감을 느껴요. 제가 첫 아이를 죽였기 때문에 세 아이 중 하나가 죽을 것 같다는 생각이 들어요."

어떤 말을 해야 할까? 아르만도가 말을 할 수 있다면 어떤 말을 했을까?

더 나은 질문은 '나는 무엇을 느꼈나?' 하는 것이었다. 내 자신이 곧바로 그녀에게서 한걸음 물러서고 있음을 감지했다. 그녀를 혐오해서가 아니라 혼란스러워서였다. 나는 그녀가 용서받았다고 말해 주고 싶었다. 그리스도께서 죽으심으로 그녀의 모든 죄에 대한 대가를 치르셨으므로 그녀에게 더 이상 정죄함은 없다고 말이다.

하지만 베스는 이미 그 사실을 알고 있었다. 나는 '핵심을 분명히 하고 싶은' 욕구, 진리를 선포하고 그녀가 그 사실을 믿도록 설득하려 하는 욕구를 느꼈다. 그러나 베스는 하나님이 그녀를 바라보며 즐거이 부르고 계시는 노래를 들을 수 없었다. 내가 그 사실을 **말한다고** 해서 그녀가 그 노래를 들을 수 있을 거라는 확신이 없었다. 그녀는 자신을 낙태를 한 살인자로 여기고 있었다.

베스는 불안해 보였다. 경계하는 모습을 보였지만 비난이나 심판에 대한 경계는 아닌 듯했다. 내가 그녀를 비난하리라는 생각은 하지 않았을 것이다. 그녀가 두려웠던 것은 내가 그녀의 심정을 무시하고 이성적으로만 말하는 것이었을 것이다. 그녀가 이미 알고 있는 사실을 되뇌면서 내가 다시 상기시킨 그 친숙한 진리가 효과를 발휘하기를 기대하면 어쩌나 하고 두려웠을 것이다.

나는 아르만도를 떠올리며 내 자신이 아르만도라고 생각해 보았다. 결코 베스보다 더 높은 곳에 서서 그녀를 내려다볼 수 없는 깨어진 사람. 나는 "하나님의 은혜가 없었다면 나도 그렇게 되었을 거야"라고 말할 수 없었다. 그것은 거들먹거리는 것처럼 느껴졌다. 대신 나 자신에게 "다른 사람을 판단하는 너는 누구인가? 너에게도 베스 못지않은 은혜가 필요하다"고 속삭였다.

그러고 나서 그녀를 바라보았다. 오직 사랑을 갈구하며 두려워하는 깨어진 아이가 보였다. 눈물이 흘렀다. 내 속에서 뭔가 뭉클하게 솟아나는 따뜻함을 느꼈고, 마음속 깊은 곳에 있는 것을 말로 옮길 용기를 얻었다. "오, 베스, 정말 감당하기 힘든 짐을 지고 있었네요. 이제는 마음을 편하게 내려놓고 지금의 자녀들을 기뻐하세요."

중요한 말이었다. 하지만 그 말을 전달하는 에너지가 더 중요했다. 내 속에서 흘러나오는 무언가는 그녀의 행동이나 두려움에 초점을 맞추지 않았다. 단지 그녀라는 존재 자체에만 초점을 두었다.

가장 최악의 상태에서도 사랑받고자 하는 갈망, 예수님과 친밀함을 누리는 안전한 관계에 들어가고자 하는 갈망은, 우리의 실패와 두려움보다 우리 존재에 훨씬 더 중요한 요소다. 하지만 우리가 스스로를 그렇게 보는 건 어려운 일이다. 우리는 사랑받고자 하는 갈망을 느끼기보다는 죄책과 아픔을 더 잘 **느낀다**. 그리고 하나님이 의롭게 해주신 모습보다는 잘못된 모습을 우리 자신이라 생각한다.

서로에게 꼬리표를 붙이고자 혈안이 되어 사람들의 문제로 그들을 규정하려 드니 그럴 만하다. "그 남자 이혼한 것 아니?" "그 여자가 우울증 약을 먹고 있대." "저 집 아들은 휠체어를 타." "누가 그러는데, 그 여자는 동성애자래." "그 사람은 화내는 게 완전 심해."

우리의 문제가 우리 자신은 아니다. 우리의 상처가 우리 자신은 아니다. 우리 죄가 우리 자신은 아니다. 우리는 근본적인 가치와 숨겨진 아름다움을 지닌 존재다. 하지만 우리 자신을 제대로 직면하면 마치 변색된 은처럼 우리의 영적 아름다움을 덮어 버린 이기심과 두려움과 분노와 욕정이 보인다. 우리의 모습을 보면 우리는 깨어질 수밖에 없다. 하지만 거기에는 은이 있다. 깨어짐이라는 얼룩 사이로 찬란하고 흠 없는 무언가가 희미하게 빛나고 있다.

서로에게 꼬리표를 붙이면 그 은의 광택을 보기 어렵다. 오히려 변색된 부분에 주의를 기울이게 된다. 또 그 꼬리표들 때문에 우리의 문제가 곧 우리 자신이라고 믿는다. 물론 우리 문제는 결코 예쁘지 않다. 그래서 그 문제를 이용하여 사람들이 우리를 돌보도록 상황을 몰아가거나, 왜곡한 모습으로 자신을 숨겨 버린다.

안전하고자 하는 열망은 아주 강하다. 바니에는 공격을 당하는 주교들이 그 공격에 대항해 두터운 방어 기제를 만든다고 말했다. 다른 사람과 관계를 맺을 때 완강한 자기 보호 틀을 만든다는 것이다. 우리 모두

가 그렇다.

스스로를 보호하고자 하는 욕구, 누구도 우리의 상처를 악화시킬 수 없도록 그것을 숨기려는 욕구는 우리 마음에서 가장 강력한 욕구다. 그리고 우리가 어떤 관계를 경험할 때까지, 십자가에서 죽으시고 부활하신 그리스도를 만나고 그리스도와 같은 인격을 경험할 때까지, 상처를 입었지만 아름다운 사람, 아르만도와 같은 사람을 경험할 때까지는 우리 안에 그 욕구가 계속 남아 있을 것이다.

그 주교가 아르만도를 안았을 때 가장 깊이 느꼈던 것은, 장애를 가진 육체와 제 기능을 다하지 못하는 지성이 낳은 비극이 아니라, 순수한 사랑을 부어 주는 살아 있는 영혼의 어루만짐이었을 것이다. 그것은 함께함이 무엇인지 보여 주는 어루만짐이다. 그 어루만짐은, 추함과 갈등이 관계를 끊는 것이 아니라는 확신을 가질 때에만 얻을 수 있다. 우리 속 가장 깊은 곳에 있는 것은 깨어짐이 아니라 아름다움, 말 그대로 그리스도의 아름다움이라는 훨씬 더 강한 확신에서 흘러나오는 확신을 가질 때에만 얻을 수 있다.

그런 일이 일어나기 위해서는 우리의 방어벽을 산산조각 내어 우리의 깨어짐을 드러내고, 사랑으로 우리 영혼을 어루만지는 아르만도 같은 사람이 필요하다. 그리스도를 드러내는 사람, 우리 마음속에 있는 복음의 기적을 보게 해주는 사람, 모든 겉치레와 가식 뒤에 불안과 실패의 상처들 아래 하나님의 선하심이 있다는 그 복음의 기적을 보게 해주는 아르만도 같은 사람이 필요하다.

아르만도가 없다면, 하나님의 사랑을 누리고 그것을 나누어 줄 만큼 깨어진 사람이 없다면 우리 공동체는 결코 영적인 공동체가 되지 못할 것이다. 결국 모든 관계에서 불쑥불쑥 나타나는 불가피한 갈등 때문에 우리는 영적이지 않은 방향으로, 성령이 필요하지 않은 관계로 나아갈 것이다.

  다음 장에서는 아르만도가 없는 공동체를 살펴보며 영적 공동체가 아닌 것에 대해 다룰 것이다. 영적 공동체가 아닌 곳에서 우리는 사람들과 **거리를 두어야** 안전하다고 확신한다. 그래서 사람들과 **함께하는** 안전함을 결코 누리지 못한다.

5
영적 공동체가 아닌 것

> 외로움을 느끼는 수많은 순간이면 우리는 생각한다. 이 경쟁적이고 힘
> 겨운 세상의 한 모퉁이에 과연 우리 자신을 내려놓고 드러내고 무조건
> 적으로 내어줄 수 있는 안전한 곳이 있을까, 하고. 아마 그곳은 매우 작
> 고 숨겨져 있을 것이다. 하지만 그러한 모퉁이가 존재하고 그곳을 찾기
> 원한다면 복잡한 인간관계들을 통과해야 한다.
>
> —헨리 나우웬

아르만도 같은 사람이 없다면 영적 공동체는 발전이 없을 것이다. 안전한 공동체가 없다면 우리의 깨어짐을 인정하지 못할 것이다. 또 다른 사람들이 그들의 깨어짐을 드러내는 데 필요한 안전함도 제공하지 못할 것이다. 공동체는 경쟁적이고 힘겨운 곳이 될 것이다. 그곳에서 우리는 하나님이 우리 삶 가운데서 하시는 일보다 더 많은 일을 하신다고 입증하려는 압박을 느낀다. 아니면 방향을 바꾸어 깨어짐을 꾸며낼 수도 있다. 화를 내거나 눈물을 흘리며 기회가 있을 때마다 우리의 정서적인 고투를 이야기함으로써 사람들이 우리의 아픔을 보고 보살펴 주도록 분위기를 조성하는 것이다.

영적 공동체가 아닌 곳에서는 우리의 문제들을 숨기거나 오히려 과시하는 경향이 있다. 어느 경우든 마음을 터놓지 못한다. 그곳에는 삼위일

체적 삶에 대한 성찰이 없다.

영적 공동체가 아닌 곳에서 살아간다는 것은 비극이다. 아니, 그러한 공동체에서 살면서 거기에 만족하고 그곳이 영적 공동체라 생각하는 것은 훨씬 더 심각한 비극이다. 많은 그리스도인들이 성령의 도움이 별로 없어도 맺을 수 있는 낮은 수준의 관계에 만족하며 더 이상 깊은 관계를 열망하지 않는다.

하지만 전국을 돌며 사람들과 대화를 나누면서, 나는 영적인 관계에 갈증을 느끼는 사람, 영적인 관계가 아닌 것에는 만족하지 못하는 사람이 점점 많아지고 있음을 느꼈다. 그들은 막연하지만 부인할 수 없는 외로움, 삶의 활동들은 일시적이고 부분적일 뿐이라는 공허함을 느끼고 있었다.

매기 로스(Maggie Ross)는 영적인 삶을 가리켜, 외로움이 사실 하나님에 대한 갈구임을 점차 깨닫기 시작하는 것이라고 말했다.

> 우리는 뱃속 깊은 곳, 실제로는 우리 영혼 속에 있는 무시무시한 구멍을 채우려고 애를 쓴다. 음식으로, 권력으로, 섹스로…. 그러나 이 세상에서는 이런 갈구를 결코 채울 수 없음을 깨닫기 시작한다. 그것은 사실 하나님의 얼굴을 갈구하는 것이며, 그 갈구를 채울 유일한 음식은 기도뿐이다.[주1]

그녀는 자신의 책 서론에서 **고독**을 "하나님과 만나는 심원이며 진정한 관계의 근원"이라고 정의한다. "진정한 관계의 중심이자 그 근원인 고독의 삶을 알게 된다면, 서로를 집어삼키는 상황에 대한 대안을 찾을

수 있다." 주2

그것이야말로 내가 원하는 것이다. 당신이 그렇듯 나 역시 영적 공동체에 기여하고, 가족과 친구들이 자신의 깨어짐을 직면하여 하나님을 찾을 수 있도록 안전한 곳을 제공하고 싶다. 그러나 그리스도와 함께 거한 지 46년이 지났지만, 나는 아직도 다른 사람들에게 안전함을 느끼게 하지 못할 때가 많다. 내 주장을 밀어붙이고, 그들도 나처럼 생각해야 한다고 주장하는 경향이 있다.

내가 내뱉은 잘못된 말은 즉시 내 영혼 속에 있는 등불을 꺼버린다. 그러면 나는 더 이상 하나님의 임재를 의식하지 못한다. 때로는 그분이 거기 계시든 계시지 않든 개의치 않는다. 무난하게 잘 지내는 것 같기도 하고, 겉으로는 괜찮은 것 같기도 하다. 그런 상태에서 너무나 자주 쉽게 다른 사람에게 상처를 준다. 때로는 유쾌한 농담으로 상대를 공격한다. "야, 타이 멋진데. 얼룩 두 개가 멋지게 조화를 이루고 있군." 또 때로는 노골적인 공격을 가하기도 한다. "그런 행동을 했다니 믿을 수 없어! 어떻게 그럴 수 있니?"

나는 더 잘하고 싶다. 좀 더 예수님을 닮고 싶다. 더 안전하고 견고하고 온화하고 솔직해지고 싶다. 인생은 이미 힘겹다. 누군가의 인생을 더 어렵게 하고 싶지는 않다. 하지만 어떻게 그럴 수 있을까? 어떻게 공동체를 영적으로 세우는 사람으로 자라 갈 수 있을까? 나는 예배가 공동체의 핵심이며, 내가 결속 혹은 영적 공동체라 부르는 서로와의 진정한 관계는 하나님과의 풍성하고 지속적인 사귐 없이는 불가능하다는 매기 로스의 말을 떠올린다.

하나님의 임재 속으로 더 풍성하게 들어가지 않고는 아무도 서로를 알지 못하고, 다른 사람에게 자신을 알리지도 못한다. 서로를 연결하는 데 필요한 자원은 성령께서 주셔야만 한다. 그것은 마리아가 하나님의 아들을 잉태할 때 복종했던 것처럼, 그분 앞에 순복할 때에만 받을 수 있다.

영적 공동체는 영적 자원에 달려 있다. 그럴 만한 이유는 충분하다. 모든 인간관계는 갈등을 겪기 마련이다. 특히 깊은 친밀감을 갈망하는 관계는 심각한 갈등에 부딪힌다. 이런 갈등을 넘어 진정한 하나 됨을 이루기 위해서는 하나님의 능력이 반드시 필요하다. 그것은 하나님이 우리 영혼 속에 두신 에너지가 없이는 불가능하다. 갈등을 부추기는 에너지보다 더 강하고 좋은 에너지 말이다.

우리는 깨어짐을 통해 인생이 아주 힘겨운 것이라는 사실을 깨닫는다. 그것은 고통이 너무 많기 때문만이 아니라 우리가 심히 이기적이기 때문이기도 하다. 깨어짐은 그분이 우리의 전부라는 깨달음을 준다. 소망은 그분만이 우리에게 필요하다는 깨달음을 준다. 기쁨은 우리가 그분만을 원한다는 깨달음을 준다. 디트리히 본회퍼(Dietrich Bonhoeffer)는 이렇게 썼다. "서로 함께하는 우리 공동체는 오직 그리스도께서 우리를 위해 행하신 일에 근거한다." 주3

나는 평생 그런 가르침을 들어 왔고 그것을 진리로 믿지만 한순간에 완전히 이해한 것은 아니다. 지금은 그것에 대해 조금 다른 관점으로 생각한다. 나는 결혼, 우정, 책 집필, 파티에서 떠들 재미있는 이야기 구상 등을 통해 그토록 오랫동안 벗어나려 했던 내 외로움이 실은 하나님을 향한 갈구임을 이해하기 시작했다.

그 사실을 이해하지 못할 때, 외로움은 내 안의 깨어지지 않은 본성을 부채질해 내가 해야 하는 일을 미친 듯이 하게 만들고, 공허한 영혼을 채우기 위해 누구든 이용하도록 몰아간다. 그리고 그것을 정당화한다. **그래야만 했다.** 고통은 벗어나야 했으니까. 내 상처를 느낄 수 있는 사람이라면 분명 누구나 동의할 것이다.

그토록 추하고 **그토록** 지나치게 많은 걸 요구하는 욕구는 결코 길들여지지가 않는다. 완전히 숨길 수도 없고 그 근원을 파악한다고 해서 약화시킬 수도 없다. 잠시 위장할 수는 있지만 결코 개선하거나 통제할 수는 없다. 유일한 소망은 우리 속에서 더 강하고 더 나은 다른 욕구가 솟아나는 것이다. 성령께서 주시는 자원만이 갈등을 넘어 진정한 관계에 이르게 할 수 있다. 성령께서 공급하시는 **선한** 욕구만이 공동체의 기초가 되어 악한 욕구를 밀어내고 갈등의 공격을 견디어 낸다.

영적 공동체는 그 사실을 안다. 갈등이 **있다고** 해서 영적이지 않은 공동체라는 뜻은 아니다. 갈등이 **없다고** 해서 그것이 영적 공동체의 증거가 아니듯이 말이다. 영적 공동체와 영적 공동체가 아닌 것의 차이는 갈등이 존재하느냐 아니냐가 아니라, 갈등에 대한 태도와 갈등을 다루는 방식에 있다. 갈등을 영적인 자원으로 더 온전히 이끌어 가는 기회로 여긴다면, 우리는 영적 공동체를 세워 가고 있는 것이다.

갈등은 매순간 모든 인간관계에 잠복해 있으면서, 그것을 촉발시킬 도화선을 기다린다. 자기중심적 욕구는 우리의 겉모습 아래에서 부글부글 끓고 있다가 한번 표출되면 갈등을 유발한다. 그 욕구는 안전을 추구한다. 위로나 집중을 요구하는 경향도 있다. 나누어 줄 기회를 찾기보다는 우리의 상처에 더 초점을 맞춘다. 또 하나님이 항상 주시지는 않는 즉각적인 채움을 요구한다.

영적 공동체에서는 영적 친구가 그를 용납할 때 이런 욕구들이 충족된다. 영적 친구는 그 욕구들을 보고 혐오하며 꾸짖을 수도 있고, 때로는 우리에게 상처를 받고 그 사실을 말할 수도 있다. 그러나 그는 이 모든 갈등을 유발하는 추악함과 이기적인 동기 아래에 감추어진 순전한 선, 하나님이 그곳에 두신 선을 바라본다.

필요한 경우, 영적 지도자의 지혜로 그러한 악한 욕구를 분석한다. 그 욕구를 변화시키기 위해서가 아니라, 오히려 그 욕구의 미묘한 표현들을 깨닫고, 그 흉측한 힘을 느끼기 위해서다. 그런 욕구를 이해하고 더 나은 갈망을 주시는 은혜를 함께 기뻐하기 위해서다. **영적 공동체에서는 이런 일이 일어난다.**

영적 공동체가 아닌 곳에서는 자기중심적 욕구를 그런 식으로 다루지 않는다. 갈등을 이겨 내고 용서하고 사랑하는 데 필요한 신적 자원이 없다면 우리는 갈등을 제대로 다룰 수 없다. 우리에게는 갈등을 진정시킬 다른 길이 없다. 우리 자신이나 다른 사람을 미워하지 않을 다른 길이 없다. 원한과 방어벽을 넘어 긍휼과 자유로 이끌어 줄 다른 길이 없다.

겨우 1달러만 가지고서는 집을 살 수 없는 것처럼, 우리의 빈약한 자원으로는 갈등을 다룰 수 없다. 집을 사는 데 필요한 재산이 없는 사람처럼 우리도 갈등을 다룰 자원이 없다. 우리는 공원 벤치에서 자리를 잡기 위해 다투고 따뜻한 담요를 얻기 위해 열 사람과 싸워야 하는 노숙인이다. 갈등이 **있다.** 배우자 간의 다툼, 교회 이사회에서의 의견 불일치, 친구들 사이에서의 실망과 서로 간에 일어나는 배신. 뭔가 조치를 취해야 한다.

영적 공동체가 아닌 곳에서 우리는 **일치**를 방패로 삼아 갈등을 숨긴다. 중요한 프로젝트를 위해 **협력함으로써** 다른 데로 주의를 돌린다. 그러면 우리의 추잡한 추진력은 칭찬할 만한 열정으로 탈바꿈한다. 긴급한 위로의 기술을 활용해 고통을 덜 느끼도록 하고 갈등으로 생기는 아픔을 진정시킨다. 갈등이 특히 더 심할 때는 **상담**으로 문제를 해결한다. 혹은 압박에 **순응하여** 더 잘하고자 하는 새로운 노력을 보임으로써 우리의 흉한 모습을 숨기려 한다.

그러나 우리에게는 이런 것 대신 영적 친구들이 필요하다. 우리의 깨어짐을 드러내도 될 만큼 안전하다는 분위기를 조성해 주는 **깨어진 사람들**이 필요하다. 우리가 잘살 수 있다고 믿고 그렇게 살기를 바라는 **돌보는** 사람들이 필요하다. 하나님이 주신 생명을 우리에게 부어 주며 **나누는** 사람들이 필요하다. 성령께서 우리를 그리스도의 형상으로 빚어 가시는 것을 보는 비전의 사람들이 필요하다. 그런 사람들이 없다면 우리는 훨씬 못한 것에 안주하게 될 것이다.

우리는 **친화적인 관계**, **협력하는 관계**, **위로하는 관계**가 존재하는 공동체에 안주한다. 그러나 이는 모두 영적 우정의 모조품들이다. 이런 관계들이 갈등을 처리하지 못하고 우리 속에서 솟아나는 추잡한 욕구를 다룰 수 없을 때는, 영적 지도의 대체물인 **상담 관계** 혹은 **규율을 따르게 하는 관계**로 향한다. 이렇게 하는 이유는 부분적으로는 우리를 영적으로 지도해 줄 수 있는 사람을 찾지 못해서이고, 또 한편으로는 영적 지도가 우리에게 정말 필요하다는 사실을 이해하지 못하기 때문이다.

그런 상황은 대개 다음과 같이 나타난다.

영적 공동체	영적 공동체가 아닌 것
관계에 갈등이 생길 때 영적 우정으로 해결한다. (영적 돌봄)	관계에 갈등이 생길 때 친화적인 관계, 협력하는 관계, 위로하는 관계로 다룬다.
필요할 때는 영적 지도를 한다. (영적 치료)	필요할 때는 상담 관계 혹은 규율을 따르게 하는 관계를 활용한다.
성령님께 의지하는 것이 특징이다. (말씀과 성령을 통해 하나님의 음성을 듣는다.)	육체에 의존하는 것이 특징이다. (이용 가능한 어떤 수단을 통해 상황을 파악한다.)

'영적 공동체가 아닌 것'의 '관계에 갈등이 생길 때' 아래에 나열된 다섯 관계는 불가피한 갈등에 대응하기에는 역부족이다. 그 대응들은 그리스도인들 속에 임재하시는 성령의 생명에 의지하지 않기 때문이다. 우리 문화에서는 그 관계들이 대부분 영적 우정과 영적 지도를 대신한다. **영적 우정**과 **영적 지도**는 성령께서 주시는 자원이 꼭 필요한 관계이며, 이 관계만이 갈등을 이겨 내고 영적 공동체로 이끌 수 있다.

교회가 그 안에서 작은 영적 공동체들을 세우려 한다면, 갈등을 다음의 두 가지 시각으로 바라보아야 한다. 첫째, 갈등을 영적 우정이 자라나는 기회로, 영적 돌봄이라는 중요한 사역을 할 수 있는 기회로 보는 것이다. 둘째, 갈등을 영적 지도자들이 일어나 중요한 사역인 영적 치료를 해야 하는 원인으로 보는 것이다.

그러나 우리는 보통 갈등에 다음과 같은 방식으로 대응함으로써 영적 공동체에서 보통의 공동체로 전락해 버린다.

- 갈등을 **친화성** 아래로 감춘다.
- 자기 잇속만 차리는 대의를 귀하게 여기는 프로젝트에 **협력한다**.
- 갈등을 겪을 때는 **위로**(순간적인 안도)만을 찾는다.
- 갈등을 야기하는 감정이 사그라지기를 바라며 우리의 내면적 갈등의 원인을 찾기 위해 **상담가**(심리 치료사)에게 조언을 구한다.
- 갈등에 대한 중요한 대응책으로 도덕 법칙을 **따르려고** 두 배 이상 노력한다.

나는 영적 공동체를 갈구한다. 영적 여행 중에서 예배를 드리며 심원한 기쁨을 누려 왔다. 또한 기도, 경건의 시간, 묵상, 주의 만찬을 통해 매일 그리스도와 사귀면서 그분이 주시는 양식으로 살아가는 법을 배우고 있다. 영혼 속에 있는 영적 생명이 살아나면 그것이 밖으로 나오는 것은 매우 자연스런 일이다. 진정한 생명은 나름의 흐름을 갖고 있다. 그 생명은 다른 사람들 속에 있는 동일한 생명을 만나 함께 나누기를 원한다.

나는 보통 세미나를 시작하기 전에 주최자와 함께 기도를 드린다. 가장 최근의 세미나를 준비하기 위해 주최자의 집에 묵었던 적이 있다. 우리 두 사람은 기도하기 위해 아침 일찍 일어났다. 나는 주의 만찬에 프랭크를 초청했다. 우리는 형제 됨을 그 어느 때보다 강하게 느꼈다. 우리는 일상의 삶을 나누었을 뿐이다.

나는 모든 분야에서 영적 공동체를 경험하고 싶다. 기도할 때, 묵상할 때, 이야기 나눌 때, 놀 때, 실제적인 도움을 줄 때, 위기 상황에서 도움을 줄 때, 먹을 때, 울 때, 웃을 때, 일상적인 일들을 할 때 등 모든 삶의 분야에서 말이다. 성령께서 바로 이런 순간들을 영적으로 만들어 주신다. 우리가 일상적인 순간을 함께하든, 예배를 함께 드리든, 무엇을 하든 간에 예수 그리스도께서 우리를 하나로 묶어 주신다. 그리스도의 에너지는 우리 사이를 오가며 안전과 비전과 지혜와 감동을 창조해 낸다.

하지만 공동체에서의 우리 경험은 영적이지 않을 때가 너무나 많다. 영적이지 않은 공동체와 보통 그런 공동체에 존재하는 다섯 관계들을 조금 더 논의해 보면, 우리가 어떤 공동체에 속해 있는지 깨달을 것이다. 영적 공동체에 속해 있다면 우리는 그 사실에 감사하며 더 많이 사랑하려고 애쓸 것이다. 반면 우리의 관계들이 영적인 관계가 아님을 깨닫는다면, 성령의 능력을 더 크게 갈망할 것이다. 그리고 예수님이 죽으시기 전에 기도하셨던 '하나 됨'에 대한 갈망으로 그 일을 위해서라면 어떤 대가라도 기꺼이 치르게 될 것이다.

다음 장에서는 어떤 공동체가 영적 공동체가 아니라면 그 이유가 무엇인지 질문하면서, 때때로 우리가 영적이라 전제하는 다섯 가지 관계에 대해 조금 더 면밀하게 살펴볼 것이다.

6
영적 공동체가 아닌 이유

우리 삶은 온통 깨어짐 투성이다. 깨어진 관계, 깨진 약속, 무산된 기대 등…. 어떻게 그 깨어짐이 쓰라림과 분노로 이어지지 않도록 살 수 있을까? 다시금 우리 삶에 거하시는 하나님의 신실하신 임재로 돌아가는 일 외에는 없다.

— 헨리 나우웬

공동체는 고통이 있는 곳이며 자아가 죽는 곳이다. 공동체 안에서 우리는 홀로 살아남겠다는 결심과 마음을 닫아 버리는 거짓 방어벽을 부수어 버린다. 공동체에 속하는 것이 하나님의 부르심에 순종하는 일임을 확신할 때에야 우리는 이 고통을 견딜 수 있다. 이런 확신이 없다면 우리는 공동체 안에서 살지 못할 것이다.

— 장 바니에

이 책을 쓰고 싶은 한 가지 중요한 이유가 있다. 중요한 변화는 관계 속에서 일어난다는 확신이 커지고 있기 때문이다. 최근의 여행에서 한 친구가 나와 저녁을 함께 보내기 위해 운전을 해서 왔다. 1년 전 우리는 로키 산맥에서 이틀 동안 함께 즐거운 시간을 보냈었다. 그리고 그날 저녁 함께하며 또다시 즐거운 시간을 보냈다.

나는 바로 몇 분 전 그와 전화 통화를 하며, 최근에 우리가 함께했던 순간들에 대해 나누었다. 나는 우리가 대화를 나누었던 저녁 시간 내내 참 편안했다. '도움을 주려고' 애쓰지도 않았고 열심히 무언가를 하지도 않았다. 단지 내 마음속의 욕구를 일깨워 내 속에 있는 것을 나누게 하시는 성령님을 의지했다.

그 친구는 짜증나고 화나는 어떤 문제를 이야기했다. 친구들과 동료들이 가끔 그를 짜증나게 하는데 그는 그것을 표현하기도 하고 숨기려고 애쓰기도 했다. 그는 이런 말을 했다. "이 문제가 아버지와 관련이 있다고 확신해. 아버지는 지금까지도 마치 내가 무뇌아인 것처럼 늘 이래라저래라 말씀하셔서. 난 진작 밑바닥까지 도달했어. 그 문제에 대해 더 이상 이야기할 여력도 없어."

나는 해석도 하지 않고 조언도 하지 않았다. 단지 우리의 저녁 시간을 마무리하며 무릎을 꿇었을 때 주님께서 그의 짜증을 누그러뜨려 주시고 아름다운 인내의 마음을 주시도록 기도드렸다. 그는 몇 분 전 전화로, 내가 기도드린 내용이 그의 마음속에 머물렀다고 말했다. 그 이후로 짜증이 날 때 분노가 가라앉고 인내가 흘러나오기를 얼마나 **원하는지** 깨달았다고 말했다. 그리고 그 일이 일어나고 있었다.

우리의 대화에는 명석한 해법이나 전문적인 면은 없었지만 나는 성령께서 역사하시는 증거를 보았다. 나는 짜증을 내는 내 친구를 그대로 받아들여 주었다. 어떻게 그런 일이 일어나는지 해석하려 하거나 치료적인 접근으로 그의 문제를 고치려 하지 않았다. 그를 믿었고 이미 그의 마음속에 있는 욕구를 일깨우시는 성령의 능력을 믿었다. 내게서 무언가가 나와서 그의 삶에 어떤 영향력을 미쳤을지도 모른다. 그러나 거기에는 어떤 억압도 없었고 오로지 자유만 있었다. 있는 그대로의 그가 되는 자유 말이다. 억압이나 자유, 둘 중 하나만 있다. 이 둘은 결코 공존할 수 없다.

100여 년 동안 우리는 불합리하고 만성적인 분노 같은 감정의 문제들에는 심리적 장애라 할 수 있는 근본 원인이 있다고 생각해 왔다. 전문 교육을 받은 외과의가 몸의 증상을 살펴보고 병을 없앨 방법을 찾는 것처럼 **전문가**가 그러한 장애를 **치료하는** 일이 필요하다는 것이다. 이것이 우리의 생각이었다.

하지만 나를 비롯한 몇몇 사람은 전혀 다른 시각을 갖게 되었고, 꽤 많은 심리학 연구가 우리가 지향하는 방향으로 가고 있다.주1 관계를 **잘 맺는**(물론 이에 대한 정의가 필요하다) 사람은 병리학, 진단, 치료 이론들에 기초한 임상 기술로 환자를 '치료하는' 전문가보다 의미 있는 변화를 더 잘 이끌어 낼 수 있다.

이렇게 믿는 이유는 인간 갈등의 뿌리에는 영적인 문제가 있다고 믿기 때문이다. 즉, 하나님과의 단절이 자신 및 타인과의 단절을 낳았다. 이러한 단절은 실망스럽고 때로는 공격적인 세상에 맞서 자기 일은 자기가 알아서 하겠다는 결단에서 비롯된다. 우리는 진심으로 우리에게 관심을 가진 사람은 존재하지 않는다는 결론을 내린다. 이것이 **불신앙**이다.

자기 일은 자기가 알아서 하겠다는 결단(이것을 **반역**이라 부른다)은 하나님과의 교제와 다른 사람들과의 교제를 깨뜨린다. 또한 나누어 주는 자가 되어야 하는 피조물의 본성을 거스른다(자신과의 단절). 설상가상으로 우리 삶에 필요한 자원들을 얻지 못한다. 그 자원들은 하나님과 다른 사람들이 우리에게 부어 주는 것이기 때문이다. 우리가 마음을 열고 연약함을 드러내며 신뢰로 서로 하나가 될 때에만 우리에게 부어지는 것이기 때문이다.

우리는 하나님이 본성적으로 선하시다는 사실, 즉 하나님이 가장 그분다운 모습일 때 우리에게 가장 선을 행하시는 분임을 쉽게 믿지 못한다. 하나님이 자신의 영광을 드러내신다고 하실 때, 자신이 누구인지를 알게 하여 스스로를 영광스럽게 하겠다고 하실 때, 우리는 평안을 누릴 수 있다. 이는 부유하고 너그러운 아버지가 자신의 진짜 성품을 드러내겠다는 뜻을 알리는 것과 비슷하다. 우리는 다발로 묶여야 하는 존재임을 안다. 다시 말해, 우리가 상속자들이라는 말이다.

장 바니에는 공동체는 자아가 죽는 곳이라고 말했다. 나는 그의 말을 이렇게 이해한다. 누구도 온전히 믿지 **않겠다는 우리의 결단**은 죽어야 한다. 대신 다른 사람들에게서 최고의 것을 받아들이고 우리 속에 있는 최고의 것을 기꺼이 주겠다는 마음이 그 자리를 차지해야 한다. 그것은 사람들이 사랑받는다고 느낄 때에만 일어난다. 서로 의지해도 될 만큼 **안전하다고** 느낄 때에만 일어난다. 다른 사람이 주는 것을 기쁘게 받아들일 만큼 그들을 **신뢰할** 때에만 일어난다. 자신의 진짜 모습을 다른 사람에게 드러낼 만큼 **용기를 가질** 때에만 일어난다.

그것은 위험을 감수하는 모험이다. 가까운 친구 하나가 어떤 남자를 사랑했는데, 그 남자는 그녀에게서 점점 멀어져 가고 있었다. 그러다 결국 그녀를 떠나 버렸다. 그녀는 다시 사랑할 가능성을 꿈꾸며 아주 힘겨운 시간을 보내고 있다. 오로지 육체적인 관계만을 원하는 남자와의 관계에 안주하려는 유혹은 아주 강력하다. 이 문제를 해결하기 위해 치료를 받아야 할까? 아니면 영적인 친구들이 더 잘 도울 수 있을까? 혼란과 분노와 공포를 느끼는 그녀를 용납하고 그녀의 마음속에 좀 더 나은 무언가가 있음을 조용히 믿는 사람들이 그녀를 더 잘 도울 수 있을까? 거부당한 마음에 자라난 강력한 육체적 요구를 세밀하게 살펴볼 수 있도록 도울 영적 지도자 역시 유용할 것이다.

나는 전통적인 의미의 심리 치료사가 무엇을 할 수 있는지 잘 모르겠다. 심리 치료사나 상담가들을 훈련시키는 이유를 찾기가 쉽지 않다. 내 상담 수업은 대부분 인격적인 변화를 추구하는 영성 형성 모델로 바뀌었다. 우리는 학생들이 영적 친구와 영적 지도자가 되는 데 초점을 맞춘다. 심리 치료사가 바쁜 이유는 영적 친구와 영적 지도자가 너무 적기 때문이라고 해도 과언이 아닐 것이다.

심리 치료사 패터슨(C. H. Patterson)과 수잰 하이도어(Suzanne Hidore)는 「성공적인 심리 치료: 돌보고 사랑하는 관계」(*Successful Psychotherapy: A Caring, Loving Relationship*)에서, 심리 치료가 혼돈에 빠져 있음을 인정한다. 그들이 제시하는 해결책은 재고해 볼 만하다. 전문적인 도움을 제공하려는 이들은 특정 장애를 진단하고 분명하고 전문적인 치료책을 찾겠다는 희망을 모두 버려야 한다고 주장한다. 대신 한 가지 단순하지만 심원한 개념에 초점을 맞추어야 한다. 모든 성공적인 심리 치료의 본질은 사랑이라는 것이다. 그들은 자신들의 책 제목을 「심리 치료: 사랑의 구매」(*Psychotherapy: The Purchase of Love*)로 바꾸는 것이 더 낫다는 주장까지 한다.주2

심리 치료사가 좋은 결과를 얻었다면(많은 이들이 좋은 결과를 얻었다) 그것은 그들이 전문가이기 때문이 아니라 인격적인 의미에서 사랑하는 자들이기 때문이라는 사실에 나는 전적으로 동의한다. 하지만 사랑을 **구매한다는** 개념은 걱정스럽다. 사랑을 구매한다는 것은 모순 어법처럼 보인다. 살 수 있는 것, 혹은 어떤 수단으로 쟁취할 수 있는 것은 사랑이 아니다. 그것은 잠시 같은 효과를 내는 모조품에 가까운 것이다. 진정한 사랑, 돈으로 살 수 없는 사랑만이 인간의 영혼을 변화시킬 수 있다.

패터슨과 하이도어는 심리 치료 연구 분야의 거장인 제롬 프랭크(Jerome Frank)의 말을 인용했다. "…치료의 성공은 치료사가 잘 도울 수 있으며 숨겨진 다른 동기가 없음을 환자에게 전달하는 치료사의 능력에 달려 있다."주3

하지만 이런 치료적인 관계에서 치료하고자 하는 것이 무엇일까? 심리적 문제와 인격적인 투쟁의 근본 원인은 하나님과의 관계에 있다. 하나님에 대한 증오, 의심, 불신이 가득하여 관계가 좋지 못할 때, 우리는 거센 두려움과 소외감을 느껴 안전하지 못한 세상에서 스스로 안전을 지켜야겠다고 필사적인 결심을 한다. 그러나 그것은 우리가 할 수 없는 일이다.

치료적인 관심이 필요하며, 그것이 사랑과 지혜와 진실함을 내포한 관계라면, 치료의 성공은 영적 공동체만이 줄 수 있는 독특하고 의도적인 관계에 달려 있다. 그렇다면 우리는 왜 전문가에게 의지하는가?

영적인 사람들은 서로 사랑한다. 그들은 지혜로워서 무엇이 성령의 일하심을 가로막는지 알고 있으며 결코 자신을 위해서 일하지 않는다. 그들은 하나님의 영광을 위해, 그분의 나라를 확장하기 위해 살아간다. 하지만 영적 공동체는 많지 않다. 전문가가 있는 이유가 여기에 있다. 그리고 우리는 영적 공동체가 많지 않은 현상을 심각한 문제로 보는 대신, 우리 문제를 영적 공동체가 아닌 곳에서 다루려 한다. 그렇게 하여 갈등을 겪고 있는 사람들에게 친화적인 관계, 협력하는 관계, 위로하는 관계, 상담 관계, 규율을 따르게 하는 관계만을 제공한다.

섭식 장애와 다중 인격 장애로부터 분노와 가끔 몰래 포르노물을 들여다보는 습관에 이르기까지, 이 모든 것 이면에는 홀로 남겨지는 공포에 대한 어리석은 반응인 교만한 독립 정신이 있다. 이런 악한 마음을 되돌릴 수 있는 것은 선한 마음뿐이다. 이러한 사실을 좀 더 명확하게 이해한다면, 교회가 '영적 공동체'가 되기를 바라는 마음이 불일 듯 일어날 것이다.

우리는 안전한 공동체라는 한 모퉁이를 찾기 위해 복잡한 인간관계를 철저하게 파헤칠 것이고, 계속해서 우리 삶에 거하시는 하나님의 신실한 임재로 돌아갈 것이다. 아마 온갖 다툼과 고통을 겪으며, 우리가 영적 친구와 지도자가 될 때까지 공동체 안에 있으라는 하나님의 부르심을 듣게 될 것이다.

이제 갈등을 겪는 공동체에 대해 살펴보자. 그러고 나서 영적 공동체가 아닌 곳에서 보이는 반응인 다섯 가지 관계에 대해 간단하게 살펴보자.

갈등을 겪는 공동체

내가 갈등을 언급하는 의도는 오로지 한 가지 요점을 분명히 하기 위해서다. 갈등은 영적 공동체만이 다룰 수 있는 문제라는 것이다. 먼저 갈등이 왜 생기는지 제대로 이해하고 있는 사도 야고보의 말을 들어보자.

> 너희 중에 싸움이 어디로부터 다툼이 어디로부터 나느냐. 너희 지체 중

에서 싸우는 정욕으로부터 나는 것이 아니냐. 너희는 욕심을 내어도 얻지 못하여 살인하며 시기하여도 능히 취하지 못하므로 다투고 싸우는도다(약 4:1-2).

사람들의 의견이 서로 대립할 때, 아주 개인적인 어떤 것의 성패가 달린 의견으로 경쟁할 때, 주로 갈등이 생긴다.

나는 내 능력을 쉽게 믿지 못하는 편이다. 강연을 하기 전이나, 하는 동안, 또 그 이후에도 긴장을 풀려면 내가 하는 말이 성령께서 주신 것임을 철저히 확신해야 한다. 체스에서 질 때면(자주 일어나는 일이다) 바로 어떤 생각이 마음속에 들어온다. '이건 사고하는 사람의 스포츠야. 네 머리는 그렇게 명석하지 않아.' 두려움이 자리를 잡으면 '나는 인정받아야 한다'는 생각이 자라난다. 이는 아주 개인적인 사고다. 이렇게 갈등의 틀이 마련된다.

사실 나는 이런 성향이 어디에서 왔는지 잘 모르겠다. 부모님은 나를 사랑하시고 자랑스러워하셨고 내가 원하는 것은 무엇이든 언제나 지원해 주셨다. 그럼에도 나는 별로 자신감이 없는 편이다. 그 뿌리는 내 배경보다 더 깊은 데 있을지도 모른다. 아마도 그럴 것이다. 우리가 왜 이렇게 힘겹게 살아가는지 알아보기 위해 개인적인 역사를 거슬러 올라갈 때, 보통 충분히 멀리까지 살펴보지 않는다. 태아 시기까지 거슬러 올라갈 필요가 있다.

모든 사람은 심각한 장애를 가지고 인생을 시작한다. 누구도 신뢰하지 않으려 한다. 우리의 가장 자연스런 본성은 인생의 실망과 위협으로부터 스스로를 보호하면서 우리에게 필요한 것은 꼭 붙잡으려 한다. 우리가 진정한 공동체에 속하도록 만들어졌다면 이것은 꽤 큰 장애처럼 보인다. 하지만 사회학자 애슐리 몬터규(Ashley Montagu)는 다르게 생각한다.

> 증거를 해석하고 나니, 사람은 선하게 태어나 선을 향한 잠재력을 키우고 계발하도록 되어 있다는 결론에 이르렀다.… 유능한 연구원이 모은 각종 증거들은 인간이 태어날 때부터 공격성을 지니고 있는 것은 아님을 보여 준다. 주4

우리가 진화론적 기회의 산물이며 따라서 적자생존의 개인주의를 정당화할 수 있다면, 잠재력을 계발하고자 하는 욕구는 적응 전략이라 할 수 있다. 하지만 삼위일체께서 영적 공동체를 누리도록 우리를 창조하셨다면 일차적 추동으로서의 자기 계발 욕구는 실로 공격적이다. 그것은 나의 행복을 위해 당신을 사용하겠다는 의지의 표현이다. 당신의 행복보다는 나의 행복이 더 가치가 있기 때문이다. 근본적으로 관계적인 세상에서 그것이 이기심이 아니라면 무엇이겠는가?

심리학자 샬롯 뷜러(Charlotte Buhler)는, "아기는 좋은 일들이 일어날 거라고 기대하며 '세상'을 향해 나아간다는 증거가 있다. 그 세상이 자기를 아프게 하거나 너무 강력해 보일 때에만 뒤로 물러서거나 방어적인 반응을 보인다." 주5

하지만 그 세상이 좋은 이유는 아기를 만족시키기 때문이다. 우리는 자연스럽게 '선'을 그렇게 정의한다. 즉각적으로 좋다는 느낌을 갖게 해 주는 것이 곧 선이라는 것이다. 현실이 만족스럽지 못할 때는 세상에 뛰어들기보다는 세상에서 스스로를 보호하고자 하는 욕구, 잠복되어 있던 그 욕구가 솟아오른다. 이 욕구야말로 삼위일체 하나님이 관계 맺는 방식인 '선'에 대한 심각한 장애물이다.

또 욕구 단계 이론으로 유명한 에이브러햄 매슬로(Abraham Maslow)는 "미움, 질투, 적의 등은 습득된다"고 선언했다.주6 패터슨과 하이도어는 이 유명한 권위자의 말을 인용한 후 이렇게 결론짓는다. "공격적인 본능은 도발이나 상황에 상관없이 표출되거나 발산되지 않는다." 주7

점점 더 많은 심리학자들, 특히 심리학의 제3의 흐름(제1흐름인 정신분석과 제2흐름인 행동주의와 대조되는 인간 잠재력 회복 운동)에 관련된 학자들은 자아실현이야말로 인간에게 중요한 동기라고 믿는다. 이는 자아를 보호하고 향상시키려는 기본적인 성향을 가리킨다.

맞는 말이다. 자아를 보호하고 성장시키는 것은 인간의 본성이다. 하지만 그것이 문제라고 생각한다. 반면 이 심리학자들은 그것이 좋다고 믿는다. 그러나 나는 그런 성향이 나쁘다고 생각한다.

하나님이 우리를 창조하셨고 그분이 선하시다면, 어째서 우리는 그분을 기쁘시게 하고 그분을 닮아 가고 그분을 알아 가고 우리와 맺는 관계를 통해 세상에서 가장 멋지고 사랑스러운 대상으로 그분을 드러내는 것을 가장 열망하지 않는 것일까? 왜 우리는 자신을 보살피는 데에만 이토록 관심을 쏟는가? 하나님이 존재하시고 그분이 주장하시는 것과 같은 존재라면, 우리의 강력한 자아실현 욕구는 인간 본성에 문제가 있다는 증거다. 그것은 우리가 가치 있게 여겨야 할 것이 아니라, 걱정해야 할 일이다.

타락을 다루는 성경 신학은 사람들이 자아실현에 몰두해 있으며 자신들의 안전과 의미를 찾는 데 전념하고 있다는 데 동의한다. 하지만 이는 끔찍한 문제다. 삼위일체적 우주 속에서 궁극의 실재는 타인 중심의 관계다. 자아실현 욕구는 이기적이며 원래의 계획에서 벗어난다.

나는 어떤 그룹에 들어갈 때 나에 대한 사람들의 반응에 예민한 편이다. 내가 사랑받는 존재라는 사실이 쉽사리 믿기지 않았다. 누군가 나를 좋아하는 것처럼 보이면 그 사람에게 끌렸다. 반면 비판받거나 무시당하면 내 안의 무언가가 산산이 부서지고, 그러고 나면 분노와 방어적인 자세가 나왔다.

두말할 필요도 없이 이러한 성향은 어린 시절의 여러 당황스러운 경험들 때문일 수 있다. 나를 파티에 초대하지 않았던 비그리스도인 급우들 사이에서 그리스도인으로 소외감을 느꼈거나 말을 더듬거렸던 경우처럼 말이다. 하지만 이러한 경험들은 나의 자기중심성을 **표출시킨** 것이지, 그 경험들로 인해 자기중심성이 **생겨난** 것이 아니다. 어린 시절부터 그렇게 자기중심성을 표출시키는 데 영향을 미친 요인을 잘 분석해 보자. 그러면 그 자기중심성을 좀 더 유용하게 표현할 수도 있고, 나의 '사회 불안'을 치료할 수 있을지도 모른다. 하지만 분석 자체는 자기중심성을 타인중심성으로 바꿀 능력이 없다. 그렇게 하려면 다른 데서 오는 더 강력한 도움이 필요하다. 새로운 본성이라는 선물이 필요하다.

우리는 몇몇 깊은 상처나 자존감이 산산조각 났던 고통스러웠던 순간들을 생생하게 기억한다. 그러한 순간들은 우리에게 자존감을 느끼게 해주는 경험은 모두 '삶'으로 정의할 수 있음을 가르친다. 반면 '죽음'은 그 자존감을 없애 버리는 경험이다. 우리는 삶과 죽음, 선과 악을 이렇게 생각하고 우리 자신을 위해 살아간다. 그리고 공동체는 엉망이 되어 버린다.

　중학교 2학년 때였다. 농구 시합을 시작하는데 점프 볼을 잡아 반대편 골대로 달려가 득점을 올린 적이 있다. 수치스러웠다. 그것은 죽음이었다. 삶이란 절대 실수하지 않고 잘해 내고 칭찬받는 것이어야 한다고 생각했다. 하지만 내가 그럴 수 있을까? 나는 어리석은 실수를 하지 않기 위해 계속 조심해야 했다. 실제로 나는 모든 일을 잘하기 위해 열심히 노력해야 했다.

　지난주 내 상담 수업을 듣는 한 학생과 그의 문제에 대해 나누었다. 60명의 학생이 지켜보고 있었다. 뭔가 통찰력 있고 지혜로워 보이는 말을 생각해 낸 나는 즉시 그것을 말했다. 왜? 그 학생을 축복하기 위해서? 아니다. 내 골대에 공을 넣어 2득점을 올리기 위해서였다. 나는 학생들이 이렇게 중얼거리는 소리를 즐겼다. "교수님은 어떻게 그것을 알고 계셨을까? 정말 대단해!"

　내 행동 때문에 두 가지 일이 일어났다. 첫째, 나는 갈등 상황에 놓였다. 나중에 나의 지도에 도전한 한 학생 때문에 화가 났다. 둘째, 내게서 나온 에너지는 부메랑처럼 정확히 내게로 다시 돌아왔다. 나의 지적이 통찰력은 있었을지 몰라도 내 속의 사랑이 그 학생에게로 부어지지는 않았다. 나의 지적에는 그 학생의 삶을 변화시킬 능력이 없었다. 내 말에는 그런 의도 자체가 없었으니까.

　우리가 가장 열망하는 바가 자아실현이라면, 즉 우리 욕구를 충족시키고 잠재력을 실현시키고 더 이상의 상처를 차단하는 것이라면, 갈등이 도사리고 있을 수밖에 없다. 우리의 계획과 다른 누군가의 자기중심적 계획이 정면으로 맞설 때 갈등이 폭발할 것이다. 그럴 때 어떻게 해야 할까? 현대 사회에서는 갈등을 다루는 다섯 관계 중 하나에 의지한다. 하지만 이것들 중 어느 것도 영적 공동체에 속하지는 않는다.

친화적인 관계

다른 누군가에 대해 기뻐할 수 있는 일을 기뻐하는 것은 좋은 일이다. 그것은 타당한 친화성이다. 하지만 반대 의견과의 충돌을 피하기 위해 다른 사람과 거리를 유지하는 일은 좋지 못하다. 갈등이 생기지 않을 정도로만 다가가서 사람들과 즐겁게 지내는 것은 좋지 못하다. 이는 방어적인 정중함이다. 그것은 타당하지 않은 친화성이다.

마음속에 있는 말을 다 하면서 갈등을 조장하라는 말이 아니다. 천국에 갈 때까지는 결코 자유롭게 할 말을 다 할 수 없다. 내 말은, 곧 닥칠 갈등을 인식하고 그 원인이 우리 안에 있을 수도 있음을 깨달으라는 뜻이다. 우리는 자기를 보호하고 향상시키려는 자아중심성은 귀하게 여기면서, 정작 영적인 우리 내면 깊은 곳에 있는 것들을 표현할 기회는 놓치고 있는지도 모른다.

친화성은 갈등을 치유하지는 못한다. 그저 갈등을 숨길 뿐이다.

협력하는 관계

때로 우리는 친화성을 넘어 협력으로 나아간다. 우리는 어떤 프로젝트를 위해 함께 일한다. 거기서는 우리 자신을 위한 일이 선으로 보일 수 있다.

교회 업무 관리를 핵심 사명으로 생각하는 당회가 있다. 장로들은 양 떼를 돌보는 책임을 거론하긴 하지만, 그 사명에 거의 시간을 들이지 않는다. 교회 업무 관리(당연히 중요한 과제다)를 하다 보면 무엇이 최선인가에 대해 의견이 갈리지만, 이 당회에서 아주 개인적인 의제는 다루지 않는다. 하지만 목자로서 사람들의 삶에 관여하면 좀 더 위태로운 안건들이 드러날 것이다. 예를 들어, 부부를 상대로 사역하다 보면 장로들은 자신의 결혼생활 속에 존재하는 갈등을 들여다보게 될 것이다. 그들이 그 역할을 잘한다면 분명 그럴 것이다.

하지만 행정적 업무에 집중하면, 여전히 '선한' 일을 하는 동안에도 이 장로들은 안전하게 지낼 수 있다. 충만한 은혜로만 헤쳐 나갈 수 있는 종류의 갈등을 이런 식으로 회피할 수 있다.

위로하는 관계

C. S. 루이스(Lewis)는 언젠가 케임브리지 대학의 졸업반 학생들에게 이렇게 말한 적이 있다. "공동체 안에서 더 작은 공동체를 만들고 싶은 충동, 즉 다른 사람을 제외하는 더 작고 특별한 공동체를 만들고 싶은 충동보다 더 큰 유혹은 없다."

딕과 사이가 좋지 않을 때는 특히 딕을 좋아하지 않는 누군가를 만나면 위안이 된다. 이제 우리는 작은 공동체가 된다. 딕을 배제한 두 사람만의 공동체다. 우리 속 깊은 데 있는 무언가는 딕을 무시한 것을 정당하다고 느끼고, 동일한 감정을 느끼는 누군가와의 교제에서 위로를 받는다. 우리는 **여기서** 소속감을 느낀다. 저기에 속하지 않음으로써, 또 마찬가지로 저기에 속하지 않은 사람과 시간을 보냄으로써 말이다.

우리 자신이 좀 더 좋은 사람이라고 느낄 수 있도록 돕는 역할을 한 친구가 떠맡을 경우, 위로하는 관계가 좀 더 분명하게 드러난다. 그 일이야말로 그의 최우선 순위다. 이는 우리 주님이 베드로에게 보이셨던 반응과는 전혀 다른 것이다. 그분은 베드로를 '사탄'이라 부르시고 그 뒤로 물러서라고 말씀하셨다. 목사들은 종종 회중이 듣고 싶어 못 견디는 말을 한다. 매춘부들은 손님이 원하는 것은 무엇이든 한다. 실제로 이 둘은 별반 다르지 않다. 둘 다 위로가 핵심이다.

▌상담 관계

수년 동안 나는 사람들을 이해하려고 애쓰면서 상담가로 열심히 일했다. 왜 이 10대 소녀는 음식을 먹지 않을까? 어릴 때 어떤 학대를 받았기에 현재 다중 인격 장애로 고투하는 것일까? 내 고객의 성 중독은 아버지와의 관계가 좋지 못했기 때문에 기인한 것인가? 그 때문에 그는 아내와 성적으로 성숙한 관계를 맺을 수 없다고 느끼는 것인가? 그것에 대해 나는 무엇을 할 수 있을까? 돈을 받는 전문가로서 내가 할 수 있는 가장 효율적인 처치는 무엇일까?

이런 것들이 대부분의 상담가가 던지는 질문이다. 그러나 이 질문들은 잘못된 것일지도 모른다. 나는 그렇다고 생각한다.

상담가들은 근본적인 원인을 분석하고, 역기능적 배경에서 나온 심리적 역학 관계를 다룬다. 하지만 이는 적응력을 키워 자기중심적 성향을 더 강화시킨다. 성경의 용어로 말하자면, 그것은 육체를 재정리하거나 육체와 사귀는 일에 지나지 않는다. 상담가는 사람들 속에 있는 본래의 에너지를 가지고 더 건강한 삶을 살도록 안내하지만, 성령께서 그들의 영혼 속에 두시는 초자연적 에너지는 활용하지 못한다.

어떻게 개선되든 그것은 성령께서 하신 일이 아니다. 그런 개선은 그리스도께로도 인도하지 못하고, 영적 성숙으로도 나아가게 하지 못한다. 또 영적 공동체에 기여할 사람으로 준비시키지도 못한다.

규율을 따르게 하는 관계

많은 사람들이 그렇듯 나 역시 어떤 기준에 맞추고자 하는 강한 압박을 느낀다. 물론 완전함이 구원의 요건이 아님을 안다. 내가 천국에 갈 수 있는 것은 그리스도의 완전하심 때문이다. 하지만 그럼에도 불구하고 내가 더 잘해야 한다고 느낀다(마땅히 그래야 한다). 칭의는 선물이라는 것을 알지만 성화는 얻어야 하는 것처럼 보인다. 많은 그리스도인들이 그렇게 생각한다.

규율을 따르게 하는 관계는 이런 전제를 기반으로 한다. 이런 관계는 우리가 선을 위해 더 애쓰도록 우리 삶에 성경적인 원리들을 적용할 기회를 제시한다. 성경적인 상담이란, 한 사람의 이야기를 듣고 나서 어디서 성경적인 윤리를 어겼는지 찾고 그 죄인이 성경적인 기준에 맞게 행동하도록 권하는 일인 것이다.

앞에서 계속 설명했듯이, 관계는 그 과정에 거의 아무런 역할도 하지 않는다. 상담을 받으러 온 대상이 책임감을 갖도록 하라. 그와 함께 기도하라. 영적 훈련을 하도록 격려하라. 하지만 당신이 상담하는 동기에는 신경 쓰지 말라. 당신의 고객이 과거에 받았던 비판으로부터 편안함을 느끼는지, 또 하나님의 노래 소리를 들을 만큼 사랑받고 있는지에 대해서는 신경 쓰지 말라. 규율을 따르게 하는 것, 즉 '그것을 제대로 하는 것'이 핵심이다. 영적인 열정을 회복시키는 일은 그다지 중요하지 않다.

나는 영적 공동체, 즉 영적 친구들과 영적 지도자들이 사람들과 **연결되**는 공동체가 세워지는 것을 보고 싶다. 나는 사람들이 깨어짐을 드러낼 정도로 **편안함**을 느끼는 공동체를 갈망한다. 성령께서 사람들의 삶 속에서 하고자 하시는 일에 대한 **비전**을 가지고 비록 그들이 주님에게서 멀어졌을지라도 그것을 유지하는 공동체, 하나님으로부터 오는 **지혜**로 성령께서 지금 무슨 일을 하시는지, 그분에게 방해가 되는 것은 무엇인지 아는 공동체, 말 그대로 그리스도의 생명이 한 사람에게서 흘러나와 하나님의 **어루만지심**을 제공하며 다른 사람의 삶에 활기를 주는 공동체를 갈망한다.

내가 염두에 둔 것은 갈등에 대해서 친화적인 반응, 협력하는 반응, 위로하는 반응, 상담하는 반응, 규율을 따르게 하는 반응을 보이는 관계가 아니라, 하나로 결속하는 관계를 만들어 내는 공동체다. 나는 이런 공동체를 맛보았다. 정말 달콤했다.

하지만 공동체라는 **개념**을 사랑하지 말고 우리의 형제자매를 사랑하라는 본회퍼(Bonhoeffer)의 경고에 주의를 기울여야 한다. 그리고 우리의 분투를 잘 알아야 할 뿐 아니라, 예수 그리스도께서 우리를 **위해**, 우리 안에서 하신 일과 우리를 대신하여 하고자 하시는 일을 알아야 한다. 그래야 서로를 잘 사랑할 수 있다.

  2부에서는 그 점에 대해 제시하려 한다. 성령께서 우리 각자의 삶 속에서 하시는 일에 참여하려면, 다시금 하나님의 신실하신 임재로 돌아가야 한다는 사실을 깨닫게 될 것이다. 또한 하나님이 우리를 그분만이 아니라 그분의 백성들과도 함께하는 영적 공동체로 부르셨음을 깨닫기를 바란다. 이것은 선택 사항이 아니라 명령이다. 하지만 그보다 훨씬 좋은 것은 그것은 우리에게 주어진 최고의 특권이며 기쁨이라는 사실이다.

2

우리의

분투를

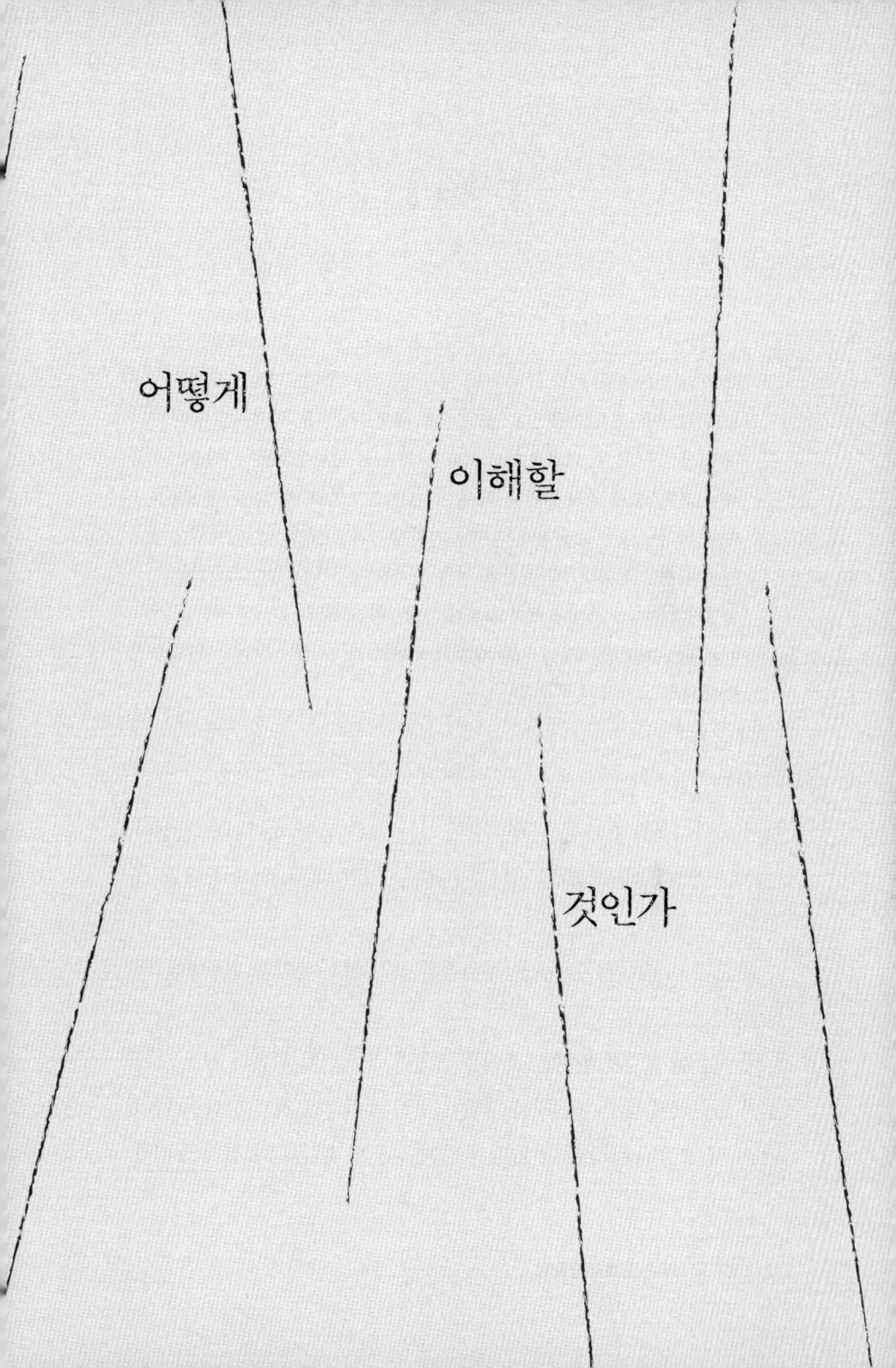

7
두 개의 방

그리스도인의 삶은 뭔가 다르다. 더 어렵기도 하고 쉽기도 하다. 그리스도께서는 이렇게 말씀하신다. "모든 것을 내게 다오. 내가 원하는 것은 너의 시간, 너의 돈, 너의 일이 아니다. 나는 너를 원한다. 나는 너의 자아를 고통스럽게 하기 위해 온 것이 아니다. 그 자아를 죽이기 위해 왔다. 어중간한 것은 소용없다. 그저 가지치기나 하고 싶지는 않다. 나는 나무 전체를 잘라내기를 원한다. 너의 자아를 모두 내게 넘겨라. 네가 순결하다 여기는 욕망은 물론 악하다고 생각하는 욕망까지 모두 다 넘겨라. 대신 내가 새로운 자아를 주겠다. 너에게 나 자신을 주겠다. 나의 뜻이 너의 뜻이 되게 해주겠다."

―C. S. 루이스

세미나가 시작되기 15분 전이었다. 우리는 45분 동안 하나님께 찬양의 경배를 드렸다. 이제 금요일 저녁 7시 45분이었고 나는 8시에 강연을 시작할 예정이었다.

그 순간 내 속에서 올라오는 무언가를 듣기 위해 찬양을 멈추었다. 기도였다.

내 마음이 이렇게 말하는 소리를 들었다. "주님, 이 결속과 새로운 차원의 공동체에 대한 메시지를 당신이 주신 것이라면 저는 알아야 합니다. 만약 그것이 나이 들어 가면서 만들어진 제 생각과 제 말일 뿐이라면, 그것을 버리고 싶습니다.

하지만 그것이 정말 당신이 주시는 것이라면, 제가 알 수 있도록 부인할 수 없는 확신을 주시기 원합니다. 그리고…" 나는 망설였다. 그다음 마음속에서 든 생각이 지나치게 밀어붙이는 듯했기 때문이다. "저는 이번 주에 알고 싶습니다."

나는 속으로 그렇게 기도했다. 하나님 외에는 누구도 내 기도를 듣지 못했다.

그 큰 강당에 있던 거의 모든 사람은 경배를 드리며 서 있었다. 나는 이후 두 시간 동안 서 있어야 했기에, 자리에 앉아 있었다. 맨 앞 줄 내 오른쪽 옆 의자는 비어 있었다.

기도를 마치고 잠시 후, 모르는 남자가 살며시 그 자리에 앉았다.

"잠깐 몇 마디 나누어도 될까요?" 그가 물었다.

나는 의아해하며 약간 경계하는 듯 고개를 끄덕였다. 어쨌든 나는 기도 중이었고 잠시 후에는 두 시간에 걸쳐 많은 사람에게 강연을 하기로 되어 있었기에, 그가 조금 무례하다고 생각했다.

그는 자신을 소개한 다음 이렇게 말했다. "저는 이 교회에서 일하는 목회자입니다. 교수님을 뵌 적은 없지만, 우리 교회로 교수님을 초청한 날부터 주님께서 교수님을 제 마음에 떠오르게 하셨습니다. 제가 교수님께 무언가를 말해야 한다는 강한 느낌이 들었습니다. 세미나가 끝날 때까지 기다릴 작정이었지만 지금 말해야 한다고 느꼈어요. 잠깐이면 됩니다."

이번에는 경계를 풀고 나는 다시 고개를 끄덕였다.

"교수님은 교수님 사역의 새로운 방향이 하나님이 주신 것인지 확신을 원하신다는 느낌이 들었습니다. 이번 주까지 원하신다는 것도요. 저는 하나님이 교수님을 부르셔서 그 일을 맡기셨다고 믿습니다. 그리고 하나님은 제가 이번 주말까지 교수님께 그 사실을 알리기를 원하신다고 믿습니다."

그는 몇 마디를 더 하고 사라졌다.

내가 하나님의 부르심을 받았다는 사실을 강조하기 위해 하는 말이 아니다. 오히려 이 사건을 기록한 것은, 그의 말이 어떤 말도 잘 닿지 못하는 내 마음의 한 부분까지 닿았다는 사실을 말하기 위함이다. 그 이후로는 내가 하는 말이 내 존재의 미지의 깊은 곳으로부터 흘러나오는 경우가 얼마나 자주 있을까 하는 생각을 자주하게 되었다.

그가 내게 한 말은 그리스도께서 그에게 주신 새로운 자아로부터 나온 말이었다고 확신한다. 그랬기 때문에 내 속에 있는 새로운 자아에 가 닿았다. 우리는 우리 존재의 가장 깊은 부분, 즉 그리스도의 영이 거하겠다고 하신 그곳에서 만났다.

예수님이 아버지와 함께 우리 속에 **거처를 정하신다고** 선언하셨을 때 그것은 어떤 의미였을까?(요 14:23). 당신의 영혼을 두 개의 방이 있는 집이라고 상상해 보라.

방 하나에는 당신이 직접 가구를 배치했다. 그곳에 둘 소파를 사고 등을 정리하고 벽에 그림을 걸었다. 그곳은 편안한 방이다. 당신의 취향에도 맞다. 당신의 자산은 한계가 있지만 할 수 있는 일은 다 했다. 그곳에서 이제 당신은 쉴 수 있고 편안함을 느낄 수도 있다. 물론 완벽하지는 않지만 익숙함이 주는 안락함과 당신의 소유라는 자부심도 느낀다. 소파의 쿠션은 당신의 체형에 따라 움푹 들어갔고, 당신은 보지 않고도

전등 스위치를 찾을 수 있고, 보통 텔레비전 리모컨을 어디다 두었는지도 기억한다.

하지만 이 방에서 긴장을 풀고 쉴 때, **특별히** 그때 당신은 이상하게도 혼자 있다는 느낌이다. 당신에게 더 잘 맞는 또 다른 방, 당신이 가구 배치에 관여하지 않은 방, 잠시 동안은 조금 불편하게 느껴질지도 모르지만 그래도 여전히 편해지고 싶은 방이 있음을 느낀다.

그러나 그 생각을 떨쳐 버리려 한다. 당신이 있는 곳에서 얻은 축복, 즉 가족과 친구들, 교회, 일과 여가 활동, 사역 등에서 얻은 축복을 세어 보려 한다. 하지만 그 다른 방에 대한 생각이 계속 끼어든다. 그곳은 할아버지의 오래된 큰 집에 있는 다락처럼 오싹한 매력이 있다. 어린 시절, 그 다락에 들어가 보기도 전에 느꼈던 그런 오싹함이다.

당신은 익숙한 소파에서 일어나 여러 번 이 다른 방을 보러 갔다. 하지만 찾기가 쉽지 않다. 당신의 손으로 처음 그 방의 손잡이를 잡았던 때, 당신은 맥이 빠졌다. 손잡이를 돌리는 것이 바위를 들어 올리는 것 같았다. 그리고 무엇 때문에 그렇게 두려웠는지는 확실히 알 수 없었지만 당신은 두려움을 느꼈다. 문이 항상 열려 있는 **당신의 방**으로 돌아가는 일이 훨씬 수월했다.

첫 번째 방을 **아랫방**이라고 부르고 두 번째 방을 **윗방**이라 부르자. 하지만 이 이름의 공간적 함의가 오해를 불러일으킬 수 있음을 명심하라. 이 이상한 방, 즉 **윗방**은 실제로는 중심에 있다. 그리고 이 윗방은 친숙한 당신보다 더 '당신다운' 곳이다. 중심 가까이에 있으며, 당신이 누구인지를 정의해 주는 유일한 방처럼 느껴진다. 그러나 실제로는 다른 방이 또 하나 있다. 이 방은 당신의 **아래쪽** 본성, 즉 **아랫방**이다.

윗방은 더 고귀하고 선한 본성을 구하는 이들에게 그리스도께서 주시는 새로운 자아다. 이곳은 그리스도에게서 에너지를 얻는다. 두 본성이라는 개념은 과장될 가능성이 있다. 마치 우리 자신을 좋은 편과 나쁜 편의 대결을 지켜보는 레슬링 경기의 관중으로 볼 수도 있다. 그것은 내가 의도한 바가 아니다. 나는 마담 귀용(Madame Guyon)이 「예수 그리스도를 깊이 체험하기」(*Experiencing the Depths of Christ*, 생명의말씀사 역간)에서 말한 바를 염두에 두고 있다. 그녀는 더 좋은 곳으로 오라고 우리를 초청한다. 그곳은 우리가 **주를 바라보는 법**을 배우면 우리 자신 속에서 찾을 수 있는 곳이다.

> 그 방법은 매우 간단하다. 먼저, 성경 본문을 읽으라. 일단 주님의 임재를 느끼면… 성경이 도구가 된다. 성경은 마음을 잠잠하게 해주고 당신을 그분께로 데려다 준다.^{주1}

이후에 그녀는 이렇게 한탄했던 아우구스티누스를 인용한다. "그는 막 그리스도인이 되고 나서 내면에서 그리스도를 찾지 않고 외적으로 주님을 찾으려 노력하면서 많은 시간을 낭비했다."^{주2}

두 개의 방이라는 개념은 새로운 것이 아니다. 수세기 동안 아우구스티누스와 아빌라의 테레사를 비롯한 교회의 영적 지도자들은 또 다른 방, 즉 그리스도 안에 거하는 것에 대해 말해 왔다. 그것은 다른 방, 윗방, 주께서 우리를 만나시기 위해 우리 영혼 속에 만들어 놓으신 방에 들어가는 것과 비슷하다. '너희 안에 계신 그리스도'라는 바울의 말은 단지 유비가 아니다. '너희 안에 계신 그리스도'는 따뜻한 느낌을 갖게 만드는 아름다운 생각이 아니다. 그것은 실재이자 사실이고, 견고하며 꾸밈없는 진실이다. 물론 예수 그리스도의 육체가 우리 안에 거하시지는 않는다. 하지만 그분의 영이 우리 안에 거하신다.

최근 아내의 친한 친구 중 한 명이 세상을 떠나서 레이첼이 장례식에 참석한 적이 있다. 이제 그 여인의 헌신적인 남편은 홀로 잠자리에 들 것이다. 주방 식탁에도 홀로 앉을 것이다. 그러나 아마 여전히 그와 함께하는 아내의 존재를 느낄 것이다. 하지만 그것은 결코 이전과는 같을 수 없다. 그녀는 그곳에 있지 않기 때문이다.

하지만 예수님은 하늘로 돌아가실 때, 기억 이상의 것을 남겨 놓으셨다. 그것은 지금은 가고 없는 누군가가 계속 남아 있는 느낌 이상의 특별한 것이다. 그분은 자신이 떠나시는 것이 우리에게 더 낫다고 말씀하셨다. 그때 성령께서 우리에게 들어오실 것이기 때문이다. 예수님이 이 땅에 사시는 동안 그분의 인성 속에서 흐르셨던 인격적인 에너지와 생명이신 성령 말이다. 그리고 실제 인격이신 그 그리스도의 영은 단지 우리에게 들어오실 뿐만 아니라 우리의 일부, 즉 우리 존재의 가장 깊고 진정한 부분이 되실 것이다.

이렇듯 우리 속에 두 개의 방이 있다. 하나는 우리가 만들고 우리의 타고난 자아가 자라는 방이고, 또 하나는 성령께서 세우신 방, 우리의 타고난 자아는 죽고 새로운 자아가 자라는 곳이다. 이제 우리의 타고난 자아가 어떤 의미인지 설명해 보겠다.

우리는 하나님의 형상을 소유한 인격이다. 우리는 주고받는 관계를 맺기를 갈망한다. 이 사실 자체는 도덕적이지도 않고 비도덕적이지도 않다. 마치 물은 축축하고 먼지는 건조한 것과 비슷하다.

그러나 우리가 스스로를 완고한 독립주의자로 여기고, 우리 삶을 직접 관리하고 우리의 필요를 스스로 책임지고자 할 때, 도덕적인 문제가 개입한다. 앞에서 말했듯이, 심리학자들은 이를 자아실현 욕구라 부른다. 이것은 자신들이 귀하게 여기는 일에 헌신하는 것이며, 자신의 행복을 유지하고 확장하고자 하는 욕구다.

그러나 성경은 그것을 **육체**라 부르고 그래서 죽어야만 한다고 말한다.

우리는 육체의 형상을 지니고 이 세상에 들어온 자들이다. 따라서 육체가 주는 즐거움과 슬픔을 동시에 느낀다. 우리는 백사장과 지저분한 빈민가가 있는 세상, 풍성한 뷔페와 텅 빈 냉장고가 있는 세상, 기념일을 축하하는 일과 이혼 소송이 있는 세상, 의과대학을 졸업하는 딸과 마약 중독 치료 시설에 강제 수용되는 아들이 있는 세상에서 살아 나갈 가장 안전하고 최선의 방법을 찾기 위해 애를 쓴다.

우리는 상처를 주고 웃고 염려한다. 노래를 부르기도 하고, 비명을 지르기도 하고, 그러는 동안 우리가 찾을 수 있는 행복을 누리며 어떻게든 살아남으려고 허둥댄다.

이런 모습에 한 가지 요소가 더 있다. 우리에게는 양심이 있다. 우리는 양심을 묻어 버리고 짓밟고 무시하고 현대화하고 거역하지만, 여전히 어떤 것은 옳고 어떤 것은 잘못되었다고 생각한다. 한 번도 만난 적 없는 대통령이 불륜을 저지를 때는 그저 어깨를 으쓱할 수 있지만 **우리의 배우자가 우리를 속였다면** 그것은 전혀 다른 이야기다. 우리는 결코 우리의 사전에서 '**잘못된**'이라는 단어를 제거할 수 없다.

그리고 그 단어는 우리를 심판하기 위해 항상 다시 돌아온다. 집단 치료사 어빙 얄롬(Irving Yalom)은 어떤 그룹에서 '일급 비밀' 게임을 했다.

그는 그들에게 다른 사람에게 **가장** 알리고 싶지 않은 자신의 비밀 한 가지를 적은 다음 이름을 쓰지 말고 쪽지를 내라고 요청했다. 가장 흔한 일곱 비밀은 "나는 내 자신이 아주 무가치하다고 생각한다. 사람들이 나에 대해 안다면 아무도 나를 원하지 않을 것이다"라는 인식이었다. 이는 놀랍지 않았다. 오히려 두 번째 반응이 놀라웠다. "나는 마땅히 사랑해야 하는 방식으로 아무도 사랑하지 않는다."

'**마땅히 해야 한다**'는 말은 어디서 나왔을까? 포스트모던 시대에도 우리는 우리 마음에 새겨진 하나님의 법을 지울 수 없다. 거위는 꾸르륵거리도록 지어졌고 소는 '음매' 하고 울도록 지어진 것처럼 우리는 사랑하도록 창조되었다. '**마땅히 해야 한다**' 혹은 '**해야만 한다**'는 개념이 우리 속에 있다. 우리는 약속을 중요하게 여겨야 하고, 또 **우리에게** 무언가를 약속하는 사람들은 그 말을 지켜야 한다. 우리는 다른 사람의 재산을 존중해야 한다. 누구도 자기 소유가 아닌 차를 집어 타고 달아나서는 안 된다.

다음의 것들이 아랫방에 비치된 가구들이다. (1) 우리는 사람들과 좋은 관계를 맺고 싶다. (2) 필요한 것은 스스로 책임진다. (3) 세상은 우리를 좌절시키기도 하고 만족시키기도 하지만, 만족시키는 경우보다 좌절시키는 경우가 더 많다. 우리는 세상에서 무엇을 좋아하고 추구해야 하는지 배운다. (4) 우리는 행복을 추구하기 위해 해야 할 일과 해서는 안 되는 일을 말해 주는 도덕률을 안다.

이것이 첫 번째 방에서의 삶이다. 그곳에는 하나님이 계시지 않는다. 적어도 그곳에서는 그분을 알아볼 수도 없고 그분이 우리의 고려 대상이 되지도 않는다. 하지만 그곳이 우리들 대부분이 살아가는 곳이다.

또 다른 장소인 두 번째 방에는 전혀 다른 삶의 방식이 있다. 인간의 마음속에는 더 충만한 뭔가에 대한 갈망이 있다. 플라톤의 동굴에 나오는 원시 종족들은 새를 본 적도 없고 꽃향기를 맡아 본 적도 없고 해가 지는 모습을 본 적이 없음에도, 그들이 실제 세상에서 살고 있다고 생각했다. 오히려 그들이 동굴 속에 있다는 말을 들었을 때, 즉 밖에 밝은 세상이 있다고 들었을 때, 극심한 공황 상태에 빠져 그 말을 전한 사람을 죽여 버렸다. 그들이 알지 못하는 무언가가 밖에 있다는 사실을 알았지만 그들은 그것이 두려웠다.

C. S. 루이스는 만약 이 세상의 그 무엇으로도 만족시킬 수 없는 욕구가 우리 내면에 있음을 알게 된다면, 사실은 우리가 또 다른 세상을 위해 창조된 것이 아닌지 의심해 보아야 한다고 말했다. 실제로 우리에게는 그러한 욕구가 있다. 하나님은 우리 마음속에 영원성을 두셨다. 자동차와 섹스와 권력과 업적은 그 공간을 채울 만큼 크지 않다. 우리는 아랫방의 삶이 줄 수 있는 것보다 더 큰 무언가에 사로잡히고 싶어 한다.

아직 그리스도와 관계를 맺지 못한 사람들 속에도 더 좋은 방이 있지만 그곳은 깜깜하다. (나는 모든 사람의 내면에 있는 영원한 영혼에 대해 말하고 있다.) 아직 전원이 연결되지 않았다. 그리고 가구도 없다. 이 윗방으로 가는 문은 잠겨 있다. 그 문은 안에서만 열 수 있다. 안에 있는 것은 죽은 영혼뿐이다. 거실이라 할 수 있는 곳은 묘지가 되어 있다.

하지만 성령께서 그 영혼을 부활시키시고 새로운 생명을 불어넣으시면 그 방에 불이 켜진다. 벽난로에서는 불꽃이 갈라지며 시끄러운 소리를 내고 얼어붙은 마음은 녹아내리며 생명의 황홀함이 그 방을 가득 채운다.

사람들은 관계를 갈망한다. 윗방에는 이미 그것이 있다. 이 방에서는 누구도 관계를 요구하지 않는다. 그들은 이미 그것을 가지고 있으며, 언젠가 그 기쁨을 온전히 그리고 영원히 누릴 것을 안다. 그리고 윗방에 있는 사람들은 어떻게 살아야 할지 파악하는 일에 몰두하지 않는다. 그들은 삶을 분석하기보다는 그저 삶을 살아간다. 그들의 연약함을 보호해야 한다는 의식도 없고 자아를 찾으려는 강한 충동도 없다. 하나님이 그들을 이미 찾으셨기 때문이다. 식품 저장실은 가득 차 있다. 이제 그들의 가장 큰 소망은 식탁을 차리고 누군가를 초대하여 연회를 즐기도록 하는 것이다.

윗방 밖의 세상에는 여전히 백사장과 더러운 빈민가가 있다. 하지만 윗방에서 보면 그것들은 그림자처럼 보인다. 새로운 자동차와 암 수술과 아름다운 손자손녀들과 끔찍한 거절이 여전히 존재하지만, 이제 그것들은 전부 부수적이다. 제일 중요한 것은 모두 윗방에 있다.

그러나 윗방을 떠나는 순간, 그 그림자들이 실체가 되고 부수적인 것들이 가장 중요한 것이 된다. 그 방에 있으면 견고한 사람이지만 그 방을 떠나는 순간 그는 유령이 된다. 윗방을 떠난다는 것은 늘 아랫방으로 들어간다는 뜻이며, 다시 한 번 삶의 문제들을 스스로 감당한다는 뜻이다. 또 매일 점점 덜 견고해진다는 뜻이며 견고한 인격보다는 유령에 더 가까운 존재가 되어 간다는 뜻이다.

이 두 방을 설명하면서, 내가 얼마나 자주 아랫방에서 사는지, 얼마나 많은 영향력이 나를 그곳에 머물도록 만드는지 깨닫는다. 인생을 잘사는 법과 우리가 원하는 것을 성취하는 법을 전하는 설교들은 잘못된 방에 대해 말하는 것이다. 그러나 나는 어리석게도 그것들을 즐긴다. 오늘날 미국에서 가장 잘 팔리는 책은 자기 계발 도서다. 당신은 그것을 할 수 있다! 당신은 그것을 **할 수** 있다! 자립한 전문가의 입에서 나온 메시지든, 목사가 전하는 메시지든, 대부분의 사람들은 그것을 기쁘게 받아먹는다.

많은 사람들이 윗방보다는 아랫방에서 살아간다. 따라서 아랫방 거주자들이 듣고 싶어 하는 메시지들이 좀 더 잘 팔린다. 그리고 아랫방 사람들은 때때로 오랫동안 그곳에서 아주 행복하게 살아간다. 그들이 가진 자산은 삶을 꽤 잘 꾸려 가도록 해주기 때문에, 그들은 깨어짐과 철저한 신뢰의 가치를 알지 못한다.

그래서 우리들 대부분이 친화적 관계를 즐긴다. 훌륭한 대의를 위해 돈을 모으고 환자들에게 식사 대접을 하기 위해 마음이 맞는 사람들과 협력한다. 또 상황이 어려워질 때면 위로를 얻는 몇 가지 믿을 만한 자원들에 의지한다. 맥주와 축구 경기 혹은 야한 영화나 좋은 예배 등이 그런 것들이다. 상황이 심히 혼란스럽고 고통스러워질 때면, 항상 우리에게 바람직한 시각을 제시하는 상담가가 있다. 그리고 우리의 양심이 무책임과 실패의 영역을 지적하면, 더 나은 기준을 따르도록 우리를 도와줄 몇몇 도덕적인 친구들을 찾을 것이다.

대부분의 사람들이 이렇게 살아간다. 이것이 내가 앞에서 말한 영적이지 않은 공동체의 모습이다. 매우 잘 돌아가는 듯이 보인다. 우리는 그곳에서 편안함을 느낀다. 떠나고 싶은 강력한 욕구도 없다. 하지만 우리 문화에서 무언가가 일어나고 있다. 현대주의가 끝나 가는 시점에 영성에 대한 관심이 다시 살아나고 있다. 인생에 대한 환멸과 실망으로 우리는 또 다른 방이 있지 않을까, 하는 생각을 진지하게 하게 되었다.

5장 서두에 소개한 문구에서 헨리 나우웬은 말했다. "외로움을 느끼는 순간이면 우리는 이 경쟁적이고 힘겨운 세상의 한 모퉁이에 과연 우리 자신을 내려놓고 드러내고 무조건적으로 내어줄 수 있는 안전한 곳이 있을까, 하고 생각한다. 그러한 또 다른 방이 존재한다면 그곳은 복잡한 인간관계들을 헤쳐 나가서 찾을 만한 충분한 가치가 있다." 이것이 나우웬의 생각이었다. 정직한 사람은 모두 동의할 것이다.

사람들은 또 다른 방, 안전한 모퉁이, 편안히 쉬고 평안을 누리는 곳이 있음을 깨달아 가고 있다. 우리가 아주 오랫동안 본향이라 불렀던 방에서는 진정한 삶과 진정한 공동체와 진정한 기쁨을 찾을 수 없음을 인정하고 있다.

이틀 전 내 친구 찰리는 커피를 마시며 그것을 이런 식으로 표현했다. "나는 소음에 지쳤어. 내 심장 뛰는 소리를 들을 수가 없어. 막 비행기를 타고 도시로 돌아왔는데, 줄지어 늘어선 좌석들과 귀빈들, 고맙게도 음악을 끊어 준 알아들을 수 없는 안내 방송들 때문에 공항은 정말 시끄러웠어. 하지만 내 삶이 다 그래. 조용한 장소를 찾아야겠어." 찰리는 윗방을 찾고 있다. 우리의 외로움이 하나님을 향한 갈증인 것처럼, 정신없이 바쁘게 살아가는 우리의 모습은 사실 천국의 고요함에 대한 갈증을 보여 준다. 우리는 다른 방에 들어가기를 원한다.

제자들이 예수님께 어디서 유월절 식사를 준비하고 싶으신지 여쭈었을 때 예수님은 이렇게 말씀하셨다. "너희가 성내로 들어가면 물 한 동이를 가지고 가는 사람을 만나리니 그가 들어가는 집으로 따라 들어가서 그 집 주인에게 이르되 선생님이 네게 하는 말씀이 내가 내 제자들과 함께 유월절을 먹을 객실이 어디 있느냐 하시더라 하라. 그리하면 그가 자리를 마련한 큰 다락방(upper room)을 보이리니 거기서 준비하라"(눅 22:10-12).

물을 들고 있는 남자는 금방 눈에 띈다. 예수님 당시의 문화에서 그것은 여자의 일이었다. 오늘날에도 물을 들고 있는 남자는 솜사탕만 들고 있는 수천의 사람들 사이에서 눈에 띈다. 목마른 사람은 그를 따라간다.

이는 예수님을 만날 수 있는 곳으로 우리를 인도하시는 성령에 대한 훌륭한 이미지다. 또한 성령 충만한 사람들, 우리를 그 윗방으로 이끌 수 있는 영적 친구들과 영적 지도자들에 대한 훌륭한 이미지다. 내 마음속에는 두 개의 방이 있다. 세미나에서 만난 그 사람은 물을 들고 있었고 나를 윗방으로 인도했다. 그는 그 방을 향해 말했고 나는 그 방이 거기 있음을 알았다.

우리가 아랫방에다 하는 말들만 듣고 거기서만 시간을 보낸다면, 그 방의 시민들처럼 살게 될 것이다. 그러면 우리의 모습은 이럴 것이다.

- 성욕에 대한 통제력을 상실해 간다.
- 악한 영들과 연결될 가능성이 높아진다.
- 행복을 위해 하나님이 아닌 사람이나 장소, 물건을 의지한다. 그런 것들이 우리에게 행복을 주지 못할 때 비탄에 잠긴다.
- 질투, 긴장, 치밀어 오르는 분노, 배타심 때문에 친밀하게 지내는 것이 불가능함을 깨닫는다.
- 장기적인 결과에는 개의치 않고 지금 좋은 기분을 느끼려는 충동에 굴복한다.

하지만 우리를 윗방으로 인도하여 그곳에서 우리에게 말하는 영적 친구들과 영적 지도자들에게 귀 기울인다면, 또 예수님과 함께 식사를 할 만큼 오랫동안 그 방에 머무른다면, 우리의 모습은 다음과 같을 것이다.

- 사람들을 이용하기보다는 그들을 축복하고 싶어 한다.
- 가장 참담한 실망을 경험해도 그것을 극복하는 흔들리지 않는 기쁨을 발견한다.
- 사람들에게 짜증이 나는 상황을 이겨 낼 수 있는 인내와 친절이 생긴다.
- 우리를 위협하는 사람들 앞에서도 견고하고 온전함을 느낀다.주3

레이첼과 나는 지난 주말에 친한 친구들과 함께 시간을 보냈다. 작별 인사를 할 때쯤 쉴라가 말했다. "누군가 나를 좀 강하게 만들어 주었으면 좋겠는데."

나는 쉴라를 잘 안다. 그녀의 아랫방은 알코올 중독 아버지와 의존적인 어머니로 인한 힘든 기억들로 가득하다. 쉴라는 조금 남은 자존감을 지키기 위해 순응하는 법을 배웠다. 굉장히 치욕적인 취급을 받으며 생긴 마음의 분노는 종종 통제욕, 주목받고 싶은 욕구, 중요한 존재로 인정받으려는 노력으로 나타났다.

나는 쉴라를 위해 기도했다. 내가 만약 쉴라와 함께 시간을 보낸다면, 그녀의 아랫방을 탐구하는 데는 많은 시간을 보내지 않을 것이다. 통찰과 조언으로 그 방을 다시 정돈하는 데는 시간을 쓰지 않을 것이다. 그녀가 강해지기 위해서는 심리적인 무언가를 조정하는 일이 필요하지 않다. 그녀는 다른 방에 가야 한다.

  어제 쉴라에게 편지를 썼다. 아직 보내지는 않았는데 사실 이 편지가 그녀에게 영향을 줄지는 잘 모르겠다. 그러기를 바랄 뿐이다. 이 편지는 긴 여행을 하도록 격려할 것이다. 여기, 비밀 보장을 위해 약간 편집한 그 편지의 일부를 실었다.

>   우리가 만난 후 한 가지 안타까운 것이 있었어요. 레이첼과 나는 강해지고 싶다는 당신의 소망을 듣고 나서, 함께 생각하고 대화하고 기도하고 게리와 함께한 당신의 삶을 축하해 주는 시간을 가졌으면 좋겠다는 생각을 했어요. 레이첼과 나를 향해 당신이 얼마나 따뜻한 마음을 품고 있는지 느낄 수 있었어요. 난 그 따스함이 당신 속에 이미 있는 강하고 선한 곳에서 흘러나왔다고 믿어요. 당신은 단지 그곳에서 쉬는 법을 아직 배우지 못했을 뿐이에요.
>
>   당신의 새로운 마음과 그곳에서 계발되고 향유되기를 기다리는 온갖 능력에 연결되는 유일한 방법, 당신의 새로운 마음을 보여 주시기를, 그곳에 있는 능력이 드러나지 못하도록 막는 것은 무엇이든 제거해 주시기를 날마다 성령께 구하는 것입니다. 이미 당신 안에 있는 그 방에서 살아가도록, 당신이 그토록 원하는 생명으로 가득한 그 방에서 살아가게 해주시기를 성령께 간구하세요.
>
>   하루에 한 번 일종의 예배 형식으로, 매일 5분 정도 같은 장소에서 무릎을 꿇고 성령께 기도하십시오. 당신 속에 있는 그분의 능력을 의식할 수 있도록 말입니다. 그런 다음 하루를 시작하기 전에 성경 본문을 묵상하며 마음에 떠오른 것은 무엇이든 공책에 기록하십시오.

어떤 저자가 이렇게 말한 것을 읽은 적이 있습니다. 물론 저도 그 말에 동의합니다. 진정한 우리 자신을 다른 사람에게 부어 주기 위해 어떤 것이 필요하든 하나님과의 사귐을 통해 그것을 보고 듣는다는 것입니다. 하나님이 당신에게 공급하시는 것을 통해 당신의 가족이 복을 얻습니다. 당신 안에 계신 그리스도의 실재를 기뻐하는 잔치가 벌어져야 합니다. 그 잔치에서 저는 사회자가 되고 싶습니다.

나는 상담가로 일하는 동안, 주로 사람들의 아랫방 가구들이 왜 그렇게 정돈되어 있지 못한지 알려고 애썼다. 이제 나머지 시간은, 사람들의 윗방에서 성령께서 가구를 정돈하시는 것을 기뻐하면서 공동체적 삶을 살아가고 싶다. 하지만 다른 방에 가기 위해서는, 즉 성령께서 성경을 통해 우리에게 하시는 말씀을 듣고, 그리스도와의 사귐을 누리며 하나님의 임재를 의식하고 그 방에서 우리의 힘겨운 삶의 정황에 대해 말하기 위해서는 두 가지 일이 일어나야 한다.

한 가지는 (항상 이런 순서인 것은 아니다) 영적 공동체의 도움과 말씀 묵상과 열정적인 기도를 통해 우리의 아랫방이 다음과 같은 모습임을 있는 그대로 보는 것이다.

- 하나님 없이 삶을 운영해 나가려고 노력한다.
- 자아를 지키고 높이는 데 우선순위를 두고 결정한다.
- 독립을 자랑스러워하고 고상하게 느끼도록 부채질하는 하나님에 대해 맹렬한 증오심을 가지고 있다.
- 살아남고 행복을 찾기 위해 우리가 사용하는 자원들을 절대적으

로 의지한다.

우리는 어떻게 이렇게 하는지, 특별히 우리의 관계들에서 어떻게 이렇게 하는지 알아야 한다. 그래야 그것을 없애 주시도록 하나님께 내어놓을 수 있다.

두 번째로 교회에 속해야 한다. 하나님께로 여행하는 사람들의 공동체에 속해야 한다. 우리는 영적 친구들과 함께 시간을 보내야 한다. 그들을 알고 그들에게 우리를 알리며 가끔 노련한 그리스도인들에게는 우리를 영적으로 인도해 주도록 요청하기 위해서 말이다. 또한 영적 친구가 되는 법을 배우고 몇몇 사람들에게는 영적 지도자가 되는 법을 배워야 한다.

이 글을 쓰면서, 우리가 실제로 이 두 가지를 할 때 우리 삶에 일어날 수 있는 일에 압도되는 것을 느낀다. 시간이 필요한 일이지만, 깜짝 놀랄 만한 일일 것이다.

다음 두 장에서는 아랫방에 대해 조금 더 설명할 것이다. 그 내용을 통해 그 방이 어떤 모습인지 볼 수 있기를 바란다. 또 우리를 윗방으로 인도해 줄 물을 들고 있는 남자를 찾고자 하는 필사적인 열망과 흥분을 느끼기를 간절히 바란다.

아랫방은 사탄과 암흑으로 가득한 추한 곳이다. 그곳을 바라보면 낙담할 수 있다. 나와 함께 그곳을 탐사하기 전에, 윗방을 묘사한 한 여성의 글로 끝을 맺고자 한다.

쉐릴은 매우 영적이며 성장하고 있는 신비로운 여성이다. 우리처럼 그녀도 분투하고 있고 때로는 아주 심하게 갈등하지만, 그녀는 종종 물을 들고 있는 남자를 발견하여 그녀 속에 있는 윗방으로 향하는 길을 찾는다. 나는 그녀에게 그 방에 대해 묘사해 달라고 청했다. 다음은 그녀가 묘사한 내용이다.

▌쉐릴의 방

이 방은 아주 부드럽다. 모든 것이 완성되어 있고 그림자는 연한 푸른색이다. 이곳은 하얗고 따스하고 깨끗하다. 처음부터 그렇게 만들어졌다.

그곳에 있는 나는 내가 입을 거라고 상상도 하지 못한 옷을 입고 있다. 그 옷은 주의를 끄는 옷도 아니고 그 방과 대조되는 옷도 아니다. 오히려 나는 사람들이 거의 알아차리지 못할 정도로 장엄한 무언가를 입고서 그 방과 자연스레 섞여 있다.

아주 완전히 그 방을 즐겼기에 내 본질은 그 방과 분리될 수 없었다. 그럼에도 불구하고 나는 그곳에 있고, 그 방이 그곳에 있고, 빛이 그곳에 있다. 그 빛이 없다면 거기에는 아무것도 없다.

그리고 당연히 나는 손님을 기다리며 그들을 내 방으로 환영한다. 사실 가장 큰 기쁨은 손님을 초대해서 그 방의 부드러움과 따스함을 느끼게 해주는 것이다. 그들이 그곳에 앉아, 커튼이 올라가는 것을 바라보며 지금까지 본 가장 아름다운 창문을 통해 들어오는 순결함을 받아들이도록 해주고 싶다.

새로움이 당신을 어루만지고 정결케 하도록 맡기라. 그것은 부드럽고 잔잔하다. 그것이 당신 안에 들어와 떠다니게 하라. 당신은 즐거운 것을 볼 것이다. 그리고 안식과 평안을 알게 될 것이다.

당신은 그 빛의 진리, 이 방을 붙들고 있는 힘을 알게 될 것이고, 신뢰를 알게 될 것이다. 당신은 나를 마시고 싶은 유혹을 느낄 것이지만 나는 근원이나 실체가 아니다. 실체는 내 영혼을 사랑하시는 이로부터 나온다. 우리는 여기서 만나고 당신은 환영을 받는다.

이제 이 방의 향기와 비전을 품고 다른 방에 대해 살펴보자.

8
아랫방은 존재한다

> 우리의 위대함과 비참함이 이토록 자명하니, 진정한 종교는 우리 속에 위대함의 법칙과 비참함의 법칙이 있음을 반드시 가르쳐야 한다.
>
> —블레즈 파스칼

내 믿음이 살아남을 수 있을까 생각했던 순간들이 있었다. 몇 달 전, 기도가 허공을 치는 것 같았던 몹시 괴로운 시련을 겪으며 나는 소리 높여 외쳤다. "하나님, 당신이 선하시다는 사실은 압니다. 그것을 **믿습니다**. 하지만 지금, 지금 당장, 상황이 이렇게 끔찍한 지금은 당신이 선하시다는 것을 잘 모르겠습니다."

어제 저녁 한 친구가 와서, 두서없이 주절거리는 아버지를 요양원으로 모시며 어떤 느낌이었는지를 말해 주었다. 막 입소 허락을 받은 그곳에 들어가 소변 냄새가 진동하는 복도를 따라 내려가니 앞으로 아버지의 거처가 될 작은 방이 나왔다. 내 친구가 슬픔을 쏟아 낼 때, 내 속 깊은 데에서는 이렇게 소리치고 있었다. "하나님, 당신은 어디에 계십니까? 기적을 베풀어 주십시오. 당신에게는 그럴 능력이 있습니다! 그것을 사용해 주십시오!"

절망적이리만치 가난한 사람들이 모두 절묘한 때 뜻밖의 현금을 얻게 되는 것은 아니다. 받은 모든 우편물이 각기 다른 청구서일 때가 있다. 신체적인 고통을 겪는 사람들이 모두 고통에서 벗어나는 것은 아니다. 슬퍼하는 사람들의 눈물이 모두 사라지는 것은 아니다.

내 생애 딱 한 번 신앙을 내던졌던 일이 있었다. 있을 수 있는 일이었지만, 절박했고 거의 필연적이었던 것 같다. 그때 나를 붙잡아 주었던 것들이 기억난다. 세 사람이 떠올랐다. 그들의 얼굴과 그들의 삶이 지워지지 않았다. 내가 눈곱만큼이라도 진지하게 신앙을 부인할 생각을 한다면, 나는 이들 모두를 찾아가서 그들이 속았다고 선언해야 했다.

하지만 그렇게 할 수 없었다.

나는 홍해가 갈라지는 모습이나 태양이 멈추어 서 있는 것이나 관에서 일어나는 남자를 본 적이 없다. 하지만 위대함의 힘이 비참함의 힘을 압도적으로 이기는 것을 보았다. 나는 이 세 사람에게서 그것을 보았음을 **안다**.

그들은 **견고하다**. 그것은 그들을 묘사할 수 있는 가장 좋은 단어다. 그들은 깊은 고통을 겪었다. 진흙투성이의 발이 그대로 드러나는 수치와 비통함을 안다. 그들 중 두 사람은 여전히 비참함의 흔적을 보며 살아간다.

하지만 그들에게서는 유령 같다기보다는 견고한 생명, 파괴되지 않고 부패하지 않는 생명이 뿜어져 나온다. 그 생명이 나를 끌어당긴다. 나는 그 생명력이 좋다. 그 생명력을 원한다. 그리고 예수 그리스도의 복음을 떠나서는 그 생명의 존재를 설명할 수 없다. 내가 여전히 신자로 살 수 있는 것은 상당 부분 그들 덕분이다. 진정한 종교는 이 세 사람의 삶의 증거를 통해 '위대함의 법칙'을 가르쳤다.

그러나 '비참함의 법칙'을 이해하지 못하고, 우리 속에서 비참함을 볼 수 없다면, 그 위대함의 법칙에서도 깊은 인상을 받지 못할 것이다. 내가 언급한 이 세 친구와 비슷한 이들의 삶은 기적적인 것과는 거리가 멀다. 우리 역시 가난한 사람이 금을 추구하듯 위대함을 추구하지는 않을 것이다. 다른 무엇보다 그것을 원하지도 않을 것이고, 우리 마음과 목숨과 영과 힘을 다해 그 근원을 추구하지도 않을 것이다.

진정한 위대함을 제대로 정의하고 그 위대함을 열렬하게 추구하기 전에 우리는 우리 자신의 비참함을 인정해야 한다. 우리가 비참한 존재라는 사실은 우리 기억 속의 과거에서만 인정할 수 있는 것이 아니라, 정직히 말해서 현재에도 계속 인정할 수밖에 없는 사실이다.

우리에게 무엇이 잘못되었는지에 대해 쓰기 시작하면서, 잘못된 얼룩이나 오염이 무엇이든 그것은 바로 공동체의 문제라는 사실을 보여 주는 수천 가지 증거들이 마음속에 떠올랐다. 우리 문제는 공동체에 중요한 영향을 끼친다. 그렇게 관계를 망가뜨리는 뿌리 깊고 고집스러우며 복잡한 내면의 힘을 규명하지 못한다면, 인간의 핵심 문제를 진단하지 못할 것이다. 우리는 아주 절망적으로 타락한 이 복잡한 힘을 직시해야 한다. 그것은 결코 고칠 수 없다. 버리고 다른 것으로 교체할 수 있을 뿐이다. 그리고 외부의 자원으로만 교체할 수 있다는 사실을 인식하지 못한다면, 그 문제의 심각성을 이해하지 못한 것이다. 우리의 문제는 영적 공동체를 불가능하게 만든다.

며칠 전 한 친구가 차에 새 타이어가 필요한데 가장 싸게 살 수 있는 가게에 갈 시간이 없다는 불평을 했다. 나는 그날 아침 추가로 혈액 검사를 받아야 한다는 소식을 들은 상황이었다. 앞으로 열흘 중 엿새 동안 출장을 가야 하고, 책 집필 마감일(이 책)도 넘겼고, 스무 통의 답신 전화를 해야 하며, 내 책상 위에는 답신을 하지 않은 편지가 서른 통도 넘게 쌓여 있다. 대화를 하는 동안 내 머릿속에서 이런 생각이 흘러갔다. '내일 출근길에 타이어 펑크나 나버려라.'

하지만 나는 억지로 관심 있는 척하며 말했다. "나는 워즈워스 서쪽의 벨뷰에 있는 가게에서 타이어를 사. 서비스도 괜찮고 가격도 적당한 것 같아." 이 말을 할 때 나는 관심도 없고 따분하고 별 의욕도 없었다. 나는 더 이상의 정보를 제공하지 않았다. 우리는 점심 테이블을 떠나면서 악수를 했는데, 우리가 헤어질 때 서로 하나가 되었다는 느낌을 갖지 못했다.

이것이 아랫방 공동체다. 비참함의 법칙이 작동했다. 내 속에서는 더 나은 능력이 나오지 못했다. 자신의 믿음과 씨름하는 사람은 누구도 그 상호 작용을 보지 못할 것이고 하나님을 예배하지도 않을 것이다.

한 가지 예를 더 들어 보겠다. 지난주 한 친구가 전화를 걸어, 그들 부부가 10대 딸을 걱정하고 있다는 이야기를 했다. 딸이 거짓말을 한다는 사실을 알아챈 것이다. 그들은 심한 충격을 받았다. 그는 갈라지는 목소리로 말했다. "래리, 우리가 큰아들을 염려했던 몇 달 전, 자네가 해준 말을 절대 잊을 수 없었네." 그러면서 그 유익한 조언에 대해 다시 한 번 말해 주었다. "그 생각이 열두 번도 넘게 떠올랐고 그때마다 소망을 품을 수 있었어. 정말 귀한 것이었지."

기도를 시작하자 내 마음속에서 두 가지가 떠올랐다. 내 친구와 그의 가족에 대한 깊은 사랑 **그리고** 기억할 만한 다른 말을 하고 싶다는 욕구였다. 나는 성령께서 강력한 어구를 불어넣어 주시고 한 줄기 영광을 나누어 주시기를 소망하며 꽤 오랫동안 기도했다. 마침내 기도를 마치고 우리는 서로를 향한 진실하고 깨끗한 사랑을 표현하고 전화를 끊었다. 살아 있고 선한 무언가가 우리 사이에 오고갔다. 하지만 적어도 내 편에서는 오염되어 있었다. 그 관계에는 아랫방 에너지와 윗방 에너지가 뒤섞여 있었다. 항상 그렇듯이.

영적 공동체를 세우려면, 즉 그리스도의 치유하는 생명이 우리 속에서 다른 사람에게로 흘러가서 그들이 그리스도를 알기 위해 자아실현 욕구를 버리는 그런 공동체를 세우려면, 우리에게서 나오는 다른 무언가에 대해서 알고 그것을 미워하는 법을 배워야 한다. 실제로 우리 대부분은 우리 안에서 비참함의 법칙이 작동하고 있다는 사실을 믿지 않는다. 우리 마음속에 악한 열망만이 비치된 아랫방이 있다고 생각하지 않는 것이다.

빌 클린턴(Bill Clinton) 대통령의 탄핵 재판이 끝났을 때 회장직에 있던 한 학생이 말했다. "사람이 훌륭한 성품을 갖는 것은 중요합니다. 하지만 실제 세상에서 진짜 완벽한 성품을 갖기에는 모두가 뭔가 부족합니다."

한 교수는 이렇게 말했다. "동화에는 영웅과 악당이 있습니다. 빨간 모자를 쓴 소녀는 순결하고 늑대는 악합니다. 하지만 실제 세상 사람들의 성품은 복합적입니다."

세 번째 관찰자인 역사가는 다음과 같이 분명하게 표현했다. "따라서 개인의 삶이 행복하다면 윤리적, 도덕적 이슈는 덜 중요해지는 것 같습니다." 주1

아랫방이 있다는 사실을 부인하는 것은 아랫방 사고방식의 전형적인 모습이다. 우리 중 누구도 명백하게 거룩하거나 사악하지는 않다. 우리는 복합적이다. 그리고 상황이 좋다면 사실 무엇이 문제겠는가? 우리는 영웅이 되기에는 부족하지만 그래도 여전히 삶을 즐길 수 있다. 그리고 소수의 악당들이 있지만 적어도 우리를 괴롭히는 사람은 많지 않다. 사담 후세인(Saddam Hussein)이 이라크에 살면서 내 수입이나 테니스 경기에 간섭하지 않는 한, 나는 특별히 그의 악행에 신경 쓸 필요가 없다.

하지만 악이 존재한다는 사실은 부인하기 어렵다. 최근의 신문들은 텍사스에서 일어난 소름끼치는 범죄를 집중적으로 보도했다. 그곳에서 세 명의 백인이 소형 트럭 뒤에 흑인 한 명을 매달고 5킬로미터를 끌고 갔다. 저녁 뉴스에 따르면, 이 삼인조의 리더는 막 시작한 백인 우월주의 모임에 대한 사람들의 지지를 이끌어 내고자 극적인 사건을 연출하고 싶었다고 한다.

좀 더 최근에는 열일곱 살, 열여덟 살의 두 소년이 총과 폭탄으로 무장하고 컬럼바인 고등학교로 걸어 들어갔다. 그들은 동료 학생 열두 명과 선생님 한 명을 죽이고 나서 스스로 목숨을 끊었다. 또 그 사건으로 스무 명 이상 부상당했고, 그중 일부는 중상이었다. 이는 미국 역사에서 최악의 고등학교 총기 참사였다. 덴버 주민들, 아니 온 국가가 여러 해 동안 그 후유증을 겪을 것이다.

사랑이 많으신 하나님의 형상을 지닌 이들이, 선하고 자비로우신 관계적 하나님이 만드신 피조물이, 어떻게 그러한 비참한 모습으로 타락할 수 있는지 우리는 이해해야 한다. 그리고 우리가 아직도 품고 있지만 거의 경험해 보지 못한 위대한 모습으로 영혼을 회복시키기 위해 하나님이 준비하신 수단을 찾으려 애써야 한다.

우선 나는 아랫방으로 향하는 문을 열고, 그리로 걸어 들어가 내가 본 것을 묘사하고 싶다. 그 일이 마치 하수구로 기어 들어가 끔찍한 악취의 근원지에 무릎까지 담그고 헤쳐 나가며 걷는 것 같을까 봐 두렵다. 동료 인간을 소형 트럭 뒤에 매달고 5킬로미터를 끌고 가는 데서 악취가 풍겨 온다. 급우들을 향해 총탄을 발사한 두 명의 총기범에게서 그 악취가 풍겨 온다. 친구의 타이어가 펑크 났으면 하고 바랐던 마음에서도 그 악취가 풍겨 온다.

나는 하나님이 우리에게 하신 말씀을 잘 정리한 파스칼의 글로 시작하고자 한다. 긴 인용문이지만 읽을 만한 가치가 있다. 이 글은 우리의 비참함이, 복합적 인간성이나 심리 장애의 증거라는 생각을 없애 준다. 또 우리의 위대함은 훌륭한 훈련, 효율적인 정부, 경제적 이점, 혹은 필요하면 받는 심리 치료의 산물이라는 생각, 즉 우리가 스스로를 관리할 수 있다는 생각을 없애 준다. 파스칼은 하나님이 다음과 같이 말씀하신다고 생각했다.

> 너희를 만든 건 나다. 나만이 너희가 어떤 존재인지 알려 줄 수 있다. 하지만 너희는 이제 내가 만든 원래의 모습이 아니다. 나는 너희를 거룩하고 순결하고 완벽하게 창조했다. 빛과 지식으로 가득 채워 주었으며 내 영광과 나의 경이로운 작품들을 보여 주었다. 그때 너희 눈은 하나님의 위엄을 지켜보았다. 그때 너희는 지금 너희 눈을 어둡게 한 흑암 속에 있지 않았다. 너희를 괴롭히는 불행과 죽음에 이르게 되어 있지도 않았다.
>
> 그러나 너희는 확신을 가지지 못하여 그러한 놀라운 영광을 품지 못

하게 되었다. 너희는 너희가 중심이 되려 했고, 내 도움 없이 그렇게 하려 했다. 너희는 나의 다스림을 받는 위치에서 벗어나 스스로 행복을 찾기 위해 너희 자신을 나와 동등하게 여겼고, 나는 너희를 그렇게 하도록 내버려두었다.주2

그러고 나서 파스칼은 해설을 덧붙인다.

이것이 오늘날 인간의 상태다. 인간은 첫 번째 본성(파스칼은 선악과를 먹기 전 아담과 하와의 본성을 가리키는 것 같다)은 아주 미미한 정도만 유지한 채, 정욕과 무지라는 비참한 상황에 빠졌다. 이것이 인간의 두 번째 본성(내가 아랫방이라 부르는 것)이 되었다.주3

진정한 영적 공동체를 회복하기를 진정으로 바라고, 만들어진 영성과 대중을 즐겁게 하는 오락거리에서 교회를 진정으로 구하고 싶다면, 우리 각자의 마음속에 있는 악한 아랫방에 대한 잃어버린 개념을 되찾고 그것을 직면해야 한다. 우리가 사람들과 관계를 맺을 때 거부해야 하는 것이 무엇인지 알아야 한다.

사람들이 인류의 진보에 계속해서 들떠 있도록 죄에 대한 깊은 성찰을 제거했던 18세기와 19세기에 우리는 그 개념을 잃어버렸다. 인간의 모든 문제를 해결하는 우리의 능력에 대한 계몽주의식의 확신을 유지하기 위해, 우리는 절망적으로 타락한 죄된 본성이라는 개념을 버렸다. 결함이 있는 도덕성을 자의적이고 의식적인 법률 위반 행위로, 즉 관리할 수 있는 행위로 전락시키고 말았다.

도덕 지침, 더 나은 기회, 책임감이 그 해결책으로 간주되었다. 달라스 윌라드(Dallas Willard)는 이것을 '죄 관리'라 불렀다. 내면에서부터 삶을 바꾸시는 성령의 능력은 더 이상 필요하지 않았다.

중요한 원리 한 가지를 주목하라. **죄가 바닥에서 올라와 덜 비참한 것이 되면, 미덕은 꼭대기에서 내려와 덜 위대한 것이 된다.** 훌륭한 성품은 더 이상 상한 심령으로 겸손히 순종의 경배를 드리며 하나님과 온전한 관계를 맺는 예배에서 비롯된다고 여겨지지 않는다. 오히려 나쁜 행동을 하지 않고 사회적 책임을 다하는 정도가 훌륭한 성품이 되었다. 죄를 다루거나 미덕을 함양하는 데 성령은 더 이상 필요하지 않았다. 좋은 훈련과 문화적인 제재가 그 일을 담당했다.

이에 대해 교회는 악마적이고 일시적인 술책에 의지했다. 죄란 자의적인 불법 행위에 지나지 않는다고 여기고, 그런 행위를 하지 않으면 훌륭한 사람들이라고 보는 문화를 따랐다. 그때 프로이트(Freud)가 인간의 곤경에 대한 깊은 성찰을 제시하며 무대에 등장했다.

프로이트는 인간의 정신세계를 깊이 조사하여, 눈에 보이는 문제들 이면에 자리 잡은 미로 같은 어두운 세력을 발견했다. 그는 아랫방에 대해 이론화하고 그것을 세속화하여 거기서 도덕적 악취를 제거했다. 그리고 그것을 '이드'(id), 즉 억제하지 않으면 우리를 영적 곤경이 아닌 **심리적 곤경**으로 이끌 수 있는 에너지 저장소라 불렀다.

그 결과는 참담했다. 교회가 사람들로 도덕적 기준을 따르도록 하는 데 혈안이 되어 있는 동안(1930년대에 근본주의가 발흥하게 된다), 우리의 고통스러운 내면을 다루는 세속적인 연구자들이 영혼을 치유하는 임무를 떠맡았다.

좀 더 최근에는 꽤 많은 교회가 도덕 규칙을 따르라고 장려하는 데서 열심히 살라고 자극을 주는 데로 옮겨 갔다. 어느 쪽이든 아랫방의 비참함은 중요하게 다루지 않았다. 심리 치료사들은 여전히 인간의 실패와 고투에 대한 반기독교적 원리에 따라 내면의 문제를 다룬다. 도덕적 비참함이 있는 아랫방은 존재하지 않는 것으로 이론화된다.

섭식 장애와 다중 인격과 성 중독증과 관계의 갈등 이면에 무엇이 있는지 분명한 기독교적 시각을 회복할 때까지는 영적 공동체의 가치를 인식할 수 없을 것이다. 교회들은 도덕주의와 영감으로 제시되는 상대적 진리와 온갖 건전한 활동을 통해 피상적인 치료를 계속해 나갈 것이다. 이러한 노력에도 반응을 보이지 않는 '힘든' 경우에는 전문적인 치료를 받도록 유도할 것이다. 영적 공동체는 여전히 수도자들과 관상가들만의 관심거리일 뿐, 모든 그리스도인의 소명처럼 보이지는 않을 것이다. 신비가들은 깃대 꼭대기에 앉아 있거나 동굴 속에 숨어 있는 사람들로 여겨진다.

우리는 도덕적 비참함에 대한 깊은 성찰과 함께 만인 제사장직에 대한 온전한 이해를 회복해야 한다. 우리는 모두 제사장이다. 모두 하나님께 직접 나아갈 수 있으며 그분께 가까이 갈 수 있다. 우리 속에는 다른 사람에게 흘러 들어가기를 기다리는 성령의 생명이 있다. 그것은 영혼을 치유할 수 있는 생명이다. 하나님께로 함께 여행하는 하나님의 공동체는 우리를 계속 앞으로 가게 해주는 모든 자원을 가지고 있다. 우리에게 필요한 건 공동체가 되는 것이다. 서로 연결되고 긴밀하게 조직된 몸처럼 함께 모이는 것이 필요할 뿐이다. 서로 하나 되는 것이 필요할 뿐이다.

이제 나는 우리의 비참함과 위대함을 어떻게 생각해야 할지 다루고자 한다. 우리의 비참함은 죄에 대한 깊은 성찰을 회복하게 해줄 것이고, 우리의 위대함은 우리에게 제사장처럼 살라고 권할 것이다. 우리는 지금 아랫방에 있다. 먼저 이 방을 둘러보자. 우리는 우리 각자 속에 있는 방을 가까이에서 볼 필요가 있다. 그래야만 그 방을 미워하고, 결국 그 방을 버리고 궁극적으로 무너뜨리게 될 것이다.

9
아랫방 가구들

[19세기의 장로교 목사 알렉산더 화이트(Alexander Whyte)를 언급하며] 그는 내가 거의 잊고 있던 청교도주의와 대면하게 해주었다. 그는 중생의 핵심적인 징후는 결코 바꿀 수 없는 (그런 것 같다) 타락한 본성에 대해 영원토록 끔찍하게 여기는 것이라고 말했다. 진짜 그리스도인은 시궁창 냄새에 계속 민감하게 마련이다.

-C. S. 루이스

1996년 8월 27일, 헨리 나우웬은 갑작스런 죽음을 맞기 3주 전에 다음과 같은 일기를 썼다.

영적 리더십을 행사하는 우리는 종종 우리 자신이 설교하고 가르치는 대로 살지 못한다는 것을 깨닫는다. 우리는 늘 자신보다 더 큰 것을 말하기에 위선을 완벽하게 피하기는 쉽지 않다. 나는 종종 내가 온전히 살아 낼 수 없는 삶을 살라고 말한다. [그런 다음 그는 이렇게 덧붙였다.] 그리고 위선에 대한 최상의 치료법은 공동체라는 사실을 배우고 있다. 위선이란 내가 설교한 대로 살지 못해서 생기는 것이 아니라, 내가 말한 대로 살지 못하는 나의 무능함을 고백하지 못해서 생긴다.^{주1}

우리와 마찬가지로 나우웬 역시 마땅히 살아야 하는 삶을 살 수 없었다.

최근에 나는 「천국과 지옥의 이혼」(*The Great Divorce*, 홍성사 역간)을 읽으며, 유령과 견고한 사람들에 대한 루이스의 은유를 묵상하고 있다. 루이스의 이야기에 따르면, 지옥에서 온 유령들은 천국의 외곽으로 버스 여행을 하다가 어떤 천사와 맞닥뜨린다. 그 천사는 그들이 온전해지기 위해 믿은 이런저런 것들이 잘못되었다고 말했다. 천국을 즐길 수 있는 사람, 즉 **견고한** 사람이 되기 위해서는 잘못된 믿음을 버려야 한다. 그것을 거부한 이들은 계속 유령으로 남을 것이다.

견고한 사람이 되려면 생명을 얻기 위해 의지하는 모든 우상들을 버려야 한다. 그 우상들은 자녀들일 수도 있고, 직업, 명성, 계속되거나 잃어버린 특별한 관계들, 혹은 갈등을 피하도록 도와주는 피상적인 생활 방식일 수도 있다.

이런 우상들로는 생명을 얻지 못한다. 이것들은 나를 온전하게 해주는 대신, 공허하고 유령 같은 모습으로 만든다. 하지만 그 사실을 **납득해야만** 나는 그 우상들을 버릴 수 있다. 그리고 내가 그 사실을 납득하는 유일한 방법은, 그 우상들은 내가 간절히 원하는 것을 주지 못한다는 사실을 확신하는 것이다. 그런데 냉엄한 진실은, 고통을 겪지 않고서는 그런 확신을 얻지 못한다는 것이다. 이런 우상들은 고통이 드러내는 내 마음의 여러 부분들을 전혀 어루만지지 못한다. 그 사실을 고통이 깨닫게 해준다. 그러므로 나는 고통을 겪어야 한다.

나는 고통을 겪을 때 초점을 더 잘 맞춘다. 새 자동차 같은 것은 멋지고 살 만하겠지만 그것이 내 영혼을 강건하게 하지 못하리라는 사실을 깨닫는다. 고통으로 인해 내 영혼은 가장 갈망하는 바에 초점을 맞추고 하나님께로 향한다. 그분을 의지하는 법을 배운다. 하지만 내가 이런 말을 한다 해도, 나는 나 자신보다 더 큰 것을 말하고 있다. 이 책 전체에서 나 자신이 충분히 살아 낼 수 없는 삶으로 당신을 초청하고 있다.

다른 사람에게 유령이 되었던 어떤 순간이 기억난다. 그때 나는 누군가가 유령에게 기댈 때 둘 다 넘어진다는 사실을 깨달았다.

몇 년 전 한 친구에게 어려운 일이 닥쳤다. 딸이 가출하고 아내는 불륜을 고백하고 어머니는 돌아가셨다. 이 모든 일이 한 주에 일어났다.

그는 내게 전화를 걸어 시간을 좀 내달라고 청했다. 전화 통화를 한 그날 그가 콜로라도로 날아와서 우리는 거의 한 주 동안 함께 시간을 보냈다. 함께 놀고, 영화도 두 편 보았고, 자동차 전시회를 관람했고, 스테이크를 몇 번 먹었다.

그는 이런 일련의 비극이 일어나기 전 몇 년 동안 나를 약간 공격했던 사람이다. 우리는 그 문제를 다룬 적이 없었다. 그가 내 느낌에 대해 아는지도 모르겠고 또 너무 부끄러워서 내가 얼마나 어리석을 정도로 예민했는지 다 고백하지도 않았다. 하지만 그와 대화를 나누면서, 그가 딸을 무시하고, 아내를 실망시키고, 어머니의 죽음을 제대로 받아들이지 못한 것 같다는 사실을 지적해야 한다는 느낌을 떨쳐 버릴 수 없었다. '이런 충동은 어디서 온 거지?' 그와 함께 울 때조차도 나는 비열한 마음이 들었던 것을 기억한다. 내 마음속 작은 한 부분은 이 사람에게 상처를 주고 싶다는 생각을 온전히 떨쳐 버리지 못한 것 같았다.

우리는 대화를 나누었고, 나는 최선을 다해 그를 격려했다. 또 그에게 지혜를 주기보다는 그와 함께 있음으로써 성령께서 힘겨운 시간을 지나는 그의 안에서 일하시도록 더 노력했다. 그가 집으로 돌아간 후 우리는 연락이 끊겼다.

최근에 그가 사는 지역으로 갈 일이 생겨 그에게 찾아가겠다고 전화를 했다. 그와 만나 점심을 먹고 다소 우호적인 대화를 나누었는데 잠시 후 그가 이런 이야기를 했다. "사실 내가 어떻게 지내는지 자네에게 말하고 싶지가 않았네. 우리가 몇 년 전 함께 보낸 그 주에 나는 왠지 비난받는다는 느낌을 받았어. 자네는 내게 안전한 사람처럼 느껴지지 않아."

왜 헨리 나우웬은 인생의 말엽에 자신의 메시지보다 자신이 더 작다고 느꼈을까? 왜 나는 내 메시지보다 더 작다고 느낄까? 아니 더 정확히 말해, 나는 왜 더 *작을까*? 우리에게 어떤 문제가 있기에, 견고한 사람을 열망하는 세상에서 안전하지 못한 유령처럼 살게 되는 걸까?

나는 이런 질문들에 이렇게 답하며 시작하고자 한다. 루이스와 나우웬의 문제는 당신과 나의 문제와 같은 것이다. 그리고 그것은 히틀러와 스탈린의 문제와 같은 문제다.

나는 그것을 아랫방이라 부른다. 루이스는 그것을 시궁창이라 불렀다. 성경은 그것을 **육체**라 부른다. "신약 성경은 죄를 짓는 조직을 '사륵스' (*sarx*, 육체)라는 용어로 표현한다. 이는 새롭게 하시는 성령의 영향력이나 다스림과는 거리가 있는 타락한 인간 본성을 가리키는 말이다." 주2 조나단 에드워즈(Jonathan Edwards)의 설교, 「날 때부터 하나님의 원수인 인간」(*Men Naturally God's Enemies*)의 메시지를 강조하는 리처드 러블레이스(Richard Lovelace)의 말을 들어보라.

대부분의 인간은 때때로 혼란을 겪는 시기에 순수하게 하나님께 경의를 표하며 진리를 찾는 추구자처럼 보인다. 하지만 사실 성령께서 역사하시지 않으면, 진짜 하나님에 대해 선천적으로 싫어하고 하나님의 법칙을 깨고 싶은 **통제할 수 없는**[저자 강조] 욕구를 갖는다. 또 그분이 의식되면 계속 그분을 심판하는 자리에 앉으려 한다. 그분의 뜻은 어떤 상황에서도 그들의 뜻과 어긋나므로, 그들은 어떤 유한한 대상보다 더 그분을 미워하며, 이것은 그들이 그분의 아들을 대하는 모습에서 분명하게 드러난다. 하지만 그들은 보통 이러한 적대감을 의식하지 못한다. 주로 불신앙, 선뜻 동의할 만한 가짜 하나님 이미지를 만들어 내는 행동, 하나님과 멀리 있다는 생각, 형벌에 대한 두려움, 죄의 무게에 대한 인식 부족 등으로 그러한 적대감을 억누른다.주3

이런 사람들과 공동체를 이루려는 모습을 상상해 보라. 그것이 정확히 아담과 하와가 최초의 가정을 세우려 한 이래로 우리가 해오고 있는 일이다. 그때도 잘 굴러가지 않았고 지금도 마찬가지다.

우리는 우리가 얼마나 악한지 쉽게 잊어버린다(때로는 그런 생각을 전혀 하지 않는다). 하나님의 영이 우리 영혼 속에 빛과 노래와 사랑이 가득한 아주 멋진 방을 창조하셨음을 알고 나면, 여전히 그곳에 있는 악한 방의 힘을 무시한다. 또 우리 자신을 좀 더 좋은 사람이라 생각하기도 한다. 우리는 여기저기 별난 구석도 있고 약점도 있을지 모르지만 실제로 악한 것은 전혀 없는 꽤 괜찮은 사람들이라고 생각하고 싶어 한다.

아랫방의 건축가는 더 바랄 것이 없다. 우리가 우리 속에 있는 시궁창 냄새를 맡을 수 없다면 신경 쓸 것이 별로 없다. 물이 꽤 깨끗하다 생각하면서 그 안에 몸을 담글 가능성이 더 많다.

하지만 모든 사람 안에 존재하는 아랫방은 **악하다**. 우리는 윗방의 향기로운 분위기에서 서로 진심으로 연결되려 애쓸지도 모르지만 아랫방에서 나오는 말을 할 때가 너무나 많다. 그래서 일을 망치기도 하고, 공동체를 세속적으로 만들고, 견고한 사람이 아닌 유령 같은 존재가 된다. 그러고는 지난 몇 장에서 보았던 것처럼, 갈등이 생길 때 친화성 뒤로 숨고, 가치 있는 프로젝트를 위해 협력하고, 특별한 친구들에게 그저 위로를 청한다. 갈등이 심각해지면 상담을 받거나 규율을 따르라는 압력에 복종하기도 한다.

하지만 우리는 문제를 제대로 이해하지 못하고 너무 빨리 해결책을 찾으려 했다. 문제를 분명하게 서술해야 우리의 해결책이 얼마나 적절하지 못한지 볼 수 있다. 그러고 나서 그리스도인들까지도 무시하는 하나님의 완전한 해결책에 좀 더 관심을 가질 수 있다.

아빌라의 테레사(Teresa of Avila)는 우리 문제를 "뱀과 독사와 독성 생물"에 비유했다. 그런 생물들이 중생한 영혼이 거하는 화려한 성 주변을 스멀스멀 기어 다니고 있다는 것이다.주4 테레사는 자신을 깊이 이해하는 사람은 겸손해질 수밖에 없다고 말한다. 그런 이해를 토대로 하나님을 향해 나아가기 시작하라고 조언한다. 그녀는 우리가 먼저 아랫방에 있는 뱀들을 보면 너무 놀라서 윗방을 향해 열심히 달리게 될 것이라고 말하는 것 같다. 그녀가 일곱 번째 방이라 부르는 그곳을 향해서 말이다.

루이스는 한걸음 더 나아가 그곳에 두 종류의 뱀이 있다고 말한다. 그는 죄를 두 종류로 구분한다. 그 각각은 타락한 자아의 각기 다른 부분에서 나온 것으로, 1층 죄와 지하실 죄라 부를 수 있다.

육체의 죄도 악하지만, 그것은 가장 덜 악한 죄다. 가장 나쁜 쾌락은 다른 사람에게 잘못을 덮어씌우는 쾌락으로… 권력의 쾌락, 증오에서 오는 쾌락 같은 영적인 쾌락이다. 내 안에는 내가 바라는 인간 자아와 싸우는 두 가지 자아가 있다. 그것은 바로 동물적 자아와 악마적 자아다. 둘 중 악마적 자아가 더 나쁘다. 그래서 정기적으로 교회에 나가면서 차갑고 독선적인 도덕군자 행세를 하는 사람이 창녀보다 지옥에 갈 가능성이 더 높다.주5

1층 죄의 끔찍함을 대면함으로써 생기는 **부분적인** 깨어짐으로는 영적 공동체에 이를 수 없다. **깊은** 깨어짐이 필요하다. 그것은 지하실에 서서 맨발 위로 기어가는 뱀을 느끼고, 우리 내면의 시궁창에서 나는 악취를 맡을 때, 생겨난다.

지하실의 죄는 혐오하지 않은 채 1층의 죄만을 회개한다면, 결코 성숙에 이를 수 없다. 정기적으로 교회에 출석하는 독선적인 도덕군자 행세를 하는 사람이 될 뿐 영적 공동체에 기여하지는 못한다.

이 마지막 요점에 대해 개인적인 예를 언급하는 것을 이해해 주기 바란다. 지금 나는 비행기 안에 앉아 있다. 여전히 시카고의 탑승구에 서 있는 유나이티드 항공 263편은 이제 나를 덴버로 데려다 줄 채비를 거의 갖추고 있다. 오늘의 여행은 어제 영적 공동체에 대한 세미나가 열렸던 밀워키에서 시작되었다.

세미나는 잘 진행되었다. 성령께서 일하셨다.

하지만 영적으로 은혜로운 체험을 한 직후에는 조심해야 한다는 것을 안다. 그 순간에는 다른 때에는 쉽게 견디는 유혹에 훨씬 더 취약해진다는 사실을 자주 느낀다. 한 목사는 특히 강력한 설교를 한 직후에 누군가에게 추잡한 농담을 하고 싶은 이상한 충동을 느낀다고 말한 적이 있다. 나 역시 그 말이 무슨 뜻인지 안다.

오늘 아침 새로 사귄 친구 존이 나를 밀워키 공항까지 데려다 주었다. 탑승까지 20분 정도의 시간 여유가 있었다. 이미 많은 양의 커피를 들이켠 뒤라 기분 좋게 스타벅스를 지나치고 서점으로 향했다. 아주 놀랍고 기뻤다. 그곳은 가격도 저렴하고 재고도 풍부한 중고 서점이었다. 공항에서는 이런 서점을 본 적이 없었다. 나는 곧바로 '고전 소설' 표지판을 보고 그쪽 통로로 걸어갔다.

마치 샌프란시스코 부두의 기라델리 가게에 있는 초콜릿 중독자가 된 듯, 나는 디킨스(Charles Dickens)와 도로시 세이어즈(Dorothy Sayers)와 오 헨리(O. Henry)의 작품들을 보는 호사를 누렸다.

그러고 나서 사건이 벌어졌다. 보물을 좀 더 찾기 위해 맨 위쪽 책장을 살펴보고 있었을 때였다. 아주 가까운 다른 통로에서 다른 표지판이 눈에 띄었다. '성애 문학'이라 씌어 있는 표지판이었다.

그것은 자동 반사였다. 나의 동물적 자아는 즉시 그쪽으로 가라고 충동질했다.

20여 분 동안 디킨스에 대한 사랑이 죽어 버렸다. 나는 그 충동이 나쁜 것임을 알았다. 그것은 1층의 충동이었다. 하지만 그것을 무시할 수 없었고 결국 부분적인 타격을 입었다. 나는 덜 매력적으로 느껴졌던 고전 소설 쪽으로 다시 눈을 돌리는, 어려운 선택을 의도적으로 했다. 그러고 나서 워커 퍼시(Walker Percy)의 「타나토스 증후군」(The Thanatos Syndrome)이라는 책을 발견하고 3달러 95센트에 사서, 보디발의 아내에게서 도망치는 요셉처럼 출발 탑승구 쪽으로 서둘러 갔다.

비행기에 탑승하고 나서 감사가 아니라 자랑스러움을 느꼈던 것을 기억한다. 많은 사람들이, 아마 몇몇 설교자들조차도 유혹에 굴복하여 그 성애 문학 통로에서 시간 가는 줄 모르고 있다가 비행기를 놓쳤을 것이다. 비행기가 출발하자 나는 만족감에 차서 퍼시의 책을 펼쳐 읽기 시작했다.

나는 링 안으로 들어가서 나의 동물적 자아를 쓰러뜨렸다. 잘한 일이었다. 하지만 내 악마적 자아가 링 옆에서 환하게 웃으며 앉아 있는 모습은 보지 못했다. 그 순간 나는 교만을 먹는 유령이었다. 공허했다. 나의 고상한 도덕주의 덕분에 나는 다음에 가르칠 학생들로부터 좀 더 존경받을 만하며, 아내와 친구들이 더 감탄할 만한 사람이 되었다고 생각했던 것 같다.

뱀들이 기어가고 있었고 시궁창에서 악취가 올라오는데, 나는 향수에 물이 살짝 튀었다고 생각했다. 그런 상황에서 내가 하는 일은 영적이지 않은 공동체를 만드는 데 기여할 뿐 아무것도 아니었다. 지하실의 죄들은 그 독을 퍼뜨리고 있었다.

그러나 이 '지하실의 죄들'은 정확히 무엇인가?

먼저 경고할 것이 있다. 내가 아랫방의 이 가장 저층부의 가구들에 대해 쓸 때, 어렵더라도 그 내용을 개인적으로 적용하기 바란다. 마치 다른 누군가의 문제인 것처럼 악에 대해 논의한다면 우리에게 아무 소용도 없다. 그저 영혼에 대한 호기심이 가득한 학생처럼, 우리 속에서 토해 내야 할 것들과 학문적 거리를 유지한 채 사람들을 관찰하는 사람들처럼 이 논의에 접근한다면 별 도움을 얻지 못할 것이다.

우리의 아랫방에는 **네 개의 가구**, 즉 네 가지 욕구가 있다. 그것들은 모두 선한 뭔가가 타락한 것이다. 먼저 그 네 가지를 열거한 다음 각각에 대해 논의해 보자.

우리의 아랫방에 있는 네 개의 가구

1. **하나님의 형상**이 오염되어 **자아**에 대한 욕구로 가득해졌다.
2. 인류에게 주어진 **자원들**이 오염되어 **지배 욕구**로 가득해졌다.
3. 즐거움과 고통에 대한 **인생 경험들**을 오염시켰다. **삶**(다시 경험하고 싶은 기쁨)과 **죽음**(피해야만 하는 고통)을 **정의하려는** 욕구로 대응했기 때문이다.
4. 우리의 필요를 밝혀 주기 위해 주신 **하나님의 거룩한 법**이 오염되었다. 그것은 이제 말 그대로 우리를 미치게 하는 **성취 욕구**를 불러일으킨다.

첫 번째 가구: 자아에 대한 욕구
(하나님의 형상의 타락)

우리가 아랫방에서 처음으로 만나는 것은 철저하게 자기중심적인 방향으로 관계 맺고자 하는 욕망이다. 나는 이 욕망이 우리의 악마적 자아의 핵심부에 있다고 생각한다. 루이스는 죽어 가는 아내에게 이렇게 말하며 한탄한 적이 있다. "이 모든 것은 당신을 사랑한다는 육욕적인 미사여구에 지나지 않소. 나는 태어난 이후로 이타적인 생각을 해본 적이 없다오. 하나부터 열까지 돈만 바라는 이기적인 사람이었소."

어젯밤 친한 친구 하나가 전화를 걸어 기도해 달라는 부탁을 했다. 그들 부부는 아들이 코카인에 중독되었다는 사실을 막 알았다. 그들의 아들은 올 A를 맞는 학생이자 기독교 대학 청년 모임의 리더였는데 말이다. 나는 '내 아들이 아니라 다행이야'라는 생각을 억누를 수 없었다. 내 다리 위로 뱀이 기어오르고 있었다.

우리는 요청한다. 아니, **요구한다**. 삶의 모든 것이 우리의 목적을 위해 움직여야 한다고. 적어도 우리의 행복이 고려되어야 한다고 말이다. 우리 아랫방의 에너지는 근본적으로 자기중심적이고 그것은 영구불변의 성향이다. 삼위일체 방식의 관계 맺기를 이보다 더 심각하게 깨뜨리는 것은 없다.

충분히 몸을 낮추면 이 끔찍한 욕구에서 나오는 으르렁 소리를 들을 수도 있다. 매순간, 모든 관계에서 우리는 큰소리는 아니지만 적어도 숨죽여서 다음과 같은 질문을 하거나 말을 한다.

- 내가 방에 들어왔는데도 그녀는 내게 미소를 짓지 않았어. 나한테 화가 난 걸까? 사실 그녀는 좀 오만한 것 같아.
- 그는 왜 전화를 안 하지? 내가 세 번이나 메시지를 남겼는데. 사실 아무도 내게 마음을 쓰는 사람이 없어.
- 그는 절대 보러 오지 않아.
- 정말 명석한 사람들이야. 내 의견은 숨기는 편이 낫겠어.
- 너는 홀딱 빠졌다고 생각하지? 내 경험을 들어 보고 싶니?
- 네가 나한테 그렇게 하다니 믿을 수 없어. 이건 내 인생을 훨씬 더

어렵게 만들 거야.

우리 문화는 이런 것들이 이기심이 아닌 불안감에서 나오는 소리라고 말한다. 이렇게 말하거나 생각하는 사람은 영적으로 새로워지는 일보다는 심리 치료가 필요하다고 설득한다. 하지만 이것은 나쁜 환경이나 낮은 자존감이 아닌 개인적인 타락의 증거들이다.

우리는 여전히 하나님의 형상을 지니고 있다. 우리는 공동체에 속하기를 원하며, 사람들과 친밀해지기를 바라고, 서로를 즐거워하기를 바란다. 또한 그 소원을 결코 포기할 수 없다. 우리는 그렇게 창조되었다. 하지만 우리의 욕망은 타락했다. 이제 우리는 근본적으로 다른 사람을 중심에 두지 않는다. 우리는 기본적으로 자기중심적이다. 관계에 대한 **역량**은 관계를 향한 필사적인 **갈망**이 되어 버렸고, 이는 금세 관계를 향한 분노의 **요구**로 변해 버린다. 나는 사랑이 필요해, 그러니까 **나를 사랑해 줘!**

우리는 마치 부유한 아버지의 식탁에서 먹으려 하지 않고 대신 거리로 달려 나가 처음에는 구걸하다 그다음에는 요구하고 결국 다른 누군가의 음식을 훔치는 아이들 같다. 타락한 하나님의 형상은 이제 다른 무엇보다 다른 사람들이 **우리에게** 잘 대해 주는 공동체를 원하도록 몰아간다.

이는 합리적이고 옳아 보인다. 그러나 하나님과 다른 사람을 사랑하는 **최우선 순위**가 다른 사람으로부터 사랑을 받는(우리가 사랑이라 정의한 것) **두 번째 우선순위**에 의해 옆으로 밀려 버렸다. 자기 숭배, 우리의 갈망을 수용하는 척 꾸미는 것, 우리의 경계선을 설정하는 것, 자신을 돌보는 것이 우리의 가장 우선순위가 되어 버렸다.

두 번째 가구: 지배 욕구
(땅을 정복하라고 하나님이 주신 자원이 타락함)

우리의 아랫방 지하실로 내려갈 때 만나는 두 번째 가구는 **결단**, 즉 그 자체만으로도 고귀하고 필수적으로 보이는 결의다. 우리의 타고난 자아(악마적 자아)에 강하게 박혀 있는 그것은, 우리가 원하는 방향으로 인생을 꾸려 나가도록 우리에게 주어진 자원들에 의지하겠다는 결심이다.

선한 목적을 위해 설계된 자원들이 이제 악한 목적을 위해 사용된다. 돈은 건강한 삶을 유지하고 공동체를 세우기 위해서가 아니라, 우리가 중요하다는 느낌을 갖기 위해 소비된다. 만약 광고가 우리의 심금을 건드리지 않는다면, 우리의 돈은 세상의 모든 굶주린 아이들을 먹일 만큼 충분할 것이다. 우리가 진정한 영혼의 양식이 무엇인지 인지하고 그것을 자만심을 키우는 양식과 구분할 수 있다면, 세상은 얼마나 달라질까?

타락한 욕구들이 다 그렇듯 이 욕구도 터무니없는 거짓말을 먹고 산다. 어느 누구도 우리만큼 우리 자신에게 신경 쓰지 않는다는 것이다. 오스왈드 챔버스(Oswald Chambers)는 모든 죄의 뿌리는 하나님이 선하지 않다는 의심, 그분은 사실 우리의 가장 중요한 것에 관심이 없다는 의심이라고 말했다.

우리는 관계 맺고자 하는 갈망을 느낀다. 또 반사적으로 그 갈망을 다른 사람들이 우리에게 잘 대해 주어야 한다는 요구로 축소시킨다. 그리고 다른 누구도 우리가 제대로 사랑을 받는지 아닌지에 관심이 없으므로, 우리에게 필요한 것을 얻는지 살펴보는 것이 우리의 업무가 되어 버렸다.

누군가 우리에게 상처를 입힐 때, 우리에게 가장 중요한 일은 필요한 것을 얻는 것이 아니라 더 이상 아픔을 느끼지 않도록 자신을 보호하는 것이다. 때로 살아 있음을 느끼는 가장 좋고 빠른 방법은 우리를 거절하는 사람을 미워하는 것이다. 미움은 강력하다는 느낌을 준다. 그것은 다른 사람들로 하여금 우리에 대해 생각하게 만든다. 거절당할 수는 있지만 우리의 존재감은 여전히 느껴질 것이다.

우리는 스스로를 높이거나 보호하는 **관계 전략**을 개발하기 위해 창의적인 에너지들을 쏟아 붓는다. 우리가 원하는 것을 다른 사람들이 들어주도록 자연스럽게 유도하고, 그들이 그것을 해주지 않는 경우에도 자신을 안전하게 지키면서 우리의 바람을 관철시킬 수 있는 상호작용 방식들을 생각해 낸다.

예를 들어, 우리가 유머 감각이나 빠른 두뇌 회전을 어떻게 사용하는지 생각해 보라. 웃을 수 있는 능력과 사람들을 웃게 하는 능력은 하나님이 주신 선물이다. 하지만 남편들은 아내와의 진지한 대화를 피하기 위해, 즉 갈등과 실망으로 이어지는 대화들을 피하기 위해 그것들을 사용한다.

빠른 두뇌 회전도 같은 용도로 쓰일 수 있다.

아내 "왜 늦을 거라고 전화하지 않았어요?"
남편 "여기서 정말 문제는 신뢰라고. 매일 당신한테 내가 나쁜 남자가 아니라는 사실을 증명해야 한다는 느낌이 정말 싫어. 그래, 좀 늦었어. 전화하지도 않았고. 하지만 내가 뭘 원하는지 당신도 알잖아. 한 번이라도 당신 남편이 가족을 부양하느라 그렇게 늦게까지 일하고 피곤한 채로 집에 오는구나, 하고 생각해 주면 안 돼? 너무 무리한 요구인가?"

사흘 전 한 친구가 상담에 대한 자신의 생각을 내게 표현하기가 두렵다고 말했다. 가끔 나는 '자네는 실제로 내게 할 말이 많지 않아, 적어도 나에게는'이라는 마음을 들게 하고, 그의 생각을 캐묻는다는 것이다. 그것은 그의 문제일 수도 있다. 하지만 우리가 대화를 나눌 때 지하실에서 자주 만난 게 아닌가 하는 생각이 들었다.

이 두 번째 가구는 성경이 **육체**라 부르는 것과 가장 가깝다. 결코 하나님께 무릎 꿇지 않고 그분 없이 인생을 살아갈 방도를 찾기로 결심한 에너지 저장소 말이다.

세 번째 가구: 정의하려는 욕구
(무엇을 위해 살고 무엇을 피할지 결심하게 만들고, 우리 영혼을 위해 삶과 죽음을 정의하는 기회가 된 타락한 '인생 경험')

우리는 어떤 삶이 가치 있는지 결정할 수 없다. 늘 잘못된 선택을 하기 때문이다.

하나님은 이미 그분을 위해 살라고, 그분을 닮으라고, 그분을 사람들에게 나타내라고, 그분의 계획을 확장하라고 말씀하셨다. 하지만 우리는 그분의 생각을 외면한다. 대신 무엇이 좋고 나쁜지 알기 위해 우리의 인생 경험에 의지한다. 좋다고 느끼는 것, 즉각적인 삶의 경험처럼 보이는 것을 삶이라고 결정한다. 그것을 우리 영혼의 양식이라 결정하고, 뒷골목에서 멋진 음식점 쓰레기통을 샅샅이 뒤지는 노숙인처럼 흥분하여 그것을 좇는다.

그리고 나쁘다고 느끼는 것, 우리를 금세 비참하게 만드는 것은 죽음이라 결정하고, 그것을 다시 경험하지 않을 전략을 개발한다. 고통은 피해야 하거나 적어도 최소화해야 하는 것이다.

학대와 거절, 비판과 같은 고통스러운 경험들을 하나님을 조금 더 분명히 의지하고 그분의 성품을 드러낼 계기로 삼지 않는다. 대신 그것들은 어떻게 살아야 할지 생각하는 기초가 된다. 우리가 인생 경험들을 **해석한다**. 다양한 사건들이 우리에게 어떤 느낌을 주는지를 보고 분석하고, 이에 따라 어떻게 살아야 할지 중요한 결정들을 내린다. 이는 마치 데이트와 비슷하다. 어떤 사람이 당신을 행복하게 해줄지 점검해 보라. 잘못된 결정을 내려도 항상 돌아와 다시 시도할 수 있다.

최근에 내 상담 수업을 듣는 학생들에게 고통스러웠던 경험 한 가지와 행복했던 경험 한 가지를 써보라고 했다.

프랭크는 아버지와의 경험을 떠올렸다. 프랭크가 열두 살 때 자기 책임을 다하지 않았다고 생각한 그의 아버지는 프랭크가 나가떨어질 정도로 세게 때렸다.

나는 프랭크가 죽음을 어떻게 정의하게 되었을지 궁금했다. 우리는 어떤 문제에 대한 하나님의 생각을 듣는 대신 자기가 겪은 나쁜 경험으로 죽음을 정의한다. 아마 프랭크는 다른 누군가가 예의 주시하는 일에서 실패하지 않기 위해 평생을 바쳤을 것이다. 아니 기대를 채우지 못하는 사람처럼 **여겨지지** 않도록 온힘을 기울였을 것이다. 그 때문에 프랭크는 조심스러운 사람, 거의 도전을 하지 않는 사람, 겁이 많은 사람이 되어 갔다. 이를테면 결혼생활과 가정생활에서도 그는 실패하지 않기 위해 노력했을 것이다. 나는 그가 아내에 대해 공포와 두려움을 느끼며 살지 않았을까 싶다. 그녀는 그가 진짜 아버지가 되기를 원했을 것이다. 그러나 적어도 그녀의 눈에 그는 실패자처럼 보였을 것이다. 그러면 그녀는 그에게 화를 냈을 것이다.

이것은 영적 공동체가 아니다.

다른 학생은 입양한 딸을 병원에서 데리고 왔던 때를 아주 기쁜 순간이라고 썼다. 하지만 그가 삶을 정의하는 것에 대한 책임감을 떠올린다면, 그 순간이 오히려 골치 아픈 방향으로 가는 길이 될 수 있다. "누군가가 나를 필요로 할 때, 내가 강하고 필요하고 의지할 만한 사람처럼 생각될 때 살아 있음을 느낀다."

그의 딸은 위험을 느끼며 자랄지도 모른다. "나는 아빠에게 생명력을 줄 수도 있고, 그것을 빼앗아갈 수도 있어." 그 딸은 권력을 혐오할 것이다. 그래서 아주 착한 딸이 되어 아버지가 자신에게 변함없이 대하도록 행동할 수도 있고, 반항을 함으로써 아버지를 무너뜨릴 수도 있다.

이것 역시 영적 공동체가 아니다.

삶과 죽음을 정의하려는 욕구는 항상 우리를 오도한다. 우리는 결코 선과 악을 알 수 있는 존재가 아니다.

이제 마지막 가구를 덧붙이기 전에, 지금까지 나누었던 우리의 가구들을 생각해 보자. 우리는 우리가 원하는 바를 갖기로 결심하고, 늘 잘못된 것을 따라가는 이기적인 사람들이다. 이런 사람들 몇을 모아 보라. 절대 영적 공동체를 경험하지 못할 것이다.

이에 대해 하나님은 무엇을 하시는가? 그분은 이렇게 오염된 모습을 내려다보신다. 그분은 모든 언쟁과 뒷담화를 보신다. 그리고 말씀하신다. "그만 둬라! 여기 너희가 해야 할 일이 있다." 그리고 우리에게 율법, 즉 일련의 명령과 원리를 주신다. 그 율법을 따르면 우리는 행복해지고 영적 공동체 안에서 서로 함께할 것이다. 그분은 시내 산에서 천둥 같은 소리로 말씀하신다.

하지만 누구도 그분이 말씀하신 대로 행하지 못한다. 우리 중 어떤 사람들은 말씀대로 행하시겠다고 시도해 보지만 그것을 제대로 이해할 수도 없다. 또 그분의 말씀에 개의치 않는다 하더라도, 우리 머리에서는 삶이라는 이 과업을 위한 더 나은 길이 있을 거라는 생각들이 떠돌아다닌다. 그래서 더 나은 길이라고 느껴지는 것이라면 무엇이든 해내려고 애를 쓴다. 하지만 마찬가지로 잘해 낼 수가 없다. 우리는 모두 압박감을 갖는다. 성취 욕구에서 벗어날 수 없다. 이것이 우리의 아랫방에 있는 마지막 욕구다.

| 네 번째 가구: 성취 욕구

>(도덕적 절대 원칙의 타락으로, 우리가 실패할 때에도 은혜와 사랑에 대해 감사하는 마음을 품기보다 옳은 일을 하라는 압박으로 작용함)

신장결석으로 고통스러워하며 직접 병원으로 차를 몰고 가는 사람에게 정지 신호를 지키라고 말하면 그는 고함을 칠 것이다. 그것이 바로 우리가 하나님께 하는 일이다.

- "어떻게 그 사람에게 돌아가라고 말씀하실 수 있으세요? 그 사람이 나한테 어떤 상처를 입혔는지 모르시나요?"
- "감사하라고요? 뭐에 대해서요? 보세요. 제 아들은 치아 교정기가 필요해요. 그런데 저는 그럴 여유가 없고, 전남편도 도와주지 않을 거예요. 그런데 제가 감사해야 한다고요?"
- "여자 친구랑 같이 자지 말라고요? 농담하시는 거죠? 사는 게 힘들어요. 저는 거절도 많이 당했어요. 이 여자는 저를 원해요. 저는 해볼 거예요."

문제는 하나님은 옳으시다는 것을 우리가 안다는 것이고, 우리 양심을 완전히 침묵시킬 수 없다는 것이다. 요점이 약할 때 강대상을 세게 치는 설교자들처럼 우리는 화가 나서 다른 누군가의 기준, 특히 하나님의 기준에 맞추라는 어떤 압력에도 굴하지 않겠다고 자유를 선언한다. 우리가 겪고 있는 극심한 내면의 아픔이, 위안을 찾기 위해 우리가 한 일을 정당화할 것이라고 생각한다. 그리고 얼마나 상처를 많이 받았는지 우리는 "침상에서 슬피 부르짖는다"(호 7:14을 보라).

포스트모던 사고로의 전환은 우리가 이런 태도를 취하기를 권장한다. 우리 문화의 상당 부분은 거룩에 대한 압력을 떨쳐 버리기로 결정했다. 절대성을 폐기하고 자기 기준에 옳아 보이는 것을 귀하게 여기기로 결정했다. 포스트모더니즘이 절대적인 진리와 법을 폐기하는 개념을 들여온 것은 아니다. 단지 그런 생각이 중요한 것처럼 여기거나 그런 시도를 할 뿐이다. 이제 우리 자신이 아닌 다른 권위를 존중하는 것은 비도덕적인 일이 되어 버렸다.

전투는 격렬하다. 하지만 그것은 끊임없이 계속되는 도덕의식에 대항한 전투다. 우리가 하는 일이 사실은 죄라는 짜증나는 두려움에 대항한 전투다. 누군가 와서 우리가 틀렸다고 말할 때, 우리는 예수님께 그랬던 것처럼 그를 죽인다.

내가 지금까지 말한 내용은 빙산이라는 익숙한 이미지를 활용한 그림으로 요약할 수 있다. 수면 위에서는 눈에 보이는 문제들이 우리를 괴롭힌다. 수면 아래에는 모든 고통의 근원인 아랫방이 있다. 아랫방의 내용물들은 육체의 작용(Flesh Dynamics)이라 부를 수 있다.

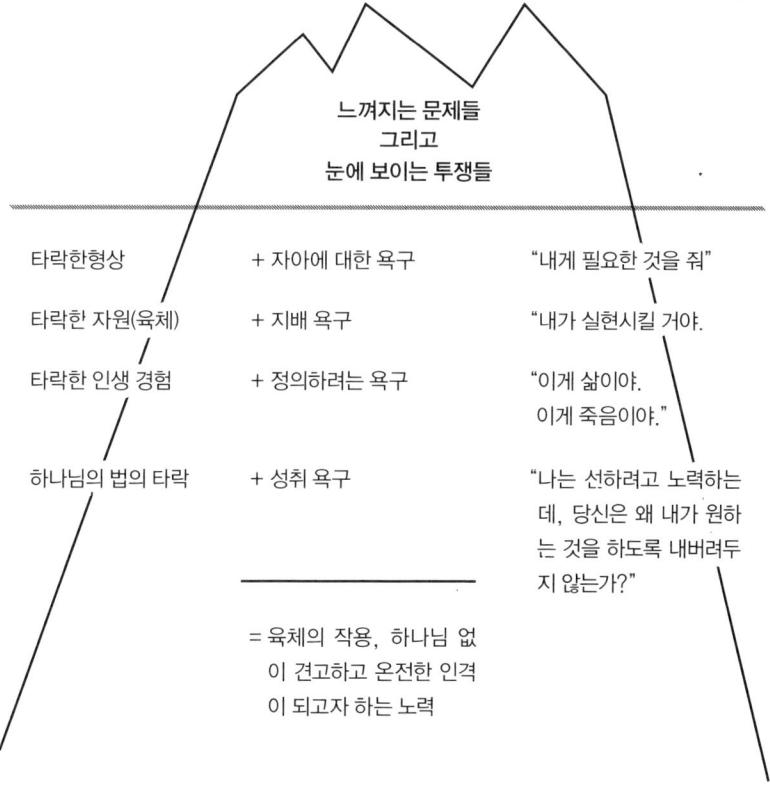

엉망진창이고 냄새 나는 시궁창 속을 스르르 기어 다니는 뱀들이 있다. 이런 욕구들이 우리 삶을 지배하는데 어떻게 영적 공동체를 세울 수 있을까? 우리는 할 수 없다.

하지만 하나님은 계획을 품고 계신다. 그리고 그것은 정말 놀랍고 좋은 계획이다. 그것은 우리를 영적 공동체로 인도할 수 있다. 다음 장에서는 그 계획에 대해 논의할 것이다.

10
윗방은 존재한다

> 사람은 자아에 대해서는 많이 생각하고 영혼에 대해서는 별로 생각하지 않는다.
>
> —G. K. 체스터턴

때로 함께 살아가는 그리스도인들이 근본적으로 선하다는 믿음보다 더 대단한 믿음은 없다. 우리는 특별히 우리 자신에 대해 그런 믿음을 가지고 있다. 우리는 모두 꽤 옹졸할 수도 있고 아주 방어적일 수도 있고 자기 주장을 밝히고 자기 생각대로 하는 것에 집착할 수 있다. 또한 우리의 형편없는 행동을, 하나님 나라를 확장하려는 대단한 노력처럼 보이도록 만들 수도 있다. 최근에 참석했던 교회 위원회를 떠올려 보라. 실제로 다른 누군가의 말에 귀를 기울인 사람이 있었는가? 다른 사람의 관점을 면밀히 분석한 후 중요한 사안에 대해 기꺼이 생각을 바꿀 만큼 겸손한 사람이 있었는가? 당신은 그렇게 했는가? 나는 그러했는가?

영적 공동체에서는 사람들이 서로 대화를 나눈다. 조작하지 않고 삶을 공유하고, 편견 없이 귀를 기울이고, 사리사욕 없이 결정한다. 대화가 없다는 것은, 말하는 사람의 이야기가 별로 귀 기울일 만한 가치가 없다고 생각한다는 분명한 증거다. 또 우리가 어떻게 생각하든, 우리 역시 실제로는 다른 사람들이 들을 가치가 없는 이야기를 하고 있다는 훨씬 더 강력한 증거다. 우리는 유익하지 않을뿐더러, 덕을 세우지 않는 말을 할 때가 너무나 많다(엡 4:29).

기독교 세계관은 우리가 서로를 존경하고, 하나님의 형상을 지닌 동료들과의 만남에서 배움을 기대해야 하는 이유를 알려 준다. 오직 기독교만이 서로를 굉장히 가치 있는 존재로 여길 수 있는 분명한 근거를 제공한다.

그리스도인들은 모든 인간 속에 이루 헤아릴 수 없는 가치가 있는 무언가가 있다는 사실을 믿는다. 성경은 그것을 영혼, **영원한** 영혼이라 부른다. 도로시 세이어즈는 지옥은 인간에게 주신 하나님의 가장 큰 선물이라고 말한 적이 있다. 개와 고양이는 지옥에 갈 수 없다. 하지만 **사람**은 간다. 인격적인 기쁨을 누릴 수 있는 피조물이라는 것은, 최악의 비참함과 고독, 자기 혐오, 방향 상실을 경험할 가능성이 있다는 의미다.

우리가 결국(그리고 영원히) 기쁨을 얻느냐 비참함에 이르느냐는, 우리 영혼을 어떻게 보느냐에 달려 있다. 우리가 그리스도를 영혼의 양식으로 삼느냐, 아니면 다른 것을 그 양식으로 삼느냐에 달려 있다. 이는 모든 사람에게 적용된다. 하지만 **그리스도인**의 영혼은 귀중할 뿐 아니라 **선한 것**으로 여겨진다. 그리스도인의 영혼은 거듭났으며, 삼위일체 하나님과 사귐을 갖는 실제적인 생명으로 살아 있다. 그것은 선한 **생명**이며, 나는 그것을 윗방이라 부른다.

하지만 그것은 결코 타고난 것이 아니다. 그래서 나는 내 상담 수업을 듣는 학생들이 내담자의 염려를 듣고, **잘못된** 측면이 아닌 **올바른 면**을 먼저 보려 할 때 그것을 위대한 승리라 여긴다. 영적 대화를 할 때는 죄나 정신적인 상처가 아니라 성령의 사역에 우선적으로 초점을 맞추어야 한다. 무엇이 선인가? 선은 어디에 있는가? 우리는 그것이 있다는 사실을 안다. 아마 숨겨져 있을 테지만 그것은 항상 존재한다. 서로의 삶에서 성령이 독창적으로 간섭하신다는 증거는 무엇일까? 그것이 바로 영적 공동체가 초점을 맞추는 것이다.

당신의 소그룹 구성원을 생각해 보라. 방을 둘러보라. 페기가 당신을 언짢게 하는 상투적인 영적 이야기들로 대화를 주도한다. 페기의 남편은 부자인데다 아이들도 예쁘고 페기 역시 개인 트레이너 덕분에 훌륭한 몸매를 갖고 있다. 배관공의 아내인 통통한 수잰이 아이들의 성적이 좋지 않아 얼마나 우울했는지를 나누자, 페기가 이런 말을 쏟아 냈다. "오, 아이들을 예수님께 맡겨야지요. 그분은 당신보다 훨씬 더 그 아이들을 사랑하세요. 다 잘될 거예요. 그저 예수님의 임재 안에 거하세요."

마셜은 계속 미소를 짓고 있다. 사색적인 그의 말을 분석하는 일은, 아이들이 함부로 열지 못하도록 잠금장치가 되어 있는 약병 뚜껑을 여는 일보다 더 어렵다. 당신이 성욕으로 고심한다는 사실을 그에게는 정말 말하고 싶지 않다.

말린에게 말할 기회를 주면, 자신의 힘겨움을 나누느라 시간이 모자랄 지경이다. 그녀에게 좋은 날이 있는지, 행복을 느끼는 때는 있는지 의아스럽다. 노골적인 냉소주의자 멜은 그녀에게 따분하게 굴지 말라고 말한 적이 있다. 그 이후로는 모일 때마다 그들 사이에는 긴장이 느껴졌다.

그리고 개리가 있다. 그는 경건의 시간이 얼마나 풍성해졌는지 나누기를 좋아한다. 그 이야기를 처음 들을 때는 마음이 끌렸다. 하지만 열 번이나 다시 들을 때는 별 감흥이 없었다.

도대체 이 그룹이 어떻게 영적 공동체에 가까워질 수 있을까? 첫 단계는 속내를 모두 털어놓고, 분위기를 새롭게 하고, 갈등을 표면화하는 것일까?

"페기, 자매는 너무 피상적인 것 같아요. 예수님의 사랑에 대해 너무 쉽게 말해요. 자매의 삶은 이야기책 동화 같아요."

"수잰, 자매는 15킬로그램은 빼야 해요."

"마셜, 진짜 생각이 뭐예요? 형제의 건조한 미소 때문에 미치겠어요."

"말린, 당신만 문제를 갖고 있는 게 아니에요! 자매는 자신에게만 매몰되어 있어요."

"멜, 형제에게서는 따스함을 느껴 본 적이 없어요. 항상 화가 나 있고 신랄한 듯해요."

"개리, 형제의 영성을 드러내 보이는 일은 그만하세요. 형제는 사막의 교부가 아니에요."

우리의 아랫방으로 가는 문을 열고 그 안에 있는 것을 다 내어놓는 일은 건전한 정직함이 아니다. 그것은 만용일 뿐이다.

나우웬은 용기란 '심장', 즉 '마음'에서 나온다고 말한다. "용기를 갖는 것이란, 우리 마음에 귀 기울이고 우리 마음에서 우러나오는 말을 하며 우리 마음으로부터 주는 것이다." 주1 그러나 우리 마음에는 두 개의 방, 즉 윗방과 아랫방이 있다. 아랫방에서 말하려면 **육체적** 용기, 과시, 내 생각을 말하고 상대방이 어떻게 생각하든 개의치 않는 용기가 필요하다. 이는 우리의 윗방에서 말하는 영적 용기와는 전혀 다른 것이다.

윗방에서 말하려면, 페기와 마셜과 멜의 윗방을 봐야 하고 그들의 윗방을 발견해야 한다. 영적 공동체의 구성원들은 하나님이 그들 안에 아주 멋진 무언가를 두셨다는 확신을 가지고 서로를 바라본다. 그것은 숨어 있을지 모르지만, 영적 에너지는 그것을 볼 수 있고 끄집어낼 수 있고 즐길 수 있다.

그런 일이 일어날 때 그것은 기적, **확실한** 기적이다. 예수님은 우리에게 기적이 일어날 때 세상이 그분을 믿을 것이라고 말씀하셨다. 영적 공동체는 항상 기적이다. 그리고 그런 기적은 성령 없이는 일어날 수 없다.

예를 들어, 행복한 결혼생활은 하나님만이 이루실 수 있는 기적이다. 나는 이제 부모님보다 아내와 산 세월이 훨씬 길다. 아내만큼 나를 잘 아는 사람은 없다. 우리는 서로의 내면에 있는 윗방을 보아 왔다. 그것은 우리에게 가장 큰 갈등의 원인이었던 동시에 가장 풍성한 축복의 바탕이기도 했다. 우리는 서른세 해를 함께했고, 앞으로도 계속 함께하면서 서로의 윗방을 찾을 것이다.

레이첼은 내게 소망이 있는 안전함(Safety of Hope)을 준다. 나는 레이첼이 내게서 무엇을 발견해도, 말 그대로 하나님의 은혜로 말미암아 내가 근본적으로 선하다는 그녀의 신뢰를 깨뜨리지 않을 것임을 확신한다. 내가 불륜을 저지른다면 심각한 상황에 이를 것이고, 아마도 내가 계속 악을 행한다면 이혼을 하게 될지도 모르지만, 그래도 그녀의 존재 깊은 곳 어디에선가는 여전히 나를 선한 사람이라 여길 것이다. 그 선이 있기 때문에, 불륜이 이토록 비극적이고 비정상적이며 기괴한 일이 된다. 돼지들은 진창에서 뒹군다. 사람은 목욕을 한다. 사람이 돼지와 섞인다면 무언가가 잘못된 것이다.

내가 선한 사람이라고 당신이 믿고 있다는 걸 내가 확신한다면, 나는 오만하거나 건방진 행동을 하지 않을 것이다. 나는 편안해질 것이다. 그리고 그럴 때 나의 악마적 자아와 더 잘 대면할 수 있다. 그러고 나서 나의 거룩한 자아를 발견하고 기뻐한다. 우리가 최선의 행동을 할 때든 짜증을 내고 만족하지 못할 때든, 우리는 서로에 대해 어떤 믿음을 가지고 있는가?

토마스 아 켐피스(Thomas à Kempis)는 "종교 공동체에서 사는 것은 쉽지 않다"주2고 쓴 적이 있다. 그는 수도원 생활을 언급한 것이지만, 그의 말은 풍성한 영적 교류를 갈망하는 모든 그리스도인 그룹에게도 적용된다. 우리는 모두 심히 불완전하므로 서로에게 다가갈수록 그 사실이 분명해진다. 하지만 거리를 유지하는 것은 잘못된 해결책이다. 그다음 그는 이렇게 덧붙였다. "욕정을 완벽하게 금하는 금욕이야말로 진정한 종교적 공동체를 만든다." 하지만 이것이 옳은 해결책일까? 내 대답은 절대 아니라는 것이다!

영적인 사람들은 단지 악한 욕구를 억누르는 것("나는 형을 비판하려는 충동에 굴복하지 않을 거야")에서 그치지 않고, 선한 욕구를 기뻐하고 그 욕구를 충족시킨다("나는 형을 아주 존경해. 가서 그렇게 말할 거야"). 그들은 구원받은 그들의 마음속에서 윗방을 발견한다. 그곳에는 뱀은 없고 오로지 꽃들과 석양과 웅대한 산과 생명수가 흐르는 차가운 샘들만 있다.

물론 성령께서는 종종 우리의 아랫방 가구들을 드러내신다. 하지만 그분이 그렇게 하시는 이유는, 오로지 우리가 그리스도의 경이로움에 감사하고, 그분이 우리 마음속에 세우신 윗방을 발견하도록 하기 위함이다. 그분은 우리가 우리의 속사람으로부터 소용돌이치는, 경건하고 거룩하고 깨끗한 욕구를 정말로 느끼기를 바라신다.

윗방은 있다. 하지만 먼저 아랫방의 악취를 맡지 않고 윗방의 욕구를 경험하려 한다면, 우리는 타고난 덕목 정도만 발견하게 될 거라는 사실을 깨닫기 시작했다. 그것은 실제로 여전히 아랫방에서 나오는 죄가 사회화된 것일 뿐이다. 쓰레기장 위로 넉넉히 뿌린 방향제 향기에 속는 것이다.

또 윗방이 있다는 확신이 내게 없다면, 나는 그 방을 찾을 수 있도록 그 어떤 사람도 도울 수 없을 것이다. 그런 확신을 가져야 나는 안전하다고 느낄 것이다. 현실적으로 말해서 내 아랫방의 악을 살피는 일은 끔찍하다. 하지만 내가 내 속에 있는 악한 것을 드러냈는데도, 영적 친구는 여전히 관대하다. 그는 다른 무언가를 본다. 비참한 실패를 고백했는데도 아주 기쁘게 당신을 바라보는 친구가 있다는 사실은 다른 어떤 것보다 더 큰 영향을 끼친다.

나는 이틀 전에 그런 친구가 되는 특권을 누렸다. 내가 아는 누군가가 심각한 죄를 짓고 내게 그것을 고백했다. 하지만 우리는 죄 사함 받았음을 함께 기뻐했고, 그가 그 죄 가운데 머물러 있지 않으려 한다는 사실을 깨닫고 즐거워했다. 그의 속사람은 하나님의 법을 즐거워했다(롬 7:22). 외과 의사가 암 환자의 엑스레이를 보고 미소를 지으며 마치 이렇게 말하는 것 같은 기분이었다. "여기 건강한 조직이 많이 있어서 예후가 좋을 겁니다. 수술이 필요하지만 곧 전보다 더 좋아질 겁니다."

영적 공동체 안에서 내 죄를 깨달으면, 그리스도를 더 잘 보고 그분을 더 기뻐하고 그분을 더 알기 원하고 그분을 더 닮아 간다. 내가 그리스도 안에 있고 그분이 내 안에 계심을 누군가가 믿을 때, 나는 안전함을 느끼고 나의 악함을 인정할 수 있다. 그러면 버림받는 것에 대한 두려움 없이 어떤 것에도 직면할 수 있다. 이는 중요한 요점이다. 예를 들어보겠다.

몇 년 동안 나는 내 속에 옳지 못한 감정이 있음을 감지했다. 그것은 몇 사람을 향한 감정으로, 흑거미처럼 매력적이지만 동시에 치명적인 것이었다. 나는 하나님께 나를 새롭게 하사 정결한 심령을 주시도록, 내 영혼에 그분의 사랑을 풍성히 부어 주셔서 다른 것이 흘러나오지 않도록 해주시기를 간구했다. 옛 청교도들이 표현한 "다른 모든 것을 몰아내는 새로운 감정의 능력"을 정말 알고 싶었다.

이런 고투를 한 친구에게 말했다. 그러나 그는 그 근원을 따지거나 그 의미를 해석하거나 내게 마음을 바꾸라고 지시하지 않았다. 대신 눈물 고인 눈으로 바라보며 말했다. "나는 자네 때문에 그리스도께 더 가까이 가고 있네. 자네와 주님 사이에 무언가가 가로막고 있는 것을 자네가 얼마나 혐오하는지 알게 되다니 정말 좋군." 그는 건강한 조직과 나쁜 조직이 섞여 있는 나의 윗방을 보았다. 그는 비참함의 법칙이 훨씬 잘 보이는 상황에서도 위대함의 법칙이 작동하는 것을 인지했다.

나는 이전에도 이 이야기를 한 적이 있다. 그것은 3년 전에 일어난 일이었다. 여기 속편이 있다. 내 생애에 그와 같은 사람들이 있어서 나는 안전함을 느낀다. 그들이 나를 어떻게 바라보는지 알기에 내가 그리스도 안에 있음을 더 깊이 깨닫는다. 또 때가 묻거나 약간의 얼룩조차도 그분과 함께 있을 수 없음을 더 깊이 **깨닫는다**. 그리고 나는 거기에 있다. 그리고 그리스도가 내 안에 계심을, 온갖 저급한 욕망 아래 거룩함을 향한 강력한 욕구가 있음을 더 온전히 **깨닫는다**.

이러한 진리가 우리 마음속에 자리를 잡을 때에만, 우리가 얼마나 깊이 타락했는지 적나라하게 드러나도 절망하지 않고 예배를 드릴 것이다. 그때에야 이 진리들이 우리 마음속에 확고하게 자리 잡을 것이다. 끔찍한 것을 직면하는 혼란보다 아주 멋진 것에 대한 비전이 반드시 먼저 와야 한다. 최근의 경험으로 말해 보겠다.

아침에 두 번 있었던 일이다. 마치 화재경보기가 울린 것처럼 나는 갑자기 벌떡 일어나 앉았다. 말로 표현할 수 없는 심히 혐오스러운 이미지가 내 마음속에 들어와 가득 찼다. 다른 것은 아무것도 생각할 수 없었다.

나 자신에게 이렇게 말한 기억이 난다. "지옥으로 끌려가는구나."

소리 없는 외침, 내 입에서 흘러나오는 말보다 더 큰 외침이 마음 깊은 곳에서 나왔다. "나는 그리스도 안에 있어! 나는 여기 속하지 않았어. 나는 그리스도의 피로 회심했고 죄 사함을 받았고 하늘에 앉은 존재야. 내가 여기서 뭐하는 거지? **여기는 내가 속한 곳이 아니야!**"

20분쯤(사실 시간이 얼마나 흘렀는지는 잘 모른다) 그 영적 고통이 수그러들지 않고 계속되었다. 그 끔찍한 이미지는 여전히 선명했다. 그러고 나서 아주 분명한 느낌이 다가왔다. 그것은 내 밖에서 온 것이었다. 나에게 말하는 이는 내가 아니었다. 분명히 그랬다.

그 느낌(목소리라 말해도 좋을 것이다. 그것이 거의 정확한 표현일 것이다), 다른 무엇보다 강력한 그 느낌은 따스했다. 나는 누군가가 지옥 같은 이미지를 가리키며, "**이곳이 너의 분노가 나오는 곳이다**"라고 말하는 소리를 들었다.

물론 그것은 책망이었고 심판이었지만, 초대에 더 가까운 것 같았다. **따스한** 느낌이었다. 정말 아주 따스했다. 그 말을 한 사람이 나를 사랑한다는 사실은 의심의 여지가 없었다. 그렇게 추악한 진리를 그토록 한없는 사랑으로 말하는 것을 들어본 적이 없었다.

나는 즉시 안심했다. 괴로움도, 그 이미지도 사라지고, 한 번에 엄청난 평안이 그 자리를 대신했다. 누군가 나를 다른 곳으로 들어올렸다. 마치 하나님이 내 발까지 안전하게 붙잡고 내가 악취를 이기지 못할 때까지 오물 구덩이에 푹 담근 다음 윗방으로 들어올리신 것 같았다. 나는 곧바로 예수님과 그분의 친구들과 함께하는 식탁으로 이끌려 갔다. 거기서 내가 무자비하게 심판했던 이들이 예수님 곁에 앉아 있는 것을 보았다. 그들은 모두 다행히도 심판받지 않고 따뜻하게 즐기고 있었다.

이 짧은 영적 여행을 통해, 윗방에 대해 단순하게 알고 있었던 나는 아랫방을 생생하게 경험했다. 그 여행은 그렇게 내 속에 있는 선한 것들에 대한 지식을 실제로 경험하게 해주었다. 나는 주님을 맛보았고 그분의 선하심을 보았다. 기적 중의 기적은 내 속에 있는 그분의 선하심을 맛보았다는 것이다.

나는 용서하고 용서를 구하고 **싶었다**. 그것은 더 이상 의무가 아니라 특권이었다. 이제 내가 간절히 원하는 바였다. 나는 그 다음날 적절한 행동을 취했다. 그리스도가 내 안에 계시다는 사실을 누군가 믿었기 때문에, 심각한 죄에 직면해도 소망이 생겼다. 나는 더 나은 곳으로 옮겨졌다.

이제 당신을 윗방으로 안내하기 전에 할 말이 있다. 이 장은 쓰기가 가장 어려웠다. 동시에 가장 쉽기도 했다. 이제 그 이유를 설명하겠다. 오늘 아침 나는 어떤 사건을 통해 내 속에 얼마나 아랫방에서 다른 사람들과 '연결되려는' 경향이 많은지, 다른 사람들 안에서도 그 방만을 보려는 경향이 얼마나 많은지를 보았다. 다시 한 대 세게 얻어맞은 것 같았다.

내 사역에 비판적인 몇몇 사람이 내게 만남을 청했다. 나는 아침에 일찍 일어나 기도를 드렸다. 그리고 나의 성소를 떠나기 전에 "이전에 주를 멀리 떠나"(Christ Liveth in Me, 한국복음서원 찬송가 801장)라는 찬양을 불렀다. 2절을 부르니 눈물이 흘렀다. 다음이 2절의 내용이다.

> 햇빛이 땅에 쏟아지듯
> 꽃이 만발하듯 주 예수로부터
> 퍼져 나온 생명과 사랑
> 주 내 맘속에 살아 계시네

나는 이 말씀을 **믿는다**. 나는 이 말씀대로 **살아가기**를 갈망한다. 나의 비판가들을 대할 때 내 속에 있는 그리스도의 생명이 나오기를 하나님께 간구했다.

그 모임 후 몇 시간이 지나고 나서 이 글을 쓴다. 그 시간은 그들과 연결되기보다는 긴장된 순간이 더 많았던 친화적인 관계에 더 가까웠다. 나는 힘겹게 그들의 윗방을 보려 했다. 그들의 친절은 자연스러웠지만 초자연적인 것은 아니었고, 문제 가운데서도 끈기 있게 우리를 대하시는 은혜로운 영에 의한 것이라기보다는 유쾌함을 유지하려는 노력처럼 보였다.

그리고 실제로 의견 충돌이 일어나려 했던 몇몇 순간, 내 안에서 신경이 곤두서는 것을 감지했다. 나는 온화하게 대화에는 열려 있지만 내 입장은 이렇다는 마음으로 솔직하게 말하고 싶었지만 그럴 수 없었다. 나는 허세를 부렸지만 아랫방의 에너지가 선한 에너지보다 더 강한 듯했다. 나는 몇몇 문제에 대해 그들과 입장이 달랐을 뿐 아니라, 그들의 시각 저변에 악한 동기들이 있다고 생각했다. 그리고 그때에는 아랫방의 욕구가 내 안에서 배어 나오고 있었다는 사실보다 그 사실이 더 선명해 보였다.

그렇게 어그러진 결속의 경험 때문에 나는 좌절했다. 자신보다 더 큰 것, 내가 온전히 살 수 없는 삶에 대해 쓰고 있다는 나우웬의 말이 떠올랐다. 우리 중 누가 그렇게 살 수 있을까? 우리는 얼마나 그런 삶에 가까이 다가갈까? 우리는 얼마나 가까이 갈 수 있을까? 어떤 관계들은 아무리 노력해도 잘 되지 않는다. 우리는 그 사실을 받아들여야 한다. 우리는 소수의 사람들과 영적 공동체를 세워 가는 동안, 가능한 한 많은 사람들과 평화롭게 지내야 한다.

이러한 생각들 때문에 우리의 아름다운 윗방에 대해 쓰기가 어렵다. 깊은 하나 됨을 이루어 주는, 오염되지 않은 그 근원에 대해 쓰기가 쉽지 않다. 하지만 나는 다른 사실을 감지했다. 그 사실 때문에 윗방에 대해 쓰는 것이 쉽고 재미있기까지 했다. 나는 영적 공동체를 **맛보았다**. 완벽한 영적 공동체는 아니었지만, 그래도 진정으로 영적인 공동체였다.

이 책의 앞부분에서 언급했던 가정 예배 시간이 떠오른다. 수십 번의 대화 가운데서 나는 명백한 성령의 흔적을 느꼈다. 어떤 대화는 심각한 갈등에 뒤이은 것이었다. 친구와 시카고 거리를 걷다가 서로에게 소리를 지른 후 나누었던 치유의 대화처럼 말이다. 나는 그와 계속 관계를 맺은 덕택에 그의 윗방을 볼 수 있었다. 그곳은 눈부시게 빛났다. 그도 나의 윗방을 볼 수 있기를 소망한다. 그도 그러리라 믿는다.

나는 하나님이 내 속에서 살아 계심이 어떤 것인지 조금 안다. 그리고 다른 사람 속에서도 동일하게 살아 계시고 영향을 끼치고 계심을 느낀다. 바로 10분 전, 한 멘토와 즐거운 대화를 나누고 전화를 끊었다. 그는 마지막에 이런 말을 했다. "나는 자네가 자랑스럽네, 래리. 정말 그렇네." 나는 최근에 이룬 어떤 업적이나 특별한 덕목에 대해 말하지 않았다. 그는 내 속에 있는 그리스도의 미세한 향기를 감지하고 그가 그 향기를 즐긴다는 사실을 알려 주었다. 내 속에 있는 생명이 꿈틀거렸다. 나는 안전함을 느꼈다. 이것이 **영적 공동체**다.

또 다른 방이 **있다**. 그리고 그곳은 아주 멋지다. 다음 장에서 함께 그곳으로 여행을 떠나 보자.

11
윗방 가구들

> 세상은 인간은 선하며 성인^{聖人}은 더 선하다고 생각한다. 하지만 파스칼은 인간은 죄인이며 성인들은 기적임을 안다.
>
> —피터 크리프트

우리의 윗방 여행에 딱 맞는 출발점이 있다. 하나님이 오래전 아빌라의 테레사에게 주신 환상을 들여다보는 것이다. 테레사의 말을 들어보자.

> 영혼은 마치 다이아몬드나 아주 맑은 수정으로 만든 성^城 같습니다. 자매들이여, 잘 생각해 보십시오. 의인의 영혼은 천국입니다. 영혼의 놀라운 아름다움과 그 놀라운 능력에 비할 만한 것은 아무것도 없습니다.^{주1}

이제 영혼 속에서 하나님이 어떻게 일하시는지 알아보자. 또 어떻게 그 사역이 우리의 관계들에 당연히 존재하는 모든 것을 뒤집는지 살펴보자. 이를 위해 바로 지금 당신을 걱정시키고 있는 누군가를 생각해 보라. 아마 그는 당신이 사랑하는 사람으로, 그리스도를 알지만 최근의 시련으로 마음이 굳어져 있을 것이다. 이 장을 읽을 때, 그 사람에 대해 좋게 생각하거나 너그럽게 봐주라는 말이 아니다. 그에 대해 정직하고 정확하게 현실적으로 생각하라는 말이다. 당신은 그들의 아랫방을 보았다. 이제 그들의 윗방을 볼 준비가 되었는가?

이제 그 방에 대해 묘사하려 한다. 아랫방을 설명할 때처럼 먼저 윗방에 있는 **네 개의 가구**를 열거한 다음, 각각에 대해 설명할 것이다.

우리의 윗방에 있는 네 개의 가구
(테레사가 일곱 번째 방이라 불렀던 것)

1. **예배 욕구**를 품은 새로워진 그리스도의 형상. 하나님을 즐거워하고 사람들에게 그분을 드러냄으로써 그분을 영화롭게 하고자 하는 욕구로 타의 추종을 불허하는 잠재력을 갖고 있다.
2. 우리가 누구이고 하나님이 누구신가에 대한 인식으로 **신뢰 욕구**를 불러일으킨다. 폭풍 가운데서도 평안을 누리며 조용히 하나님을 향한 여행을 계속하게 하는 욕구이며 철저하게 하나님께 의지하려는 욕구다.
3. 인생 경험을 **성장 욕구**를 만족시키는 기회로 보는 태도. 시련은 영성 형성의 기회로, 축복은 앞으로 다가올 일의 전조로 축하할 기회로 여긴다.
4. 하나님의 법을 우리가 가장 사랑하는 분의 성품으로 받아들이는 태도로, 그로 인해 **순종 욕구**가 일어난다. 압박감이나 분노에서 나오는 것이 아닌, 아버지를 기쁘시게 하려는 초자연적인 열의다.

이러한 가구들에 대해 조금 더 분명하게 말하기 위해서는, 먼저 일반적으로 경시되는 예수 그리스도의 복음을 분명히 이해해야 한다.

나는 9장에서 우리가 만들어 놓은 엉망진창의 상황을 하나님이 보셨다고 말했다. 그분은 자기에 맞추어진 욕망들, 우리의 완고한 독립성, '지금의 즐거움을 삶으로' '지금의 고통을 죽음'으로 정의하는 우리의 어리석음을 보셨다. 그리고 이렇게 말씀하셨다. "너희의 방식은 틀렸다. 여기 올바른 삶의 방식이 있다. 이제 이렇게 해라!"

하나님은 돌판에다 십계명을 쓰시고, 성경이 후에 옛 언약이라 칭한 것을 세우셨다. 옛 언약은 하나님이 그분의 백성들과 맺으신 계약이었다. 그것은 단순했다. 올바르게 행하면 살고, 잘못 살면 죽으리라는 것이다. 그분이 말씀하신 그대로였다. 우리의 의무는 전적으로 옳게 행하는 것, 항상 모든 명령에 순종하는 것, 그 명령에 완벽하게 순종하는 것이었다.

결과는 두 가지로 나타났다.

첫 번째, 우리는 그 언약을 지키지 못했다. 한 사람도 지키지 못했다. 누구도 그렇게 할 수 없다. 그래서 우리는 죽었다. 우리는 모두 범법자로 사형을 언도받았으며, 선의 근원에서 멀어졌다.

두 번째, 우리는 화가 났다. 그 언약은 불공평해 보였다. 우리를 미워하시는 하나님이 만들어 놓은 함정 같았다. 그분의 기준은 터무니없이 높아서 아무도 그에 따라 살 수 없었다. 특히 하나님과의 관계나 다른 사람과의 관계가 좋지 못할 때는 더 그렇다. 하나님은 사는 게 얼마나 힘든지, 우리가 구원을 요구하는 것이 얼마나 합당한지 잘 모르시는 것 같다.

율법은 이렇게 우리에게 유죄를 선언했을 뿐 아니라 죄악된 우리의 아랫방 욕구를 불러일으켰다. 우리는 우리가 정의한 사랑의 의미대로 나를 사랑할 사람을 찾는 것이 더 정당하다고 느낀다. 삶을 잘 유지해야 하는 책임은 자신에게 있다는 마음을 더 확고하게 가져야 한다고 느낀다. 또 우리가 결정한 삶을 추구하는 일에 더 초점을 맞추어야 한다고 느낀다. 육체의 동력이 강화되었다. 하나님이 율법을 주신 것은 상황을 더 악화시켰을 뿐이다.

그 후 그분은 때가 되었다고 생각하셨다. 그래서 줄곧 계획하고 유대 역사 내내 암시하셨던 그 일을 행하셨다. 그분은 옛 언약을 버리고 새 언약을 세우셨다. 옛 언약은 우리 문제를 해결하기 위한 것이 아니었다. 오히려 그 문제를 드러내고 우리에게는 다른 계획이 필요함을 알려 주시기 위함이었다.

이 새 언약이 곧 우리가 보통 복음이라 부르는, 예수님이 주신 좋은 소식이다. 이 새 언약으로 우리는 율법을 다시는 하나님의 은총을 얻는 수단(칭의)이나 그분처럼 선하게 되는(성화) 수단이라고 생각하지 않게 되었다. 물론 이 새 언약을 발효시킨 중심 사건은 예수의 죽음과 부활, 그에 뒤이은 그분의 승천 그리고 오순절의 성령 강림 사건이었다.

새 언약이 가져온 복 중에서 가장 경시되는 것은 새 언약으로 말미암아 가능해진 **새로운 방식의 관계 맺기**다. 이제 누군가 뭔가를 잘못했다는 생각이 들 때, 우리는 예전과는 전혀 다른 태도로 대할 수 있다. 그리고 혹 우리가 실패한 부분에서 친구가 성공할 때에도 온전히 기뻐할 수 있는 역량이 생겼다.

영적 공동체는 새 언약 공동체다. 영적 공동체는 새 언약의 **네 가지 조항**에 기초하여 서로 관계 맺고 하나님을 향해 계속 여행하는 사람들의 공동체다. 이제 새 언약의 관계 맺기가 실제로 어떻게 이루어지는지

(이는 3부에서 제시할 것이다), 그것이 얼마나 영적인지 설명하기 위한 기초로, 새 언약의 핵심적인 네 가지 조항을 간단히 요약하고자 한다.[주2]

첫 번째 조항 : 새로운 정결함

> 맑은 물을 너희에게 뿌려서 저희로 정결하게 하되(겔 36:25).

하나님은 창세전에 계획하신 대로 그분의 공의와 거룩을 훼손하지 않으시면서 이토록 악한 우리를 용서할 방법을 찾으셨다. 그분의 의로운 분노를 죄 없는 예수님께 쏟아 놓으심으로써, 죄 짓는 것 외에 아무것도 할 수 없는 우리 같은 사람들에게 한없는 사랑을 쏟아 부으셨다.

하나님은 예수님의 죽음에 – 우리가 스스로를 죽어 마땅한 죄인으로 인정할 때 – 근거하여 우리를 향한 사랑을 드러내셨다. 하나님은 처음 아담을 창조했을 때부터 해왔고 그 이후로도 계속 하고 싶으셨던 일을 마음껏 하셨다. 우리를 보며 "내 아이들이구나! 너희들이 내 소유라는 사실이 정말 기쁘고 황홀하구나"(습 3:17을 보라)라고 즐거이 노래 부르시는 것이다.

하나님의 용서 방식은 우리의 방식과는 전혀 달라서 이해하기가 어렵다. 우리는 그런 용서를 본 적이 없다. 우리는 그분을 발로 차고 그분에게 침을 뱉고 꺼지라고 말했는데, 그분은 우리를 잔치에 초대하신다. 시궁창이 그대로 남아 있고 악취가 여전해도, 그분은 우리가 마치 깨끗한 물이 솟아나오는 샘인 것처럼 우리를 보며 **즐거워하신다**. 이것이 **새로운 정결함**이다. 우리는 우리에게 완벽하게 무죄 판결을 내리신 그분 앞에서 있다. 그분은 범죄 기록도 없애고 집행유예 기간도 두지 않고 우리를 풀어 주셨다.

그리고 나서 그 판사는 판사석 뒤로 걸어 나와 외출복을 입고 차 한 잔 하자며 우리를 그분이 계신 곳으로 초대하신다. 이제 우리는 정말 완벽하게 깨끗하신 분과 시간을 보낸다. 그리고 소속감을 갖고 어울린다. 이제 우리는 서로를 심판하지 않고 기뻐할 수 있다. 새 언약만이 그것을 가능하게 하고 현실로 만든다.

두 번째 조항 : 새로운 정체성

> 한 사람은 이르기를 나는 여호와께 속하였다 할 것이며 또 한 사람은 야곱의 이름으로 자기를 부를 것이며 또 다른 사람은 자기가 여호와께 속하였음을 그의 손으로 기록하고 이스라엘의 이름으로 존귀히 여김을 받으리라(사 44:5).

그리스도 안에 있는 사람은 알코올과 싸우든, 험담이나 자만심과 싸우든(우리는 모두 끔찍한 무엇과 싸운다), 더 이상 죄인이라 불리지 않는다. 물론 우리는 여전히 죄를 짓지만 그렇다고 해서 우리가 성도(saint)가 아니라고 말할 수 없다. "성자인 래리는 간혹 끔찍한 일에 연루된다" 혹은 "성자인 페기는 심하게 짜증을 낸다" 혹은 "성자인 프레디는 지난주 바람을 피웠다"는 말이 정확할 것이다.

우리의 새로운 정체성은 정부의 증인 보호 프로그램과 비슷하다. 우리는 새로운 여권, 새로운 주민등록번호, 새 이름, 새 이웃, 또 새로운 지문도 받았다. 우리에게는 여전히 과거가 있지만 그것은 하나님이 잊으신 과거다. 우리는 다른 사람이 되었다. 여전히 우리 고향의 억양이 남아 있지만, 우리는 그 억양을 바꾸기 위해 발성 코치에게 교정 작업을 받고 있는 전혀 다른 사람이다.

우리는 합창 단원 행세를 하는 범죄자들이 아니다. 간혹 은행을 털기 위해 연습을 빼먹는 정식 진짜 합창 단원이다. 두 주 동안 노래 연습에 참석하지 못하게 하는 징계를 받을지는 모르지만 가운을 반납하라는 말은 듣지 않는다.

세 번째 조항 : 새로운 성향

> 내가 나의 법을 그들의 속에 두며 그들의 마음에 기록하여(렘 31:33).

하나님의 영은 시궁창보다 더 깊은 우리 영혼 속에 한 장소를 마련하시고 직접 그곳에 집을 세우셨다. 광야의 장막은 한때 그분의 영광으로 눈부시게 빛났다. 이제 우리 영혼이 그분의 임재로 어두운 세상 속에서 빛을 발한다.

온전한 하나님이신 성령께서는 교만의 뱀들과 이기심의 벌레들로 가득한 곳에서는 차마 사실 수가 없어서 그분이 거하시는 방을 **새로운 성향**으로 채우셨다. 그분에게서 사랑과 거룩과 자비가 흘러나오고, 그분은 그 방을 정결함으로 가득 채우셨다. 이제 우리는 선을 행하기를 **원한다.** 여전히 우리는 죄를 좋아한다. 간혹 저항할 수 없을 것 같은 강력한 죄에 끌리기도 한다. 하지만 윗방에 있는 우리는 갓 구운 사과 파이를 바라보는 아이처럼 거룩함을 보고 침을 흘린다.

옛 언약 아래서는 순종하라는 명령을 들었다. 새 언약 아래서도 명령은 동일하다. 하지만 이제는 동일한 명령이, 파이를 크게 한 조각 잘라 아이스크림을 얹으라는 엄마의 지시처럼 들린다. 아직 그렇게 보이지 않는다면, 그 명령이 여전히 금지 규정으로 들린다면, 우리는 윗방에서 살고 있지 않거나, 아직 우리 안에 그 방이 만들어지지 않은 것이다.

네 번째 조항: 새로운 능력

> 너희 속에 내 영을 두어, 너희가 나의 모든 율례대로 행동하게 하겠다. 그러면 너희가 내 모든 규례를 지키고 실천할 것이다(겔 36:27, 새번역).

하나님의 기준은 변하지 않았다. 그분은 여전히 우리에게 성인 극장을 멀리하고 험담을 하지 말고 상처 주는 사람들의 행복에 관심을 가지라고 하신다. 달라진 것은 우리의 **욕구**다. 이제 우리는 그분의 명령들을, 길을 건너기 전 좌우를 살피라는 말처럼 그저 좋은 생각으로 여긴다.

하지만 우리 뜻대로 행하고자 하는 충동은 여전히 강력하다. 그래서 하나님은 그분의 영을 보내셔서, 그분의 길이 옳다고, 순종은 특권이라고, 그렇게 행하면 우리가 더 나아질 것이라고 설득하신다. 돛에 불어와 배를 움직이게 하는 미풍처럼 성령의 바람이 불어야만 우리의 새로운 성향이 움직이기 시작한다.

지난 주일에 설교하신 목사님은 "진정한 예배는 삶을 변화시킵니다"라고 말씀하셨다. 우리의 윗방은 예배드릴 때 하나님과 연결된다. 우리가 예배를 드릴 때, 성부 하나님이 경배 받으시고, 성자 하나님이 영광 받으시며, 성령 하나님은 우리의 새로운 욕구의 불꽃에 부드럽게 바람을 일으키신다. 우리는 아주 고약한 운전자들을 참아 내고 싶다는 생각을 하는 것이 아니라 실제로 참아 낸다. 그러고 나서 마치 300야드 공을 치고 무슨 일이 일어났는지 의아해하는 골프 애호가처럼 섬뜩해 한다.

새 언약에서는 하나님이 새로운 능력을 주신다. 그것은 예수님을 죽음에서 일으키신 것과 동일한 능력이다. 분명 그 능력으로 인해 우리는 인내할 수 있다. 그리고 그것은 **공동체**에서, 하나님과 함께하는 공동체에서(우리가 예배라 부르는 것), 다른 사람들과 함께하는 특별한 공동체에서(내가 영적 공동체라 부르는 것) 경험할 수 있다.

새 언약의 이 네 가지 조항은 윗방의 네 가구와 잘 들어맞는다. 다음의 표를 보면 어떻게 그렇게 되는지 알 수 있다.

새 언약의 조항	윗방 가구
새로운 정결함	예배 욕구 "하나님이 나를 위해 하신 일을 보라. 내 자신의 힘으로는 결코 할 수 없는 일이다. 나는 깨끗해졌고 용서받았고 눈처럼 순결하다. 하나님이 행하신 놀라운 일들로 인해 하나님께 영광을 돌린다."
새로운 정체성	신뢰 욕구 "나는 이제 더 이상 유령이 아니라 견고한 사람이다. 나는 온갖 깨어짐 가운데서 살아남은 자다. 학대를 당할지도 모르지만 나는 학대의 피해자가 아니다. 나는 끔찍한 학대를 받았던 하나님의 사랑받는 자녀다. 나는 그분을 신뢰할 수 있다. 그분은 내 아버지다."

새로운 성향	성장 욕구
	"산산조각 난 꿈이든 실현된 꿈이든, 어느 쪽도 끝이 아니다. 그것이 삶과 죽음을 규정하지 않는다. 나는 살아 있고 성장하고 싶다. 내게 닥친 모든 일은 내가 가장 하고 싶어 하는 일, 즉 하나님을 즐거워하며 그분의 아들을 더욱 닮아 가는 데 딱 맞는 기회다."
새로운 능력	순종 욕구
	"나는 단순히 순종하고 싶은 것이 아니라 순종할 수 있다. 내가 할 일은 성령 안에서 행하는 것이다. 내 마음속에서 그분이 자유롭게 운행하시도록 그분을 위한 공간을 마련하는 것이다."

이제 네 가지 가구에 대해 몇 가지 더 언급하고자 한다. 그러고 나면 영적 공동체를 세우기 위해 무엇을 할 수 있을지, 자신들의 윗방을 발견한 깨어진 사람들과의 교제를 즐기기 위해 우리가 무엇을 할 수 있을지 알게 될 것이다.

첫 번째 가구: 예배 욕구

우리가 교회에서 하는 가장 큰 실수는 사람들로 하여금 **예배드리게 하려고** 노력하는 것이 아닌가 싶다. 로버트 웨버(Robert Webber)는 그것에 대해 이렇게 잘 말했다.

> 예배란 하나님의 주권적인 구원에 대한 사람들의 반응이다. 공예배에서 하나님의 구원 행위가 선포될 때, 우리의 속사람[윗방?]은 겸손히 그것을 받아들이고, 경배와 섬김과 헌신으로 반응한다.[주3]

예배 욕구가 표출될 기회가 있어야 한다. 그리스도인은 예배를 갈망한다. 그러나 그 욕구를 불러일으키려는 열정적인 노력은 피상적인 모조품만 생산할 뿐이다. 예배 인도자가 성패에 신경 쓰지 않고 자신을 위해 무언가를 만들어 내려고 하지 않는다면, 전통적인 형식의 예배든 현대적인 예배든, 예배드릴 기회가 된다. 우리는 예배드릴 기회를 만드는 법, 우리 마음을 뒤흔드는 사건을 되살리는 법을 배워야 한다. 그리고 뒤로 물러나와 성령께서 우리를 그리스도에게로 이끄시도록 해야 한다.

포르노 영화를 보고 나오는 고독한 사업가도 다음 주일은 물론이고 바로 그 순간에도 예배드릴 수 있다. 그의 행동은 부도덕했지만 그의 죄는 장부에 기록되지 않는다. 그것 때문에 그가 지옥에 가지는 않을 것이다. 그는 **순결하다**. 부도덕한 행동을 했지만 그는 부도덕한 사람이 아니다.

하나님이 보시기에 그는 의롭지만 제멋대로인 아들이지, 의절한 반역자가 아니다. 올바르게 행동하라는 압력은 없다. 그의 영원한 운명, 하나님과의 관계는 위태롭지 않다. 위태로운 것이 많지만 그 사실은 변함없다. 그가 그 놀라운 정결함의 선물을 움켜쥐었다면 상습적인 죄에 빠지지는 않을 것이다.

마음이 편한 사람만이 예배를 잘 드린다. 그리고 우리는 용서받았으므로 마음을 편히 가질 수 있다. 하나님은 더 이상 산꼭대기에서 우리를 향해 고함치지 않으신다. 이제 그분은 연인으로 우리에게 속삭이신다. 질투하는 것은 확실하지만 그분은 여전히 연인이지, 평론가가 아니다. 새로운 정결함 가운데서 평안을 누리는 성도들은 예배드리기를 아주 좋아한다. 그것은 그들이 가장 좋아하는 일이다.

두 번째 가구: 신뢰 욕구

한 친구가 어려운 결정을 처리하는 내 방식에 이의를 제기했다. 나는 짜증을 내며 방어적인 태도를 보였다. 그는 더 강력하게 말하며 대응했다. 유쾌한 대화가 아니었다. 하지만 그것이 우리 둘 안에 있는 무언가를 파괴할 수는 없다. 우리 속에 있는 생명은 아랫방에서 열띤 대화를 나누는 중에도 여전히 그대로 있다. 후에 우리는 유령이 아닌 견고한 사람으로, 서로를 사랑하고 존경해 주는 영원한 정체성을 지닌 두 사람으로 만날 수 있었다.

우리가 확신하는 바는, 우리를 용서하셨고 지금 우리를 입양하여 자녀로 받아 주시는 하나님이 우리 삶에서 일어나는 모든 일을 주관하신다는 것이다. 그분의 허락 없이는 어떤 일도 일어나지 않는다. 그리고 그분이 허락하시는 일은 모두 우리의 새로운 정체성을 드러내는 데 아주 유용하다. 하나님은 어떤 일에서든, 우리가 정말 누구인지를 드러내실 수 있고 드러내고자 하신다. 우리는 우리가 흠모하는 아버지의 아들과 딸이다. 우리는 그분을 위해 기꺼이 모든 것을 잃는 것도 감수한다. 우리의 새로운 정체성 때문에 우리는 견고한 사람들이다. 예수 그리스도는 어제도 오늘도 영원히 동일하시다. 그분이 지금 우리 속에 계시므로 우리도 동일하게 안전하다.

이 진리로 인해 나는 신뢰할 수 있다. 때로는 쉽지 않다. 내가 1센티미터라도 자라고 있는지 의심스러울 때도 있다. 하지만 내게는 새로운 정체성이 생겼으므로, 결국 진짜 그리스도인처럼 보이리라 확신할 수 있다.

유령들은 상황이 변하면 정체성을 바꾼다. 일자리를 잃으면 패자가 된다. 친구한테 배신을 당하면 상처받은 사람들이 된다. 친구들에게서 소외당하면 스스로를 왕따로 여긴다.

반면 견고한 사람은 폭풍이 휘몰아치기 전의 모습 그대로를 유지한다. 깊은 무언가가 그들 속에 자리 잡고 있으므로 그들은 안전하다. 그들에게는 그들을 견고하게 해주고 채워 줄 누군가가 필요하지 않다. 그들에게는 항상 누군가에게 줄 무언가가 있다.

꿈이 산산조각 나는 경험을 해야만 신뢰 욕구를 이해한다는 사실을 내가 제대로 깨달았을 거라고 생각하지는 않는다. 고난은 우상숭배를 폭로하고, 우리가 필사적으로 의지하는 것이 무엇인지 분명하게 보여 준다. 또 우리 속에서 오랫동안 살고 있던 것을 표면으로 드러내 준다. 나는 새로운 피조물이다. 그러나 간혹 하나님을 버리고 쾌락에 빠지고 죄에 빠지고 싶었다.주4 하지만 그러지 못했다. 왜 그랬을까?

나는 최악의 순간에도 신뢰 욕구를 느꼈다. 그분은 하나님이시다. 그분은 신뢰할 만한 분이다. 그리고 솔직히 나는 그분을 거스르는 것이 두렵다. 그것은 헛간 뒤에서 담배를 피우는 아이가 느끼는 움츠러든 두려움이 아니다. 기차가 가까이 오는데 기찻길에 서 있을 때 느끼는 두려움이다. 하나님은 나보다 훨씬 크신 분이다.

나는 천성적으로 신뢰하는 성품을 가지지 못했다. 그렇게 되기 위해서는 거듭남이 필요했다. 하지만 지금은 꿈들이 더 산산조각 난다 할지라도 굴하지 않고 뒷걸음치지 않으려는 깊은 욕구가 있다. 신뢰 욕구는 온갖 시련을 견디어 낸다. 그 욕구는 거의 꺼져 가는 불처럼 자극을 가해야 할지도 모르지만 불꽃은 살아 있다. 나는 그리스도처럼 될 것이다. 나의 새로운 정체성이 그것을 보증한다.

세 번째 가구: 성장 욕구

사도 야고보의 말을 정말 믿는 사람이 있을까? 그것을 가능한 일이라 생각하는가? "내 형제들아 너희가 여러 가지 시험을 당하거든 온전히 기쁘게 여기라."

아내에게 버림받은 남자에게 그렇게 말해 보라. 다섯 살 난 아들의 장례를 치른 부모에게 그렇게 말해 보라. 수술 경과가 좋지 않아 다시 걷지 못할 친구에게 그렇게 말해 보라. 그들이 윗방으로 가는 길을 찾을 때에만 그 말을 들을 것이다.

1960년대에 프랜시스 쉐퍼(Francis Schaeffer)는 우리 문화가 개인적인 평안과 부에만 몰두하고 있음을 보았다. 행복하고 부유해지는 것, 우리가 원하는 길, 잘살기 위한 충분한 돈, 이것은 현대인의 꿈이다. 그 이후로도 변한 것은 별로 없다. 포스트모더니즘은 평안의 의미를 조금 더 영적으로 해석할지도 모른다. 또한 부란, 사고 싶은 것을 사는 자유보다는 되고 싶은 것이 될 수 있는 자유라고 볼지도 모른다.

하지만 모두 아랫방의 생각이다. 우리는 자신을 위해 살아간다. 우리의 행복은 우리가 책임지고 싶다. 또 우리에게 무엇이 행복인지 규정할 권리는 우리에게 있다고 주장한다. 우리에게 해야 할 일을 말하는 사람을 좋아하지 않는다. 그리고 이러한 욕구의 지배를 받는 사람들은 야고보의 말을 이해할 수 없다.

하지만 윗방의 성도들은 개인적인 평안과 풍요로움보다는 그리스도를 닮은 모습으로 성장하기를 원한다. 그리고 기꺼이 필요한 대가를 지불한다. 순교자들을 설명할 다른 방법은 없다.

마조히스트만이 고통을 추구한다. 하지만 윗방 성도들은 고통을 환영하는 법을 배운다. 그들은 야고보를 믿는다. 모든 고난은 예수님처럼 정말 선한 사람, 견고한 사람이 되고자 하는 그들의 깊은 욕구를 위한 것임을 안다. 시련은 그러한 욕구를 충족시킬 수 있는 독특한 기회다.

네 번째 가구: 순종 욕구

유부남인 한 친구가 고백했다. 시외로 출장을 갔다가 호텔 라운지에서 예쁜 여자와 키스를 했다고. 또 다른 친구는 홀로 있던 호텔 방에서 19금 영화를 봤다고 말했다.

첫 번째 친구는 낙담하여 눈물을 흘리며 깨어진 모습을 보였지만 키스 이상으로 더 나아가지는 않았다고 조심스럽게 말했다. 나는 그 친구가 그 이상의 성적 행위는 자제한 것이 기뻤지만, 그가 감사보다는 자부심으로 그 사실을 말하고 있음을 감지했다. 그것은 내가 밀워키 공항 서점 사건에서 깨달았던 것이다.

두 번째 친구는 다른 태도를 보였다. 그가 하지 않은 것에 대한 어떤 언급도 없었다("단 한 편만 봤어요"라든가 "매춘부를 부르지는 않았어요"라고 말하지 않았다). 나는 그가 자신이 저지른 죄의 심각성에 대해 조금도 축소하려 하지 않고 그 상황을 표현하는 것을 들었다. 그는 내게 이렇게 말했다.

"나 자신 외에 다른 누구도 생각하지 않았네. 반항적으로 버튼을 눌렀고 두 시간 동안 불법적인 쾌락에 빠져 있었지.

하지만 하나님은 나를 버리지 않으셨네. 내 속에 있는 무언가가 변했지. 나는 같은 행동을, 아니 더 악한 행동을 다시 할 수 있음을 아네. 하지만 하나님과 함께하고 싶은 깊은 욕구를 느끼네. 그분에게로 가까이 가서 내가 정말 하고 싶은 것을 할 수 있는 능력을 얻고자 하는 깊은 욕구를 느끼네. 도덕적인 삶을 사는 것, 그것이 내가 정말 하고 싶은 것이네."

은혜를 더하게 하려고 죄를 더 지을 필요는 없다. 우리는 이미 우리의 필사적인 욕구를 이해할 수 있을 만큼 충분히 죄를 지었다. 진정한 깨어짐은 깨달음을 낳는다. 그리고 우리가 그리스도의 인격과 우리를 사랑스러운 존재로 만드시려는 그 사랑을 제대로 깨닫는다면, 우리가 실제로 그분을 따르고 싶어 한다는 사실을 알게 될 것이다. 우리는 순종 욕구를 느낀다.

몇 가지 간단한 도표를 통해, 삶을 변화시키는 영적 공동체의 능력을 다룰 3부의 논의를 위한 기초를 닦아 보자.

누군가 어떤 문제를 가지고 분투하고 있다.

```
┌─────────────┐
│ 문제를 느낌 /│
│ 눈에 보이는 분투 │
└─────────────┘
```

영적 친구가 그 분투를 보고, 즉시 성령께서 이 사람의 삶 속에서 하실 수 있는 일에 대한 비전을 품는다.

그 친구는 그 전투가 실재함을 안다. 그 문제 밑에서 아랫방이 그 독을 뿜어낸다. **육체의 동력**의 뱀들이 도처에서 기어다닌다.

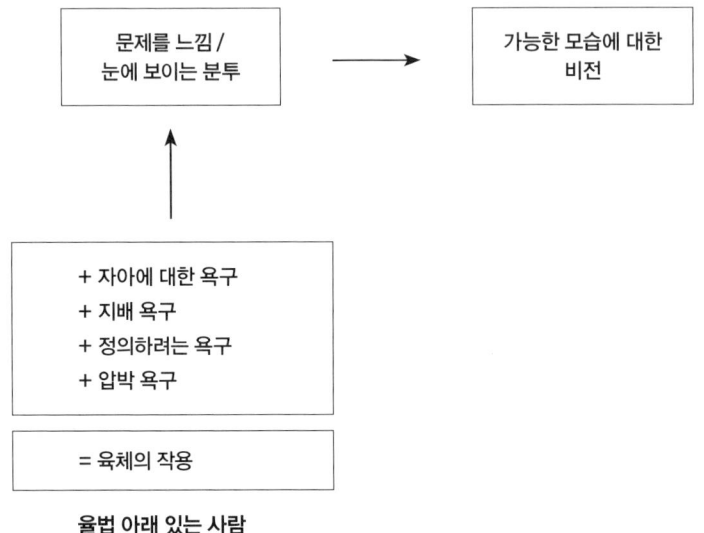

율법 아래 있는 사람

진실로 영적인 친구는 **육체의 동력**의 어떤 요소도 개선할 수 없음을 안다. 그것들을 밝혀낼 수는 있지만, 기껏해야 버리고 미워하고 억제할 수 있을 뿐, 결코 고쳐지거나 사회적으로 맞게 수정되는 것은 아니다. **성령의 동력**을 얻는 진정한 변화가 일어나려면 외부의 도움을 받아야 한다. 그리고 그 도움은 이미 주어져 있다. 또 다른 방, 또 다른 에너지의 근원, 표출되면 그 사람을 그가 될 수 있는 최고의 모습으로 나아가게 할 수 있는 에너지의 근원이 있다.

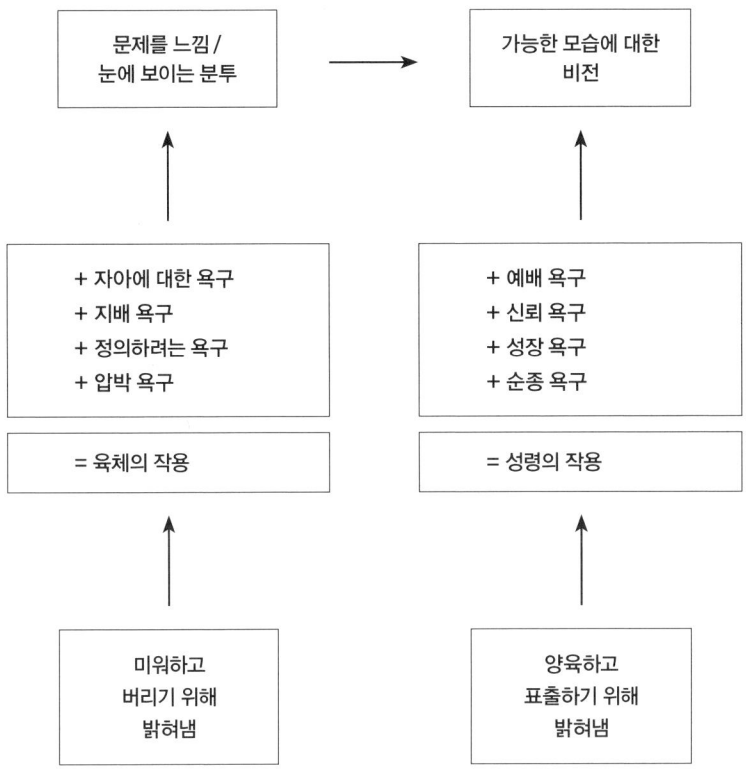

이제 우리는 영적 공동체의 과제를 정리할 수 있다.

- 추한 것이든 아름다운 것이든 진실한 모든 것에 직면할 수 있는 **안전한 장소를 제공하는 것**
- 성령께서 하실 수 있는 일에 대한 **비전을 품는 것**. 그리스도의 형상이 이루어질 때까지 기다리며 해산의 고통을 느끼는 것
- 미워하고 버릴 수 있도록 **육체의 동력을 분별하는 것**, 또 자라게 하고 표출하기 위해 **성령의 동력을 분별하는 것**

- 그 비전이 이루어질 수 있다는 소망을 살리기 위해 우리들 속에 있는 생명을 다른 사람에게 **부어 주는** 것. 지금 우리 속에 거하시는 부활하신 그리스도의 능력으로 서로를 어루만지는 것

안전, 비전, 지혜, 능력. 이것이 영적 공동체의 표지다.

히브리서의 저자는 새 언약이 옛 언약보다 좋다는 사실을 여러 모양으로 상기시킨다. 새로운 정결함, 새로운 정체성, 새로운 성향, 새로운 능력이라는 축복을 받은 우리는 새로운 방식으로 하나님께 그리고 서로에게 다가갈 수 있다. 그러면 그분은 우리가 새로운 언약 공동체로 계속 함께 모일 수 있도록 지도하신다. 그리고 그렇게 함께 모여서 어떻게 윗방의 욕구들을 일깨울 수 있을지, 어떻게 사랑하고 선을 행하고자 하는 욕구를 활활 타오르게 할 수 있을지 **골똘히 생각하도록** 지도하신다.

3부에서는 영적 공동체를 세우기 위해 우리가 할 수 있는 일이 무엇인지 살펴볼 것이다. 하나님을 향해 여행하는 사람들의 공동체, 온갖 좋은 일이 일어나는 지구상에서 가장 안전한 곳 말이다.

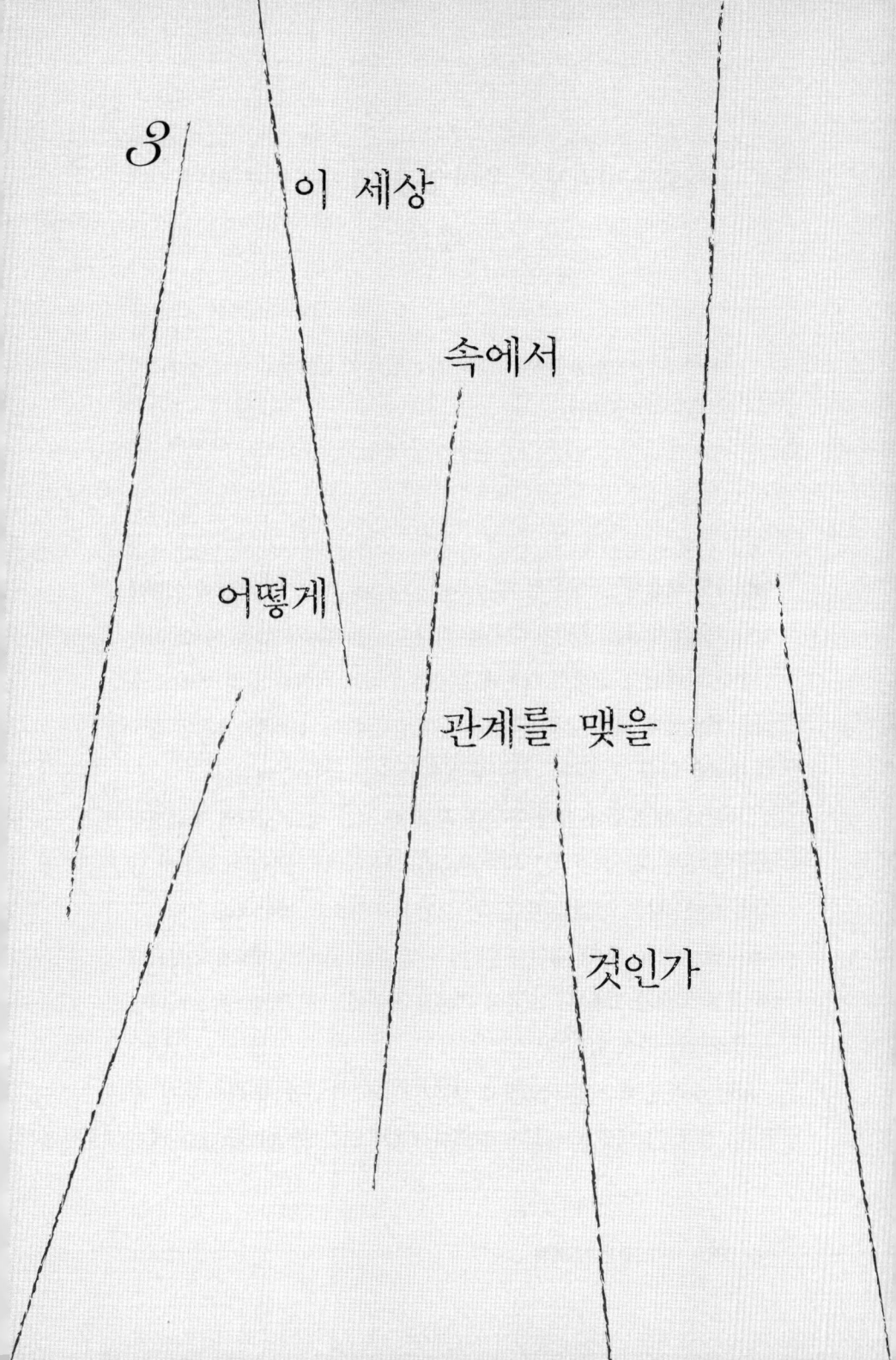

12
서로를 바라보는 우리 영혼: 세 가지 기본 신념

> 사람들은 진정한 공동체를 간절히 찾고 있다. 외로움, 홀로 서기, 경쟁
> 은 겪을 만큼 겪었다.
>
> —장 바니에

아빌라의 테레사는 「영혼의 성」(*Interior Castles*, 바오로딸 역간)에 이렇게 썼다. "우리 주님은 우리가 그분을 바라고 그분과의 사귐을 사모하기를 간절히 바라신다. 그래서 그분께 가까이 오라고 계속해서 몇 번이고 우리를 부르신다. 그분의 목소리는 너무도 달콤하여, 불쌍한 영혼은 즉시 그 명령을 따를 수 없다는 사실에 실망하여 큰 슬픔에 빠진다." 주1

그리스도인 친구와 함께 무릎을 꿇고 한 시간 정도 자신의 불완전한 순종에 대해 흐느끼며 기도하는 모습을 상상해 보라. 주님이 여전히 당신을 원하신다는 사실을 깨닫고는 교만은 기쁨으로 녹아내리며 당신은 더 크게 흐느껴 운다. 정말 우리 마음속 깊은 곳에는 이렇게 기도하고자 하는 욕구가 있을까? 소유와 명예와 성취에 대한 갈망 밑에 하나님을 향한 갈급함이 있을까?

삶이 무너질 때 정말 **예배하고** 싶은가? 삶이 순탄할 때 다른 어떤 것보다 그 누구보다도 하나님을 즐거워하고자 하는가? 변덕스럽고 때로

무관심하기까지 한 이 땅의 아버지에 대한 기억이 뇌리에서 떠나지 않을 때에도 우리는 하늘 아버지를 **신뢰하고** 싶은가? 우울증에 빠져 먹는 것조차 힘든데 그것을 알아채지 못했던 10대 시절의 아버지를 떠올리면서도 하나님을 신뢰하고자 하는 간절함이 있는가?

 삶이 힘들어질 때, 중요한 일들이 어그러질 때, 짐이 무거워 기쁨은 사라진 지 오래고 모든 것이 무너질 것만 같을 때, 그때에도 우리 속에는 여전히 **성장하고자** 하는 마음이 있는가? 선택권이 주어진다면, 실제로 우리는 문제 해결보다 성장을 선택할까? 우리가 받을 만한 복들, 우리 삶을 훨씬 더 행복하게 해줄 복들보다 그리스도를 더 닮아 가는 길을 선택하려 할까?

 죄의 충동에 굴복할 때, 험담과 권력과 복수가 주는 쾌락을 즐길 때, 우리의 행복을 최우선 순위에 두고 시간과 돈을 사용할 때, 그때에도 **순종하고자** 하는 욕구로 다시 힘을 낼 수 있을까? 우리는 정말 삶의 방식을 바꾸고 싶은가?

 정말로 윗방이 존재하는가? 새 언약은 그저 듣기 좋은 말일 뿐인가, 아니면 그 조항들은 확실한 사실인가? 이제 성도라 불리는 우리는 정결한가? 하나님을 사랑하고 하나님처럼 사랑하려는 성향을 가지게 되었는가? 진정으로 변화할 수 있는 능력을 부여받았는가? 내가 이 책의 1부와 2부에서 말한 내용들이 진실이 아니라면 우리는 결코 영적 공동체를 이룰 수 없다. 그러나 내가 믿는 것처럼 그 말들이 사실이라면, 놀라운 일이 가능하다.

 내 친구 중 하나가 1년 전쯤에 사다리에서 떨어졌다. 왼쪽 다리와 오른쪽 팔의 골절로 다섯 시간 동안 조각난 뼈들을 잇는 수술을 받아야 했다. 그 결과 다리는 꽤 잘 치료가 되었지만, 팔은 상태가 좋지 못했다. 어깨부터 팔꿈치까지 이어지는 뼈가 제대로 붙지 않았기 때문이다.

최근에 2차 수술을 받았다. 수술 일주일 후 의사는 엑스레이를 살펴보더니 이렇게 말했다. "상태가 좋지 않습니다. 팔 전체를 깁스하고 3개월 후에 다시 보도록 하죠. 3차 수술을 해야 할 수도 있는데, 그러면 훨씬 더 큰 수술이 될 겁니다. 최소한 1년 정도는 팔을 제대로 사용할 수 없을 겁니다."

앨은 오른손잡이다. 최근에 집이 팔려 세 달 안에 이사를 가야 하는 상황이다. 하지만 앨은 박스를 나르는 것은 고사하고 컴퓨터 자판을 치는 것조차 할 수 없다. 자신은 아무 쓸모도 없다는 느낌이 들었다. 하지만 그 암울한 소식을 듣고 나서 병원 엘리베이터로 1층에 내려온 순간, 바울의 말이 마음에 떠올랐다. "하나님이 우리를 위하시면 누가 우리를 대적하리요"(롬 8:31). 그는 고통 한가운데서 노래를 부를 뻔했다. 그는 천상의 음악, 하나님의 음성을 들었다. 그의 안에서 하나님을 향한 갈급함이 용솟음쳤다.

그 친구는 공동체의 가족들과 이 이야기를 나눌 때 말을 제대로 잇지 못했다. 하나님이 그를 위하신다는 것을 깨닫고 그 놀라움을 맛보고 나니 감정을 주체할 수 없었다. 상황이 가장 좋지 않을 때 다가온 나쁜 소식에도 불구하고, 그는 하나님을 예배하고 신뢰했다. 성장하려 했고 계속 선을 행하려 했다.

내게는 분명 예배하고 신뢰하고 성장하고 순종하고자 하는 욕구가 있다. 하지만 다른 욕구들도 있다. 나의 아랫방은 아직 완전히 무너지지 않았기 때문이다. 또 선한 욕구들도 있지만 보통은 미약해서 감지하기 어렵다. 오늘 아침 내 인생의 짐들과 친구들의 짐들을 놓고 무릎을 꿇고 기도했을 때 나는 그러한 선한 욕구들을 **느꼈다**. 하나님께 예배드리고 싶은 마음이 간절했다. 그분을 신뢰하고 예수님을 더 닮아 가고 그분이 명하신 대로 살기를 열망했다.

지난주 예배에서 "그들은 모두 주가 필요해"라는 찬양을 부를 때 눈물이 비 오듯 흘렀다. 내 마음은 "나는 주를 **원해**"라고 외치고 있었다. 그 순간, 산산조각 난 꿈들이 사실은 소망으로 향하는 문이라는 사실을 알았다. 엄청난 기쁨이 내 영혼 속으로 흘러 들어왔다.

예배 가운데서 하나님과 함께하니, 윗방에 비치된 거룩한 욕구들이 살아났다. 또 앨과 함께한 공동체는 우리 둘 안에서 같은 욕구를 불러일으켰다. 어제 우리가 함께 시간을 보냈을 때 경험한 것은 성령이 함께 계시지 않았다면 불가능했을 영적 공동체였다.

아랫방의 뱀들(그것을 내 아랫방이라 부르는 것이 싫지만, 그것은 여전히 내 속에 있고 문제를 일으킨다. 하지만 그것은 이제 더 이상 내가 아니다)은 여전히 기어다니며 간혹 나를 물기도 하지만, 그 독은 내 속에 있는 그리스도의 생명을 죽일 수 없다.

이 땅에 있는 다른 모든 그리스도인과 함께 나는 살아 **있다**. 나는 아버지를 기쁘게 해드리고 싶은 마음이 간절하다. 그리스도를 닮기를 간절히 바란다. 성령께 귀 기울이고 성령을 따르기를 간절히 바란다. 나는 삼위일체의 삶과 연결되고, 삼위일체의 각 위격 속에 있는 그 에너지가 나의 선한 욕구들을 불러일으킨다. 내 속에 있는 그 욕구들이 당신 속에 있는 같은 욕구와 만날 때, 우리는 영적 공동체를 경험한다. 그리고 우리는 천천히, 그러나 분명하게 하나님을 향한 우리의 여정을 계속한다.

3부에서는 우리가 어떻게 그 기적을 누릴 수 있는지, 어떻게 영적 공동체에 속할 수 있는지 나눌 것이다. 이번 장에서는 먼저 세 가지 신념을 검토하며 논의를 시작하려 한다. 그 신념들을 확고하게 믿지 못한다면, 서로의 영혼을 향해 의자를 제대로 돌리지 못할 것이다.

그것은 특히 인류에게 엄청난 비극일 것이다. 우리 인간은 다른 무엇보다 서로 함께하는 것을 더 즐기시는 세 위격으로 이루어진 신적 공동체의 독특한 피조물이다. 삼위 하나님은 자신의 기쁨을 다른 사람들과도 나누기 원하신다. 우리는 진정한 공동체를 다시 찾기를 간절히 바라며 경험하기를 갈망한다. 그것을 위해 창조되었기 때문이다.

암 투병, 팔 수술, 이혼, 재정적 위기로 분투하는 중에도 우리는 친밀함을 갈구한다. 동성애, 폭식, 자기 혐오, 고독, 우울과 씨름하면서 친밀함을 갈망한다. 그것은 어찌할 수 없고, 억누를 수도 없는 갈망이다. 멈출 수도 없다. 새는 날아다니고, 물고기는 헤엄을 치듯이, 우리는 공동체를 이루어야 한다. 삼위일체가 즐기시는 그런 공동체, **영적 공동체**를 세워야 한다. 그 공동체를 경험하는 만큼 우리는 변하고, 성장하고, 치유받는다.

우리는 소그룹이 지금보다 더 의미 있기를 원한다. 우리가 소그룹 구성원들에게 더 의미 있는 존재가 되기를 원하고, 그들이 우리에게 더 의미 있는 존재가 되기를 원한다. 우리 자녀들, 배우자, 사촌, 골프 친구들, 독서 클럽 친구들과의 대화를 통해 더 깊이 있는 공동체를 이루기를 바란다. 우리 영혼 속에 있는 거룩한 욕구를 불태우는 그런 공동체가 되기를 소망하는 것이다. 친화성에 만족하는 경우도 종종 있지만, 사실 그 이상을 원한다.

우리가 상담가든 내담자든, 우리는 정말로 성령께서 주시는 합당한 갈망을 드러내는 상담을 하기를 원한다. 그래서 그 시간이 하나님의 임재가 충만한 시간이 되기를 원한다. 어떤 사정이나 아픔이 있다 해도 정직한 영혼들이 하나님께로 가는 길을 찾는 안전한 장소가 되기를 원한다.

또 우리는 용서하고 싶어 한다. 우리를 배신한 사람들, 우리에게 상처를 입힌 사람들, 이생에서는 결코 치유되지 못할 상처를 남긴 사람들을 축복하려 한다. 그들이 하나님께로 가는 길을 찾도록 기도하고 싶다. 증오심에 불타 복수를 꿈꾸는 일은 우리를 불편하게 한다. 그 사실 자체는 그 반대되는 무언가가 우리 속에 있다는 증거다. 사실, 우리는 그 사람의 삶을 통해서도 하나님이 영광 받으시기를 원한다.

완벽하게 안전한 공동체에 속하기 위해서라면 우리는 무슨 일이든 할 것이다. 그곳은 사람들이 결코 서로를 포기하지 않는 곳이며, 대화를 통해 어떻게 살아야 할지 지혜를 얻는 곳, 우리 각자의 내면에서 가장 생명력이 느껴지는 곳이다. 그런 공동체를 세우기 위해서는 견고하게 자리 잡고 있어야 할 세 가지 신념이 있다. 먼저 그 세 가지를 나열한 다음, 다시 돌아가서 하나씩 논의하려 한다.

기본 신념 1 영적 공동체를 세우는 일은 성령의 사역이지, 결코 우리 일이 아니다. 우리의 역할은 한계가 있다. 우리가 하는 일은 주로 지배하려는 마음을 포기하고 물러나서 성령께 맡기는 것이다. 다른 무엇보다 중요한 것은 기도다.

기본 신념 2 우리가 그리스도의 에너지로 살기 위해 하는 선택들은, 우리 생각보다 다른 사람들의 삶에 엄청나게 좋은 영향을 미친다(나쁜 것들은 나쁜 영향을 미친다). 누구도 알 수 없는 개인적인 선택도 마찬가지다. 우리에게서 나오는 에너지가 있다. 그것은 우리가 가장 깊이 믿는 바에서 나오는 에너지다. 그 에너지는 영적 공동체를 성장시키고자 하는 욕구를 일으킬 수도 있고 공동체에 방해되는 욕구를 일으킬 수도 있다. 그 에너지의 질은 우리가 하나님과 어떤 교제를 하느냐에 달려 있다.

기본 신념 3 모든 악한 욕망은 선한 욕망이 타락한 형태다. 그리고 모든 선한 욕망은 우리의 가장 깊은 욕망을 미약하게나마 드러낸다. 하나님을 알고자 하는 욕망이 그것이다. 따라서 선한 욕망이든 악한 욕망이든 정직하게 추적하다 보면, 하나님과의 사귐이 가능한 우리의 윗방에 이르게 될 것이다. 모든 갈급함의 근원을 따라가 보면 그 갈급함은 하나님에 대한 갈급함으로 밝혀진다. 따라서 우리의 모든 욕망을 표현하고 탐구할 수 있는 안전한 공동체 속에서 살아가는 일은 꼭 필요하다.

기본 신념 1: 영적 공동체는 성령의 사역이다

유진 피터슨(Eugene Peterson)의 말을 들어보자.

> 성령 하나님은 우리 속에 그리스도의 생명을 두시고 자라게 하신다. 우리의 영은 성령으로 자라는데, 이것이 영적 형성이다. 생물학적 성장이든 영적 성장이든 그것은 모두 신비에 속한다. 실로 엄청난 신비이며, 복잡다단한 성령의 사역이다. 그 과정에서 어떤 일이 일어나는지에 대해 우리가 알고 있는 건 거의 없다. 그러니 진행되는 일 가운데 우리가 할 수 있는 일도 거의 없다. 영적 형성에서 우리의 역할은 그리 대단하지 않다. 우리가 그것을 관장하거나 통제할 수 있다는 생각을 해서는 결코

안 된다. 그렇게 하려 하면, 우리는 분명 형성(formation)보다는 변형(deformation)에 관여하게 될 것이다.주2

현대성의 야망이 발흥시킨 행동 과학은 세상을 관리하기 위해 많은 것을 밝혀내려 했다. 이 행동 과학은 서로 좋은 관계를 맺는 법에 대해 설명하는 과업을 맡았다. 소그룹 리더들은 영적 의존, 영적 성품, 영적 지혜보다는 리더십 기술, 갈등 다루는 법, 내성적인 사람을 대화에 끌어들이는 법 등과 관련이 있는 훈련을 더 많이 받는다.

우리는 좀 더 실제적이어야 한다고 말하며, 성령을 옆으로 밀쳐놓고 그분 없이 이룰 수 있는 목표를 추구했다. 그리고 사람들이 자신이 누구이고 무엇을 원하는지 스스로 결정하도록 공감하는 법, 잘 듣는 법, 판단하지 않고 긍정하는 법을 배웠다. 거룩함은 중심에서 밀려 나왔고, 건강한 적응, 자기 수용, 문제 해결이 그 자리를 차지했다.

피터슨은 이렇게 말한다. "행동 과학이 영적 형성을 지배하게 되면, 영성이 세속화되고 개인화되는 것은 불가피하다. 사람들은 자아실현에 도움을 얻기 위해 가끔씩 기도할 뿐이다. 무릎을 꿇은 나르키소스처럼!"주3

나는 심리 치료사로 일하는 동안, 무엇보다 중요한 교훈을 한 가지 얻었다. 바로 인내다. 겸손하지 못해서 더 잘 배우지는 못했지만, 내 삶은 물론 사람들의 삶의 현실을 보면서, 하나님이 일하시기를 기다릴 수밖에 없었다.

10회까지 상담을 하는 동안 특별한 일이 없었지만, 11회 만남에서 모든 것이 변하는 초자연적인 순간이 올지도 모른다. 내담자의 상태가 훨씬 좋아진다. 때로는 몇 달 동안 확실한 진전이 없다가 갑자기 다중 인격이 치료되기도 한다. 성령과 성령께서 보여 주시는 그리스도가 없다면, 나는 진정 가치 있는 일을 아무것도 할 수 없다. 이것은 영적 공동체에 속하려면 반드시 배워야 하는 교훈이다. 하나님만이 가르치실 수 있는 교훈이다.

이스라엘 백성이 가나안에 들어갈 준비를 하고 있을 때였다. 하나님은 그들에게 적을 '조금씩'(출 23:30) 쫓아내라고 말씀하셨다. 성장은 천천히 일어난다. 하지만 다른 곳에서는 "너는 그들을 쫓아내며 속히 멸할 것이라"(신 9:3)고 말씀하셨다.

두 구절은 모순처럼 보인다. 하지만 이 두 구절에 언급된 적들이 다르다는 사실을 알면 모순은 없어진다. 여부스, 히위 족속 등 **다소 약한** 적들은 천천히 쫓아내도 된다. 반면, 믿음 없는 정탐꾼들을 떨게 만들었던 거인들 같은 좀 더 무시무시한 적들은 재빨리 쫓아내야 한다.

하지만 이는 새로운 문제를 야기한다. 사소한 문제들은 천천히 처리하지만, 큰 문제들은 지체 없이 처리하는 법을 배워야 한다는 말인가? 이는 이스라엘이 그 땅을 침략해 들어갔을 때 어떤 일이 일어났는지 알아야만 그 의미를 이해할 수 있다.

여호수아서는 이스라엘이 먼저 약한 적들과 대적하여 그들을 쫓아내는 데 7년이 걸렸다고 말한다. 그리고 그 느린 정복이 끝나 갈 무렵, 갈렙은 거인들을 쫓아도 된다는 허락을 받고 하루 만에 그들을 말살한다.

아마도 그 교훈은 이런 것이다. 하나님은 우리가 언제나 그분을 전적으로 의지하여 승리하기를 바라신다. 우리의 교만한 마음은 쉽게 처리할 수 있다고 말하지만 그 사소한 문제들을 가지고 우리는 몇 년 동안이나 씨름한다. 그런 후에 하나님은 큰 문제들을 재빨리 해결할 수 있는 능력을 주신다.

나는 유리로 둘러싸인 테라스에 앉아 이 글을 쓰고 있다. 전화기는 멀리 있지만 전화벨 소리는 잘 들린다. 전화기 두 대가 10분 동안이나 울리고 있었다. 아내가 집에 있으니 전화를 받으려니 생각했다. 어쨌든 나는 이 책의 마감 압박을 받고 있으니까. 아랫방 에너지가 분출한 나는 곧바로 신성한 집필의 성소에서 뛰쳐나가 따르릉거리는 전화기를 잠잠하게 만들고 나서 아내가 뭘 하는지 보러 갔다.

아내는 우리집 강아지가 방금 집에서 뛰쳐나가는 바람에 자신이 추진 중인 프로젝트를 엉망으로 만들었다고 설명했다. 아내는 잠시 완전히 흥분한 상태였다. 아내가 머리카락을 뽑으려는 듯 양손을 머리에 갖다 댔을 때("전화 벨 소리 못 들었어?"라는 나의 순진한 질문에 그녀가 보인 반응이었다), 목구멍까지 이 말이 치솟는 것을 느꼈다. "나도 오늘까지 끝내야 할 글이 있어."

그러나 그 대신 아내를 바라보며 친절하게 말했다. "당신은 지금 너무 많은 일을 하고 있군." 그 순간, 윗방에서 성령이 만드시는 더 선한 충동에 대해 내가 했던 말을 떠올렸다. 내 마음에 귀를 기울이니 내가 정말 **하고 싶었던** 말을 깨달았다. 활짝 웃은 건 아니었지만 나는 그녀의 미소를 볼 수 있었다.

한 작은 전투에서 승리했다. 아마 7년여 동안 성령의 생명은 간헐천에서 나오는 물처럼 내게서 흘러나왔을 것이다.

영적 공동체를 세우는 데 가장 어려운 일은, 열심히 일하는 것을 그만두는 것이다. "너희가 돌이켜 조용히 있어야 구원을 얻을 것이요 잠잠하고 신뢰하여야 힘을 얻을 것이거늘 너희가 원하지 아니하고"(사 30:15).

영적 공동체에 속하고 싶다면, 아무리 많은 지식과 기량과 노력을 기울여도 공동체를 만들지 못할 것임을 인정하라. 키가 작은 사람만이 키가 더 클 수 있다. 우리 개인의 성장도, 우리 관계의 성장도, 모두 성령의 신비로운 사역이다.

결혼 예비 학교든 소그룹 리더 모임이든, 교회의 평신도 상담가 학교든, 훈련 프로그램 자체는 영적 공동체를 세울 만한 사람을 준비시키지 못한다. 훈련도 어떤 역할을 하지만 더 중요한 것은 기도다. 겸손은 기도를 **요구한다**. 그리스도 없이는 아무것도 할 수 없음을 진심으로 인정하는 상한 심령은 기도를 즐긴다.

| **기본 신념 2 : 다른 사람을 거룩함에 이르도록 촉진하는 가장 좋은 방법은 우리가 거룩을 추구하는 것이다. 우리의 개인적인 선택이 사람들에게 영향력을 미친다**

파스칼은 이렇게 쓴 적이 있다. "아주 작은 움직임이 자연 전체에 영향을 미친다. 돌 하나가 바다 전체를 바꿀 수 있다. 이와 마찬가지로 은혜의 영역에서도 아주 작은 행동이 모든 것에 영향을 미친다. 그 행동이 낳을 결과 때문이다. 따라서 모든 것이 중요하다."주4

피터 크리프트(Peter Kreeft)는 이러한 파스칼의 생각에 논평을 더하며 불편한 결론에 이르는데, 참으로 무시무시하고 놀라운 가능성이 있는 말이다. 그의 말에 따르면, 누군가가 다른 사람에게 사랑의 말을 할 때, "당신이 사는 곳에서 5,000킬로미터나 떨어져 있고 300년 후에나 존재할 어떤 순교자는 어쩌면 당신 때문에 은혜를 받아 고난을 견딜 수도 있다. 반면 당신이 오늘 오후에 한 번 더 죄를 짓는다면, 그 순교자는 약해져서 타협하고 무너질 수도 있다."주5

조금 전 내가 아내에게 윗방의 에너지로 말한 것이, 그리스도의 몸에 속한 누군가를 강건하게 했을지는 잘 모르겠다. 두 주 전 내 친구가 호텔 방에서 성인 영화를 보지 않기로 결단한 것이, 그의 딸이 결혼 전까지 순결을 지키도록 하는 데 도움이 될까? 그것은 약간 확대 해석에 속한다.

영적 공동체에 속하기 위해서는 "주님, 당신 없이는 아무것도 할 수 없습니다"라는 상한 심령의 기도를 드리는 일뿐 아니라, 거룩한 욕망에 잠기는 일도 필요하다. "주님, 제가 아내와 딸과 친구를 축복하기 원합니다. 그러므로 저는 쾌락보다도, 고통에서 벗어나는 것보다도 거룩을 더 귀하게 여길 것입니다. 아내에게 빽빽거리는 것 같은 죄로 인해 쉽게 느끼는 합당하지 않은 만족보다 거룩해지는 것을 더 귀하게 여길 것입니다."

기본 신념 3 : 우리 욕망을 인정하고 그 욕망의 근원을 추적할 수 있는 안전한 장소에 있으면 하나님에 대한 갈급함에 이르게 될 것이다

시편 기자는 이렇게 말했을 때, 자신의 영혼에 대해 제대로 알고 있었다.

> 내가 여호와께 바라는 한 가지 일
> 그것을 구하리니

> 곧 내가 내 평생에
> 여호와의 집에 살면서
> 여호와의 아름다움을 바라보며
> 그의 성전에서 사모하는 그것이라(시 27:4).

우리는 "모든 지킬 만한 것 중에 더욱 네 마음을 지키라. 생명의 근원이 이에서 남이니라"(잠 4:23)는 말씀을 듣는다. 마음은 우리 인격의 가장 중심이자 욕망이 자리한 곳이며 "사람과 하나님이 만나는 곳"이다.주6 우리는 우리 마음과의 접촉이 끊긴 세대다. 바빠서 정신이 산란해진 우리는 우리가 가장 원하는 것으로부터 봉쇄당했다. 우리는 누구도 만족시키지 못할 욕망들을 발견할까 두려워 계속 우리 주의를 다른 데로 돌린다.

나는 아주 매력적이고 경건한 어느 여성과 대화를 나눈 적이 있다. 그녀는 성폭행당한 경험을 이렇게 묘사했다. "그 사건으로 저는 무언가를 잃었습니다. 저는 더 이상 저의 여성성에 대한 자신이 없습니다. 여성으로서 제가 가진 깊은 욕구는 이제 제게 원수 같습니다. 안전한 보호와 다정한 어루만짐을 얼마나 간절히 원하는지를 받아들이기가 두렵습니다." 그녀는 사랑하지만 망설인다. 고랑이 그녀의 영혼을 둘러싸고 있다. 그녀는 혼돈의 악어들로 그곳을 가득 채웠다.

우리의 주의를 흐트러뜨리는 욕구가 발현된 것이 바로 중독이다. 우리는 가장 깊은 욕구를 인정하는 것이 두려워 즉각적이고 강렬한 만족에 사로잡힌다. 결코 가질 수 없는 것을 갈망하는 것은 극심한 고통이며, 우리는 고통을 완화시키길 원한다. **중독**은 적어도 잠시 동안은 고통을 잊게 만든다. 그리고 **마음의 분주함**은 중독이 해결할 수 없는 욕망을 회피하도록 해준다. 나는 제임스 휴스턴(James Houston)의 다음 말에 깊이 공감한다. "하나님을 향한 채워지지 않은 갈망이야말로 다른 어떤 것보다 강력한 인간의 동력이다."주7

우리가 얼마나 사랑받고 존경받고 인정받고 싶은지 의식하기 시작하면, 우리는 공포감에 사로잡힌다. 우리보다 사랑받거나 적어도 더 주목받는 사람들을 얼마나 질투하는지 인지하기 시작하면, 공포감이 우리를 사로잡는다. 그래서 그 욕구의 근원으로 가기보다는, 지나치게 수치심을 느끼고 우리 자신조차 그 욕구를 보지 못하도록 숨겨 버린다.

우리에게는 욕구를 인정하고 탐구할 수 있는 안전한 곳이 필요하다. 우리의 욕구는 부끄러운 것이 아니라 지극히 인간적인 것이며 이미 예수 안에서 만족되었음을 믿는 동료들과 함께 여행을 떠나는 공동체가 필요하다. 사람들이 어떤 모임이나 소그룹을, 우리 존재를 탐구할 수 있는 충분히 안전한 곳, 그래서 하나님과 즐겁게 만날 수 있는 곳으로 생각할 수 있을지 나는 잘 모르겠다.

모든 욕망 밑에는 하나님을 향한 갈망이 있음을 안다면, 안전한 공동체가 되어 주는 일에 더 주의를 기울일 것이다. 아마도 그러면 우리의 욕망은 비웃거나 조롱하거나 거부해야 할 것이 아니라, 오히려 그 근원을 추적하고 표현해야 할 것임을 알게 될 것이다.

우리는 영적 공동체를 향한 탐구를 시작하며 세 가지 신념을 다루었다. 그 신념들에 대해 숙고하고 모임에서 친구들과 토론하고, 그 내용의 성경적인 근거에 대해 공부하라. 그리고 나서 그 신념들을 뒤에다 내버려두지 말고 그것을 기초로 영적 공동체를 세워 나가라.

13
갈림길

> 그[신비가]는 잠잠히, 깊이, 때로는 도취되어 자신의 본성 안에 있는 하나님의 임재를 깨닫는다.
>
> —A. W. 토저

스케줄이 꽉 찼다. 어젯밤에는 보스턴에서, 사흘 전에는 퀘벡 시에서 비행기를 타고 왔다. 내일 아침에는 댈러스로 떠난다. 압박감을 느꼈다. 지난주에는 두 번이나 "에이, 젠장!"이라는 말밖에 나오지 않는 사소한 문제들에 좌절하여 폭발했다.

지난 몇 달간은 좋았다. 일도 많고 시간에 쫓기고 끝없이 책임질 일들에 시달렸지만 그래도 좋았다. 최근의 사역에서 또 사람들과 대화를 나누면서, 성령이 개인적으로 내 속에서 나를 통해 일하시는 것을 느꼈다. 내가 몇몇 사람에게 중요한 사람이 되었다는 느낌이 들었다. 하나님은 그분의 자녀들이 그분을 더 사랑하고 조금 더 신뢰하도록 하시는 데 나를 사용하셨다. 그래서 기뻤고, 나 역시 다른 사람들에게서 감동을 받았다.

그런데 오늘 아침에는 무언가가 죽어 버린 것처럼 왜 이토록 외로움과 무거움을 느낄까?

지난 몇 개월 동안, 그리스도와 사귀고 있다는 예리한 감각과 사명에 대한 날카로운 인식은 강렬하면서도 평안이 느껴졌고 또한 낙심을 느끼지 않으려는 마음과 뒤섞였다. 하지만 어젯밤, 757기의 바퀴가 덴버 활주로에 닿는 순간 패배의 피로감이 나를 뒤덮였다.

아랫방의 에너지가 더 커졌다. 기도하기가 싫었다. 소시지 피자가 너무 먹고 싶었다. 공항 터미널을 지나칠 때에는, 분노가 차올라서 필드 부인의 과자점에 가고 싶다는 생각이 들었다. 영 상태가 좋지 않은 자제력을 발휘해 겨우 그곳을 지나쳐 갔다. 나의 영적 상태는 곤두박질쳤다.

집에 도착했지만 비어 있었다. 레이첼은 친구들과 2박 3일 일정으로 여행 중이다. 나의 고독감은 더 깊어졌다.

오늘 아침, 기도하고 성경을 묵상하고 주의 만찬을 갖기 위해 일찍 일어났다. 하지만 하고 싶지 않았다. 기대감에 찬 즐거움은 없었다. 하지만 나는 내 상태의 심각성을 깨달았다. 나는 적에게 취약한 상태였다.

일기에 이렇게 썼다. "새로운 전투가 다시 거세지고 있다. 어떻게 싸워야 할지 모르겠다." 그러고 나서 멈추었다. 펜을 내려놓고 벽난로 부근에 앉아 빵과 와인을 응시했다. 그리고 미묘한 예감으로 "어쩌면 나는 알지도 모른다"고 썼다.

그리고 다시 멈추었고, 이번에는 2분 정도 흘렀다. 그러고 나서 펜을 움직여 다음의 문장을 썼다. "영적인 친구와 대화를 나누어야 할까? 수치심을 참고 내 죄를 고백하며 겸손히 그로부터 힘을 얻어야 하지 않을까?"

즉시 머릿속에 한 친구가 떠올랐다. 1년 전 시카고에서 나는 그에게 고함을 쳤었다. 불과 사흘 전에도 그와 함께 있었다. 즉시 그에게 전화를 걸기로 결심했다. 결심하고 나니 소망이 생겼다. 내 짐을 내려놓으면 그 친구의 마음에 뭔가가 살아날 거라는 사실을 나는 **알았다**. 그리고 그것이 정확히 내가 원하던 것이었다.

물론 그는 염려할 것이다. 하지만 나는 많은 사람이 주는 흔한 공감, 쉽게 감상적으로 변하는 그런 공감은 기대하지 않았다. 나는 그가 나를 **기뻐한다**는 사실을 알았다. 내가 어떤 말을 해도, 혹은 갈등을 드러내도, 그는 나를 역겨워 하거나 의자를 돌리지는 않을 것이다. 그 친구는 나를 믿는다. 그 사실은 변하지 않을 것임을 나는 알았다.

내 속에서 일어나고 있는 전투를 들어도 그는 낙심하지 않을 것이다. 내가 마지막 순간에 넘어질지도 모른다는 걱정을 하지도 않을 것이다. 그는 침착함을 잃지 않을 것이다. 좌절하기보다는 소망을 품고 기뻐할 것이다. 모든 전투는 살아 있다는 표지며 그 결과는 이미 정해져 있음을 알기 때문이다. 그렇다. 나는 살 것이다.

마음이 움직인 그는 혼란의 와중에서 성령께서 일하심을 알아챌 것이다. 그리고 말하지 않을지도 모르지만, 육체의 동력의 흔적도 감지할 것이다. 그는 내 안에 아랫방이 있음을 안다. 그리고 거기 무엇이 있는지 지적할지도 모른다. 하지만 그는 나의 윗방에 대해 말하는 것을 더 좋아한다.

그는 또한 자신의 마음에 주의를 기울일 것이다. 성령께서 그 속에서 일하심을 신뢰하고, 성령께서 떠오르게 하시는 것은 무엇이든 내게 말해 줄 것이다.

나는 막 그에게 전화를 걸었다. 회의 중이었다. 회의가 끝나는 대로 그는 내게 전화를 할 것이다. 의자에 앉아 불꽃과 아직 먹지 않은 빵과 와인을 응시하고 있었을 때, 나는 내가 윗방으로 옮겨지고 있음을 느꼈다.

그 친구의 거룩한 욕구가 힘을 발휘해 나를 그곳으로 옮겨 주었다. 나는 곧 그 욕구를 경험할 것이다. 그 욕구를 느낄 수 있는 곳에 있기로 결단했기 때문이다. 이번에는 **받아들이기 위해서** 나는 의자를 돌렸다.

내 친구는 내 안에 그리스도가 계심을 **함께 기뻐할 것이다**. 나를 판단하지 않을 것이기 때문에 나는 안전함을 느낄 것이다. 그는 나의 현재 모습의 실재와 앞으로 될 모습의 실재에 대한 **비전을 품을 것이다**. 또 성령과 육체의 싸움을 **분별할 것이다**. 그리고 자기 안에 있는 가장 초자연적으로 주어진 것을 내게 **부어 줄 것이다**. 그가 하는 말은 중요한 말일 것이다. 하지만 그보다 더 중요한 것은 그 말을 담은 에너지다. 그것은 그리스도의 에너지일 것이기 때문이다. 바로 지금 이 사람은 내게 지상에서 가장 안전한 곳이다. 그와 함께하는 공동체는 은혜의 통로이자 진정한 안전함의 근원을 경험하는 기회다.

영적 공동체란 이러한 네 가지 욕구를 드러내는 두 명 이상의 사람들이 그 욕구를 서로 주고받는 것이라 말할 수 있다. **함께 기뻐하는 데서 오는 안전함, 비전이 주는 소망, 사랑스러운 분별의 지혜, 어루만짐의 능력**이 그것이다.

그는 바로 전화를 걸어 왔다. 나는 눈물을 흘리며 내가 치르고 있는 영적 전투에 대해 설명했다. 평범한 대화로 보일 수도 있는 그 대화를 아래에 요약해 놓았다.

친구 "자네는 이 모든 상황이 놀랍지 않은가 보군. 그렇지 않은가?"
래리 "맞아. 내게 아랫방이 있다는 걸 아니까."
친구 "자네가 그리스도와의 사귐이 끊어진 것에 대해 그렇게 괴로워한다는 사실이 내게 격려가 된다네. 자네가 정말 그분을 원하고 있다는 얘기니까."

나는 그가 나를 기뻐하고 즐거워함을 느꼈고 안전함을 느꼈다. 그의 말을 들으니 예배드리고 싶어졌다. 이 모든 것 이면의 나는 **정결하다**.

친구 "자네는 나보다 훨씬 낫네. 나는 낙담했을 때 그냥 아랫방에 주저앉아 있었지. 하지만 자네는 하나님과 씨름하며 내게 전화를 걸었잖아."

나는 그가 나에 대한 비전을 품고 있음을 느꼈다. 그는 내 속에 있는 견고한 무언가를 인식한 것 같았다.
신뢰에 대한 욕구가 일어나자 편안함을 느낄 수 있었다.

친구 "무엇 때문에 자네의 분투가 그렇게 힘들었는가? 이제는 그것에 익숙해졌을 텐데."

나는 내가 전투를 잘한다고 느낄 때 얼마나 흥분되는지 계속해서 설명했다. 그것이 내 아내와 아이들과 친구들이 그들의 전투를 잘 치르도록 도울 수 있다는 사실을 알기 때문이다. 이 말을 할 때, 내가 윗방에 있음을 깨달았다. 나는 성장하고 싶은 욕구, 성령과 함께 걷고 싶은 욕구로 말하고 있었고, 그분이 일하고 계셨음을 알았다.

친구 "자네가 지금 한 것처럼 친구에게 전화를 거는 것이 중요하다고 생각하나? 자네는 왜 홀로 하나님과 씨름하지 않았지? 자네가 전화해 주어 기쁘지만 내가 무엇을 더 해야 할지 모르겠어."

대화를 나누면서 그는 이런 질문들을 던졌다. 그 질문들은 특별히 날카롭지는 않았지만, 왠지 강력했다. 나는 윗방의 욕구로 반응할 에너지가 생기는 것을 느꼈다.

래리 "그것은 정말 단순한 선택이었지. 하나님이 내게 전화하라고 말씀하셨네. 나는 순종할 수도 있고 순종하지 않을 수도 있었지. 우리는 우리가 그리스도의 몸이라는 사실을 진지하게 생각하지 않는 것 같네. 아마 그것은 비유 이상의 의미가 있을 걸세. 자네는 실제로 내게 그리스도를 보여 주었고, 나는 그분이 서로를 통해 우리를 먹이고 싶어 하신다고 생각했네. 우리가 티베트의 감옥에 갇혀서 누구에게도 말할 수 없다면, 그분은 직접적으로 우리에게 필요한 것을 주실 걸세. 하지만 공동체를 이용하실 수 있다면, 우리는 그 공동체라는 식당에서 음식을 먹어야 할 걸세."
친구 "실제로 우리 생각보다 함께한다는 건 더 큰 의미가 있는 거로군. 불가사의하고 신비롭기까지 하네."

그가 자기 속에서 끓어오르고 있던 것을 표현했다. 호기심, 초월성에 대한 깨달음, 신비에 들어가는 것에 대한 두려움을 드러냈다. 그 순간, 나는 내 친구에게 전화를 함으로써 하나님께 순종했다는 사실에 전율을 느꼈다. 나는 전화를 끊고 일어서서 외쳤다. "그래, 이거야!" 그리고 다시 앉아서 빵과 와인을 맛있게 먹었다.

나는 깨어졌지만 살아 있다. 새 언약의 피가 나를 정결하게 해주었고, 내게 새로운 정체성을 주었고, 다른 모든 욕구보다 더 강력한 하나님을 향한 욕구를 만들어 냈고, 영적 공동체를 통해 나를 어루만지시는 성령께서는 내게 능력을 부여해 주셨다.

내가 좌절했을까? 전혀 아니었다. 오히려 내 안에는 말할 수 없는 기쁨과 영광이 가득했다. 성자는 성부 하나님께 그분의 영광을 드러내 달라고 말씀하셨고, 그분은 그렇게 하셨다. 영광스러운 하나님의 생명이 내 속에 있었다. 성령은 그 생명이 깨어나도록 내 친구를 사용하셨다.

나는 이 만남을 통해, 사람들에게 사랑과 선행을 격려하는 법을 배웠다. 루이스가 말했듯이, 영적 공동체는 하나님을 발견하는 좋은 실험실이다.

기독교 심리 치료 문화는 공동체에 대해서 자존감을 세워 주는 곳이라고 여길수록 루이스의 생각을 강하게 뒷받침할 수 있다고 생각한다. 하지만 실제로 그 생각은 우리를 전혀 다른 방향으로 이끌고 갔다. 함께 기뻐하고, 비전을 품고, 분별하고, 어루만지는 영적 공동체의 이 네 요소가 단순히 우리 자신에 대해 좋은 감정을 불러일으키는 방법이라고 여겨서는 안 된다. 친구와의 대화로 나는 나의 가치를 더 잘 깨달았을 뿐만 아니라, 하나님에 대해서도 더 잘 깨닫게 되었다.

치료 문화가 자존감이라는 용어로 말하고자 하는 바는, 그것이 정서적인 건강에 꼭 필요하다는 것이다. 하지만 자존감은 키워 내야 할 연약한 꽃이기보다는 인간 본성에서 뽑아야 할 왕성한 잡초에 더 가깝다.

자아를 지키고 높이려는 우리의 전략들은, 그리스도를 중심에 모시지 않은 채, 무슨 대가를 치르더라도 자신을 찾겠다는 의지를 담고 있다.

그런 일은 일어날 수 없다. 그 노력을 권장해서는 안 된다. 한 사람의 거룩한 열정이 다른 사람에게로 흘러갈 때, 그 결과로 우리의 가치를 더 확신하는 일이 일어나서는 안 된다. 오히려 우리는 우리 안에 계신 그리스도와 그분이 다른 누구도 할 수 없는 일을 하신 것에 대해 영광을 돌려야 한다.

영적 공동체는 먼저 하나님을 기뻐한다. 그리고 두 번째로, 사람들이 하나님의 은혜를 드러내는 놀라운 통로가 된 것을 기뻐한다. 영적 공동체는 성령께서 우리를 통해 그리스도의 성품을 어떻게 더 드러내실 수 있을지 비전을 품는다. 또 벅찬 마음으로 성령께서 일하시는 증거를 분별하고, 상냥하지만 가차 없이 육체가 주도하는 책략을 폭로한다. 그리고 그리스도의 생명을 영혼 속에 불어넣는다. 그 생명이 없다면 영혼은 죽고 가치도 없어지기 때문이다.

인간으로서 우리는, 폭력이 사랑에 대한 절박한 열망에서 나온 것이 아니라 육체에 이끌린 상한 감정의 이기주의에서 비롯되었음을 인정해야 한다. 그것은 두 명의 10대 소년이 콜로라도 고등학교에서 친구들을 향해 총을 쏘았을 때처럼 노골적인 경우든, 우리 같은 사람들이 하나님의 형상을 지닌 동료를 지배하거나 상처를 주거나 착취할 의도로 말할 때처럼 미묘한 경우든 마찬가지다. 우리는 우리의 깨어짐을 인식하고 겸손한 자세로 우리가 얼마나 사랑받고 싶어 하는 존재인지 생각해야 한다. 그렇지 않다면, 우리는 사랑받는 것이 우리의 권리이며 그 권리를 거부당하면 복수할 수 있다고 생각한다.

내가 친구에게 전화를 걸었을 때 그에게서 내게로 열정들이 흘러들어 왔다. 그 열정들은 어떤 필요를 충족시키지 않았다. 오히려 내가 사랑받고 있다는 사실을 깨닫고 감사하게 해주었다. 또 자존감을 높여 주지는 않았지만, 예배가 깊어지게 해주었고 하나님이 주신 가치를 경험하게 해주었다. 내 욕구와 내 감정과 내 자아가 모든 것의 중심이 되면, 결국 지옥이 시작된다. 반면 그리스도가 나와 내 친구 안에서 분명한 자리를 차지하고 계실 때에는 하늘나라가 이 땅에 임한다.

교회는 하나님께로 여행하는 사람들의 공동체다.

우리가 서로 만날 때 우리 안에 생긴 어떤 욕구들이, 하나님이 새 언약을 통해 주신 복의 실재를 누리도록 우리 삶에서 직접적이고 초자연적인 영향을 나타낸다면 그 공동체는 영적인 것이다. 이제 이 욕구들에 대해 설명해 보겠다.

함께 기뻐하고 싶은 욕구

우리의 아랫방에서는 자아에 열중한다. 하나님을 예배하기보다는 이용하려 한다. 그러고는 그분이 도움이 되지 않을 때 화를 내고 그분을 버린다. 이것이 죄다. 그러나 새 언약으로 인해 우리는 온전하고 완벽한 죄 사함을 얻는다. 우리에게는 **새로운 정결함**이 주어진다. 한때 아주 더러웠던 사람이 이제 완전히 깨끗해졌다는 우리의 새로운 상태에 대해 아주 희미하게만 이해해도, 예배하고자 하는 윗방의 욕구가 자라난다.

우리가 죄 사함 받은 사람들의 공동체에서 살아갈 때, 새 언약으로 얻은 정결함으로 인해 우리 삶에 어떤 일이 일어나든 우리는 서로 영적 친구들을 근본적으로 기뻐하게 된다. 꾸짖음, 징계, 심한 말이 있을 수도 있겠지만, 영적 공동체에서는 함께 기뻐하고 싶은 마음이 결코 사라지지 않는다.

하나님의 선물인 완벽한 죄 사함과 흠 없는 정결함에 대해 하나님을 예배하려는 욕구는 우리가 서로를 바라볼 때 함께 기뻐하고 싶은 욕구로 바뀐다.

누군가가 자신을 기뻐한다고 느끼는 사람은 많지 않다. 소위 정신 질환의 근저에는 아무도 자신을 원하지 않는다는 느낌, 경멸받는다는 느낌, 사람들이 원하는 대로 되지 못하면 버림받을 것 같다는 느낌 등이 있다. 이 모든 것들은 누군가가 자신을 기뻐한다는 느낌과 반대되는 것들이다. 함께 기뻐하는 관계는 그 기쁨의 이유를 아는 사람 속에 예배 욕구를 일깨움으로써 영혼을 치유한다. 우리의 죄와 수치를 대면할 때 가장 안전한 곳은 그 무엇도 더럽힐 수 없는 정결함이라는 선물을 함께 기뻐하는 공동체. 그러한 영적 공동체에서는 서로 비밀이 없다.

▌비전을 품고 싶은 욕구

아마도 우리의 아랫방에서 지배적인 욕구는 우리가 운용할 수 있는 자원으로 삶을 꾸려 나가겠다는 결단일 것이다. 이것이 지배 욕구다. 우리는 하나님을 신뢰하지 않는다. 기도는 시간 낭비라고 결론 내린다. 그래서 우리의 행복은 우리가 책임진다.

조지 칼린(George Carlin)은 어느 코미디 프로그램에서, 기도 응답의 가능성은 50 대 50인데 왜 신경을 쓰냐고 불평했다. 이러한 생각 때문에 우리는 외로움과 두려움을 느끼고, 어느 누구도 우리만큼 우리의 행복에 신경 쓰지 않는다고 확신하며 우리 자신만을 신뢰한다. 그러다 우리의 자원이 고갈되면 정서 장애에 빠진다. 이것은 세상을 향해 세상이 할 수 없는 일을 해달라는 간청인 동시에, 거기서 안전한 거리를 유지하는 방법이다. 이것이 죄다.

예수님은 우리를 용서하신다. 그다음 새 언약을 통해 **새로운 정체성**을 주시는데, 이것은 하나님이 진실로 신뢰할 만한 분임을 보증하는 일종의 착수금이다. 우리 안에 새로운 정체성이 자리를 잡으면, 그 무엇도 우리로 하여금 그리스도를 닮아 가게 하시려는 그분의 목적을 방해할 수 없다는 사실을 깨닫기 시작한다. 그분의 이름이 우리에게 주어진다. 우리는 그리스도 같은 사람들이다. 그러고 나서 성령께서는 모든 삶의 정황을 통해 천천히 우리 속에서 그분의 성품을 키워 나가신다. **신뢰** 욕구가 **지배** 욕구를 한쪽으로 밀치고 살아나기 시작한다. 우리는 마음이 느긋해진다. 평안을 누린다. 이제 열심히 애쓰지 않아도 된다.

이렇게 새로운 정체성을 가진 사람들과 공동체로 함께 모일 때, 우리는 그들 역시 확실한 안내자의 인도를 받아 여행 중이라는 확신을 가지고 그들과 함께 앞으로 나아간다. 물론 인내가 필요하다. 포르노물 제작자들은 새로운 잡지를 사고, 알코올 중독자들은 또 다른 술을 마시고, 험담꾼들은 여전히 험담을 하고, 불평꾼들은 여전히 불평을 한다. 하지만 우리는 더 이상 그들에게 포르노물 제작자, 알코올 중독자, 험담꾼, 불평꾼이라는 이름을 붙이지 않는다. 이제 우리는 서로를 성도로 본다. 여전히 문제를 가지고 있지만 그럼에도 그들은 성도다. 영적 친구들은 서로를 위엄과 존경으로 대한다. 그들은 언젠가 하늘에서 온전해질 모습, 이 땅에서도 꽤 성장할 모습에 대한 비전을 품는다.

새로운 정체성은 성도들 안에서 신뢰 욕구를 불러일으킨다. 그리고 우리가 그 성도들과 함께 여행할 때 그 욕구는 다른 사람의 미래에 대한 비전을 품고 싶은 욕구로 바뀐다.

누군가를 자신의 프로젝트로 보는 것과, 성령께서 새로운 정체성을 지닌 그들을 어떻게 빚어 가실지에 대해 비전을 갖는 일은 전혀 다른 것이다. 전자는 그 에너지가 자기중심적이어서, 이런 뜻을 내포한다. '나는 당신이 나를 위해 이렇게 되어 주기를 원해.' 반면 후자에는 하나님과 다른 사람을 사랑하려는 욕구가 있다. '나는 당신이 하나님을 더 닮기 원해. 그러면 당신을 아는 사람들에게 그분이 분명히 드러날 것이고 당신은 행복해질 거야.'

분별 욕구

아랫방 거주자들은 삶과 죽음에 대해 잘못된 정의를 내린다. 고통을 일으키는 것은 무엇이든 죽음이라고 여기고, 무슨 수를 써서라도 피해야 할 것으로 본다. 반면 즐거움을 주기만 하면 그게 무엇이든 삶으로 받아들이고, 그것을 추구한다. 아랫방에서 나오는 욕구를 충족시키려면, 금세 기분이 좋아져야 하고 기쁨은 극대화하고 고통은 최소화해야 한다. 그러기 위해서는 삶의 환경을 조작해야 한다. 죽으려 하지 않고 살려고 발버둥 치는 것이다. 하지만 이는 어리석은 것이다.

아랫방 거주자들에게 고통은 적이고, 고통을 허락하는 이는 더 큰 적이다. 그래서 그들은 고통을 겪을 때 하나님을 미워한다. 하지만 그분은 여전히 우리를 용서하신다. 그리고 성령은 새 언약을 통해 우리 속에 새로운 욕구, 새로운 성향, **새로운 기질**을 창조하신다. 예전의 우리는 자아실현, 자아 성취의 맛만을 느꼈다. 이제는 거룩함을 더 좋아한다. 악마의 쾌락을 즐기기보다는 하나님처럼 사랑하기를 원한다.

이제는 하나님을 알고 그분의 아들을 닮아 가며 그분을 알리는 것이 삶으로 정의된다. 이러한 새 언약의 복은 또한 새로운 욕구를 불러일으킨다. 삶이 힘들어질 때 우리는 분명 혹을 제거하려 할 것이다. 그렇게 할 수 있으면 그렇게 한다. 그리고 당연히 우리가 잘했다고 생각하고 싶어 한다. 하지만 우리의 더 깊은 욕구는 **성장하는** 것이다. 변화되고 성숙하는 것이다. 성령께서 우리를 그리스도의 형상으로 더 온전히 빚어 가시는 것이다.

우리는 시련을 영적으로 우리를 더 성장시키는 도구로 여기며 환영한다. 고난을 겪을 때나 인생이 즐거울 때나, 새 언약으로 얻은 새로운 기질은 성장 욕구를 일깨운다. 비슷한 마음을 가진 친구들과 함께 모일 때면, 우리는 금을 찾아 헤매는 흥분한 광부들로 변한다. 우리는 다른 사람 속에도 새로운 기질이 있음을 안다. 하나님이 그렇다고 말씀하셨고, 우리 속에서도 그것을 볼 수 있기 때문이다. 그래서 다른 사람 속에서 그것을 발견할 때까지 우리의 시각을 교정한다. 채굴이 약간 필요할지도 모르지만, 그것은 바위 아래 금이 있다는 사실을 아는 광부들이 하는 일이다.

우리의 새로운 기질에서 나오는 성장 욕구는 다른 사람을 들여다보려는 욕구로 바뀐다. 그것은 그들의 두 방의 에너지를 분별하고자 하는 욕구다. 윗방 욕구라는 황금을 발견하고, 아랫방에 있는 거짓 황금이 쓸모

없다는 사실이 드러날 때 우리는 기쁨을 느낀다.

영적 친구들이 자신들의 이야기를 나눌 때, 상대방은 아무것도 하지 않고 그들의 이야기를 듣는다. 그들은 편히 쉰다. 고쳐야 할 것은 아무것도 없다. 개선해야 할 것도 없다. 영적 공동체는 서로에게 귀 기울일 때 방해받지 않는 고요함을 느낀다. 분명 부담이 되고, 간혹 다른 사람들이 견디어야만 하는 상황도 있다. 그래서 괴롭기도 하지만, 그 안에 있는 생명, 거룩하고자 하는 욕구는 사라지지 않음을 알기에 여전히 안식을 누린다. 그 욕구가 자라나 드러나기만 하면 되는 것이다.

힘을 부어 주고 싶은 욕구

우리의 아랫방에서 살아갈 때 우리는 압박을 느낀다. 더 잘해야 하는 것을 **알지만** 그렇게 할 수 없다. 그리고 왜 다른 사람들이, 특별히 하나님이 우리의 고통에 더 민감하지 않으신지 의아해 한다. 우리는 압박을 받고 반항하며 자기 연민에 빠진다. 하나님이 주신 율법을 미워한다. 그래서 그것을 우리가 지킬 수 있는 수준으로 축소한 다음, 우리가 해낸 일을 돌아보며 자신이 꽤 선한 사람들이라 생각하고 기뻐한다.

나는 어떤 아내가 화를 내며 이렇게 말하는 것을 들었다. "그렇게 화를 내서는 안 된다는 걸 알지만, 내가 그를 죽이지 않은 것에 대해 그는 정말 감사해야 해요." 그녀는 진심이었다.

이것이 죄다. 새 언약은 우리 죄를 사해 줄 뿐만이 아니라 **새로운 능력**을 준다. 우리는 예배하고 신뢰하고 성장**하기를 원**한다. 그리고 해야 할 일이 분명할 때, 하나님은 그것을 가능하게 하는 능력을 공급하신다.

우리는 순종할 수 있는 능력을 부여받는다. **순종 욕구**를 경험하기 시작하는 것이다.

가장 성숙한 형태의 순종은 좋은 관계에서 비롯된다. 우리가 치러야 할 대가를 생각하지 않고 다른 사람에게 최선의 것을 주는 데서 나온다. 우리는 동일한 능력으로 살아가는 영적 친구들과 함께할 때, 하나님의 도구가 되고자 하는 욕구를 느낀다. 다른 사람들 속에서 순종 욕구를 일깨우고자 하는 깊은 욕구를 느낀다.

우리의 새로운 능력의 근원이신 성령께서는 순종 욕구를 불러일으키신다. 그리고 그 욕구는 성령께서 우리 속에서 일으키시는 것은 무엇이든 다른 사람들에게 주어, 그들도 주님을 더 순종하게 하고 싶은 욕구로 바뀐다.

우리 속에 있는 가장 영적인 것을 다른 사람에게 주는 것, 그것은 사실 서로에게 그리스도를 보여 주는 것이다. 그로 인해 둘 다 거룩을 향해 나아가게 된다.

영적 공동체는 영혼을 치유한다. 누군가의 마음에 윗방으로 올라가고 싶다는 욕구를 일으킴으로써 그 영혼을 치유한다. 아랫방 욕구들은 거짓에 의존하고 있다는 사실이 드러난다. 하나님은 영혼의 궁극적인 만족을 주는 분이 아니라는 거짓말, 그분은 근본적으로 신뢰할 만한 무한히 선하고 귀하신 분이 아니라는 거짓말 말이다.

아랫방 욕구들은 재배치하거나 재해석하거나 방향을 재조정할 수 있는 것이 아니다. 그것들은 용기도 없고 힘도 없고 한 번도 이겨 본 적이 없는 불량배의 한심한 허풍처럼 쓸모없는 패다. 하지만 그러한 사실들이 보여야만 우리는 그 욕구들을 무시할 수 있다. 견고하고 고귀한 욕구, 우리 영혼에게 더 잘 맞는 더 좋은 욕구들을 볼 때에만 우리는 악한 욕구들의 본색을 알게 될 것이다.

앞에서 그렸던 도표를 다시 살펴보자.

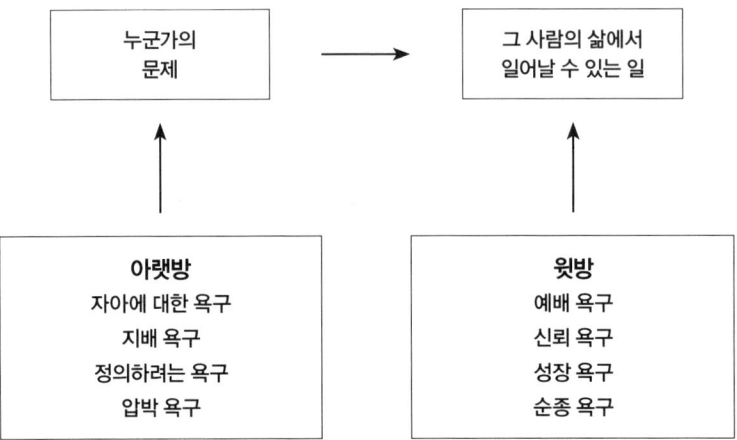

사람들의 문제를 다루는 유일한 길은, 아랫방 욕구들이 그들에게 미치는 지배력을 약화시키는 것이다. 하지만 그 욕구들 자체는 약화되지 않는다. 윗방 욕구들이 깨어나고 활성화될 때만이 약해질 뿐이다. 윗방 욕구들의 다스림을 받는 사람들이 공동체를 이루어, 한 사람과 관계를 맺고 다음의 네 가지 메시지를 강력하게 전할 때 바로 그런 일이 일어난다.

1. **우리는 당신을 받아들입니다** 우리는 하나님을 예배하며 그리스도 안에서 당신이 얻은 정결함을 함께 기뻐합니다.
2. **우리는 당신을 믿습니다** 우리는 하나님을 신뢰하며 그리스도 안에서 당신이 얻은 새로운 정체성과 당신의 미래 모습을 바라보며 비전을

품습니다.

3. **우리는 당신을 바라보며 계속 당신 곁에 기쁘게 머무릅니다** 우리는 그리스도 안에서 성장해 나가며 당신의 선한 욕구를 분별하고 기뻐합니다. 또 당신의 악한 욕구를 분별하고 그것들이 당신을 규정하지 않음을 깨닫습니다.
4. **우리는 당신에게 나누어 줍니다** 우리는 당신을 변화시키기 위해 압력을 가하지 않습니다. 변화하는 능력은 당신에게 있습니다. 우리는 열심히 하나님께 순종하며 우리 안에 살아 있는 것을 당신에게 주고, 그것을 통해 당신의 가장 깊은 열망이 충족되기를 기도합니다.

아마도 다음의 도표가 내 생각을 좀 더 명료하게 보여 줄 것이다.

문제를 가진 사람이 영적 공동체를 향해 자기 의자를 돌릴 때, 그 공동체는 이런 것을 본다.

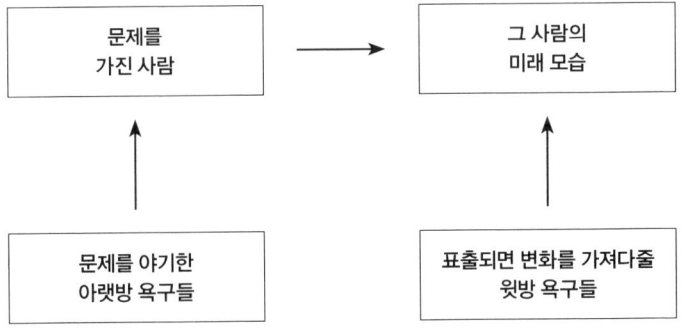

영적 공동체가 고통받고 있는 사람을 바라볼 때, **하나님을 향한** 새 언약의 욕구들이 그 사람을 향한 새 언약의 욕구들로 바뀐다.

새 언약의 조항	하나님을 향한 강렬한 반응	사람을 향한 강렬한 반응
1. 새로운 정결함	예배	함께 기뻐함
2. 새로운 정체성	신뢰	비전을 품음
3. 새로운 기질	성장하고자 하는 열심	분별
4. 새로운 능력	순종하고자 하는 열심	나누어 줌

고통당하는 사람이 의자를 돌릴 때, 그는 영적 공동체로부터 다음의 메시지를 듣고 영혼의 양식을 공급받는다.

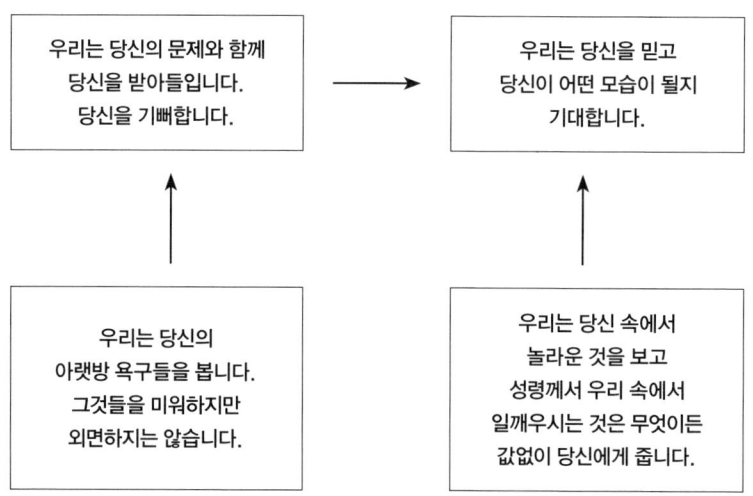

영적 공동체의 구성원들은 새 언약의 욕구들을 가지고 있다. 따라서 이 공동체는 고통받는 사람에게 깊은 영향을 미친다. 이 공동체를 통해 그 사람의 윗방에 있는 새 언약의 욕구들도 살아나고, 그는 성숙을 향해 1센티미터, 때로는 한발자국씩 앞으로 나아간다.

그러나 그 공동체가 영적인지 여부에 굉장히 많은 것이 달려 있다. 우리는 고통을 당하고 있는 사람에게 새 언약의 욕구들로 반응하는가? 우리 마음속에서 성령의 일하심을 **경험하는가**? 그리스도께서 보실 때와 같은 마음으로 그 사람을 보는가?

배우자가 우리에게 상처를 줄 때에도 그를 **기뻐하는가**?

무능하고 책임감 없고 냉소적이고 영적으로 깊이가 없는 아들이 어떤 모습이 될지 기뻐하며 **비전을 품고 있는가**? 우리의 계획으로는 선을 이룰 수 없음을 인식하며, 그 아이를 삼위일체 하나님의 돌보심 아래 맡기는가?

낙담해 있거나 도덕적으로 타협을 한 친구와 대화할 때, 우리는 성령이 일하시는 흔적을 **분별하는가**? 때로는 깨끗이 청소된 카펫 위의 먼지 한 점 정도밖에 되지 않을지라도 그 흔적을 분별하고, 아랫방에서 맹렬히 계속되는 진짜 전투를 볼 수 있는가?

우리 마음속에서 성령이 일하고 계심을 깨닫고 우리 속에 있는 생명을 비위에 거슬리는 동료의 마음속으로 부어 주며, 값없이 **나누어 주는가**?

복음의 핵심을 머리로만 이해하고 자신들의 자원으로 계속 삶을 운영해 나가는 관리자들은 결코 그러한 욕구를 느끼지 못한다. 오로지 신비가들만이 그러한 욕구를 느낀다.

이제 영적 공동체로 가는 길은 갈림길에 다다랐다. 우리는 이 길로 가든지, 아니면 다른 길로 가야 한다. 그리고 더 이상 관리자의 길로 갈 수 없다는 사실을 깨달았다. 그 길은 순조롭지 않다. 그 길은 성령을 소멸하고, 갈등을 겪을 때 친화성, 협동, 위로, 상담이나 규율을 따르도록 방치한다.

하지만 타락한 우리 마음속에는 스스로 관리하겠다는 결심만 확고해질 뿐이다. 우리는 신비의 영역을 우리가 관리할 수 있는 영역으로 떨어뜨리고 싶어 한다. 전문가에게 도움을 구하여, 잘못된 것이 무엇인지 알아보고 적절한 치료를 하려 한다. 심원한 영적 깊이를 요구하지 않는 길을 따르는 체제를 제시하려 한다.

이 길 위에는 계속 아랫방에 머물면서 치유하는 공동체를 발전시키려 노력하는 관리자로 살아가는 넓은 길을 제시하는 사람들이 있다. 그러나 **신비가**가 되는 좁은 길을 제시하는 사람들도 있다. 이 신비가들은 왜곡된 신비주의가 보여 주는, 반이성적이며 경험에만 의존하는 몽상가들이 아니다. 그보다는 토저가 다음과 같이 묘사한 사람들이다.

> '신비가'라는 단어는, 성경 시대의 성인들과 그 이후 시대에 유명한 성인들이 공통적으로 경험한 개인적 영적 체험과 관련이 있다. 내가 말하고 싶은 신비가는 복음을 통해 삼위일체 하나님과의 친밀한 교제 속으로 들어가는 복음주의적 신비가다. 그의 신학은 성경의 가르침을 넘어서지 않는다. 그렇다고 그 가르침에 미치지 못하는 것도 아니다. 신비가가 정통 기독교와 다른 점이 있다면, 그것은 그가 다른 사람과는 다르게 존재의 깊은 곳에서 신앙을 경험하기 때문이다. 그는 자신 속에서 잠잠히, 깊이, 때로는 도취되어 하나님의 임재를 인식하고, 그를 둘러싼 세상 속에서도 그런 경험을 한다. 그의 체험은 시간과 창조만큼이나 오래되고 근본적인 것이다. 그것은 영원하신 아들과 하나 됨으로 하나님과 직접 사귐을 갖는 것이다. 그것은 지식을 뛰어넘는 깨달음이다. [주1]

정의를 내려 보자면, 신비가는 영적인 사람, 히브리적 의미에서는 하나님의 인격을 아는 사람이다. 신비가는 그 영혼 속에서 하나님의 임재와 일하심을 경험한다. 그 영혼 속에서 영적 욕구들이 일어난다. 그는 하나님을 사실적으로 경험할 만큼 조용히 윗방에 앉아 있는 법을 배운다.

관리자들은 영적 공동체에 어떤 기여도 하지 못한다. 그들은 결코 서로 연결되지 못한다. 신비가들만이 그 일을 할 수 있다.

이 책의 나머지 부분에서는 신비주의의 길을 선택하는 데 필요한 것이 무엇인지 그리고 영적 공동체를 세우려면 우리에게서 무엇이 다른 사람에게로 흘러가야 하는지 나눌 것이다.

14
관리자인가, 신비가인가: 공동체의 신비

가장 좋은 것은 어쩌면 우리가 가장 이해하지 못하는 것일지도 모른다.

−C. S. 루이스

그리스도인에게 '영적'이라는 의미는 '성령의 인도를 받으며' '성령을 따라 살아가는' 것을 뜻한다.

−사이먼 터그웰

사실 우리는 영적 공동체에 대해 말할 수 있는 입장이 아니다. 그건 그럴 수밖에 없다. 딸이 열 번이나 통금 시간을 어겼을 때 아버지는 그 딸에게 어떤 말을 해야 할까? 자녀 양육 전문가는 알지도 모르지만 부모는 잘 모른다. 우리는 공동체가 신비라는 사실을 기꺼이 인정해야 한다. 공동체는 몇 가지 원리로 국한시킬 수 없으며 규칙이나 규정의 틀에 묶어 둘 수도 없다.

영적 공동체인지 아닌지를 결정하는 것은, 함께 모인 구성원들 속에서 솟아나는 욕구들이다. 그 욕구들은 우리가 쉽게 통제할 수 있는 것이 아니다. 한 친구가 힘겨운 시기에 아들과 긴 대화를 나눈 후 내게 이렇게 말했다. "감정이 아주 충만했어." 나는 그것이 무슨 말인지 안다.

우리는 여전히 공동체를 관리하고자 하는 유혹을 느낀다. 그것이 매우 중요하기 때문이다. 우리는 공동체를 잘 운영하기 위해 다른 누군가를 신뢰하고 싶지 않다. 의사소통 원리와 갈등 해결 전략을 잘 따름으로써 결혼생활 문제를 잘 해결해 나가려 한다. 상담가들은 사람들의 문제를 이론으로 발전시키고 장애를 해결할 절차들을 제시하면서 스스로의 직업 영역을 구축했다.

하지만 영적 돌봄을 비롯해 모든 관계는 **영적인** 활동이다. 상담 관계든, 가족이든, 친구 관계든 서로의 내면에 있는 생명을 일깨우는 좋은 관계는 성령께 의존하는 관계다. 따라서 우리가 관리할 수 없다. 성령을 관리할 수 없기 때문이다.

이 책에서 지금까지 논의해 왔던 것은 이것이다. **영혼이 안식을 누리며 사랑하고 치유받을 수 있는 안전한 공동체는 사람들이 서로를 바라보는 공동체며, 그들이 거룩한 욕구를 느끼도록 성령께서 일하시는 공동체다.** 그들은 그 욕구들을 품고 서로 대화를 나눈다.

우리가 어떻게 그것을 관리하겠는가? 하지 못한다. 그래서 우리는 신비가가 된다. 겸손히 하나님을 의지하며, 그분이 그 일을 하시도록 맡겨 드린다.

하지만 그것은 어떤 의미인가? 우리에게는 여전히 할 일이 있다. 그것이 무엇인가? 내가 말하는 신비주의는 심사숙고의 중요성이나 이성적인 진리의 가치를 과소평가하고 체험만을 중요시하는 것이 **아니다**. 또한 좀 더 천국의 일 같고 그다지 실제적이지 않으며, 이상한 성인들만이 경험하는 특별한 내면의 강렬함을 말하는 것도 **아니다**. 화장실을 고치는 배관공과 기도하는 수도사 둘 다 똑같이 신비가가 될 수 있다.

정의를 내려 보는 것이 도움이 될 것 같다. 신비주의란 거듭난 마음

안에서 영적 욕구를 느끼는 것이다. 그 욕구는 성령께서 보여 주신 진리와 그 진리를 누리게 해주시는 같은 성령의 도움으로만 존재할 수 있다.

물론 문제는 우리가 관리자이거나 형편없는 신비가라는 것이다. 우리는 나쁜 욕구들만 느끼는 경향이 있다. 이틀 전 한 친구가 내 마음을 상하게 하는 말을 했다. 그 친구는 내가 이전에 가했던 공격을 되갚으려고 나를 비하하는 듯 보였다. 내 사과가 그 문제를 해결하지 못한 것이 분명했다. 내가 나 자신에게 던져야 했던 가장 중요한 질문은 가장 고통스러운 질문이기도 했다. 가슴을 찌르는 그의 말을 듣고 있을 때 내게는 어떤 욕구들이 생겼을까?

나는 자아에 신경을 쓰고 있었는가? 관계가 기대했던 것과는 전혀 다른 모습에 지쳐서 피로감에만 초점을 두었는가? 그의 말을 비하의 말로 해석하는 피해망상에 빠져 있지는 않았는가?

나는 계속 상황을 지배하려는 마음이었는가? 무엇 때문에 이 사람을 실망시켰는지 그리고 그가 다시 내게 친절하게 반응하도록 할 수 있는 일이 무엇인지 질문했는가? 짜증이 나서 내가 우위에 있을 방법을 찾으려 했는가? "그는 아마 자신이 어떤 영향을 주고 있는지 모를 거야. 그가 내게 상처를 주었다는 것을 알려 줘야겠어."

내가 괜찮은 사람이라는 느낌, 살아 있다는 느낌을 회복하는 데 몰두해 있었는가? 재빨리 일어나 또 한 잔의 커피와 쿠키를 가져오려 했는가?(우리는 뷔페 식당에 있었다.) 그 순간 건너편에 앉아 있던 척을 떠올린 건 우연의 일치였을까? 왜 항상 나를 칭찬해 주던 그와 담소를 나누고 싶다는 충동을 느낀 것일까? 나를 공격하는 친구를 질투심 많거나 불안정하거나 오만하다고 말할 만한 어떤 방법을 찾고 있었는가? 그래서 그의 말을 생각해 봐도 상처가 되지 않는 것처럼 느끼도록 말이다.

나는 그 순간을 잘 대처해야 한다는 압박을 느꼈는가? 나는 곧바로 어떤 성경 구절을 찾으려 했는가? 화를 내지 말고 부드럽게 대답하라고 말하는 구절 말이다. 혹은 전광석화처럼 분노를 발한 나 자신에 낙담해서 무언가 해보려고 내 문제에 대해 조사하기 시작했는가?

내 속에서는 이런 욕구들이 모두 나왔던 것 같다. 그러리라 예상해야 했다. 이 욕구들은 모두 나의 아랫방에서 나온다. 그곳은 어떤 일이 일어나든 문제를 처리하려 하는 곳이니까. 이것이 **관리자**의 욕구이며, 더 잘 관리하려는 노력을 강화시키기도 한다. 만약 내 속에서 이런 욕구들만 나온다면, 내 친구와의 대화가 겉으로 은혜롭게 보이든, 뻔뻔스럽고 고약하게 보이든 간에, 나는 결코 지하층을 떠나지 못할 것이다. 나의 악마적 자아가 활동을 시작할 것이다.

변화되어야 한다. 우리들 대부분이 거의 생각지 못하는 급진적인 변화가 있어야 한다. 우리는 관리에서 신비주의로, 그러한 긴장된 순간에 관리자로 움직이는 데서 신비가로 사는 모습으로 변화해야 한다. 그래야만 윗방의 욕구들이 살아난다. 그래야만 견고한 사람이 될 것이다. 아마 상처를 받기도 하고 주기도 하겠지만, 분노와 불안과 싸우겠지만, 그 사람이 순결한 성도가 되었음을 기뻐하려는 욕구, 그의 미래에 대한 비전을 품으려는 욕구, 그의 무례함 가운데서 성령의 흔적을 보려는 욕구를 느끼는 견고한 사람이 될 것이다. 그래야만 우리는 그 사람을 축복하고 싶을 것이다.

그러한 변화가 일어나야 영적 공동체가 세워진다. 옛 언약이 여전히 효력을 발휘하고 있다면, 달라지는 것 없이 모든 것이 그대로일 것이다.

그저 더 잘하려고 열심히 노력하는 것은 적절한 반응이 아니다. 그렇게 노력해 봐도 문제는 계속되기 때문이다.

성령의 인도를 받는 신비가가 되려면, 십자가를 하나님과의 친밀하고 열정적이고 즐거운 관계를 시작하는 기회로 여겨야 한다. 영적 공동체는 단지 관계의 기술을 배우고 연습한다고 시작되는 것은 아니다. 영적 공동체는 새 언약이 열어 준 문을 통해 그분께 가까이 나아가 그분과 관계를 맺음으로써 시작된다. 새 언약의 교리는 성적인 즐거움보다도 훨씬 더 흥분되고 만족스러운 무언가로 초대한다는 사실을 깨닫는 것이 영적 공동체의 출발점이다.

성령 체험을 시적으로 표현한 파버(F. W. Faber)의 말을 들어보라.

> 당신은 대양, 광활하게 흐르는 대양
> 자존하는 사랑의 대양
> 내 영혼 속에서 당신의 물이 움직임을 느낄 때
> 내 몸이 떨립니다
>
> 당신은 해변조차 보이지 않는 바다
> 장엄하고 거대한 바다,
> 좁디좁은 내 마음속에 흐를 수 있도록
> 스스로를 축소시킬 수 있는 바다 주1

그저 학문적이기만 한 정통 신앙은 차가울 뿐이다. 그것은 관리하려는 아랫방 욕구를 자극한다.

- "성경은 이렇게 말한다. 나는 무엇을 할 것인가?"
- "남편을 잘 사랑하고 싶다. 그것이 무슨 의미인가?"
- "우리 아이들은 주님이 주신 유산이다. 나는 아이들을 제대로 교육할 것이다."

이러한 욕구는 진리를 정확하게 표현하는 것을 가장 고귀한 야망으로 여기는 **학자들**을 양산한다. 또 자신과 다른 사람들이 성경의 기준에 맞게 행동하기만을 바라는 **도덕주의자들**을 양산한다. 또 사람들의 문제를 이해하여 기술적으로 개입하도록 훈련받은 **상담가들**을 양산한다.

우리는 마음에 대한 성경적 시각을 다시 찾아야 한다. 영원하신 삼위일체께서는 우리의 내적 존재를 지으실 때 완벽한 사랑의 인격과 연결되기를 갈망하는 마음을 주셨음을 깨달아야 한다. 그렇게 하지 않으면, 우리는 계속 합리주의자요, 관리자로 남아 있을 것이다. 교리 면에서는 정통주의지만 무엇보다도 지배하려는 자로 남을 것이다. 우리는 결코 다른 사람들을 다스릴 수 있는 권력을 내려놓는 겸손을 배우지 못할 것이다. 우리가 다른 사람들에게 행사하는 권력은 아랫방 욕구들만을 불러일으킬 수 있음을 깨닫지 못할 것이다.

"파스칼은 동시대인이었던 데카르트의 냉정한 논리를 비난하며, 그것은 '기하학적인 사람'에게만 적합하다고 말했다. 영적인 실재들은 수학적 정리로 설명할 수 없기 때문이다." 주2

마음의 눈으로만 볼 수 있는 영적 진리는 이성을 넘어서는 것임을 보아야 한다. 그것은 균형 잡힌 질서와 광대함을 넘어서는 아름다움을 지닌 것임을 깨달아야 한다. 인격적인 삼위의 공동체는 궁극적인 실재다.

관리자들은 그것을 설명하려 하고 자신들을 신학자라 부른다. 반면 신비가들은 그것을 즐기고 사랑하는 자들이다.

하나님은 처음 사람을 창조하셨을 때, 그들을 같은 동산에 두셨다. 그곳은 "그분만을 사랑하고 바라는 곳"으로, 성경에서 하나님의 임재를 상징하는 곳이었다.주3 그리고 하나님은 성적인 황홀감 속에서 누리는 즐거움을 의미하는 '에덴'이라는 이름을 그 동산에 붙이셨다.

하나님이 아담과 하와를, 대학 도서관이나 회사의 중역 회의실이 아닌 에덴 동산에 두신 의미를 숙고하다 보니 무언가가 떠올랐다. 수익 좋은 손익 계산서보다는 오히려 포르노물이 더 하나님의 대용품 같다는 생각이 들었다. 거기서 얻는 성적 쾌락은 하나님과의 황홀한 연합에 비할 수 있다. 또 우리가 하나님을 무시하면 성적 쾌락은 폭군이 되어 버린다.

좀 더 분명하게 말해 보자. **하나님을 향한 영적 욕구는 성적 해방에서 얻는 강렬한 즐거움보다 더 커야 한다.** 그보다 덜한 것에 안주하는 것은 하나님의 명예를 더럽히는 일이다. 그것은 결혼 첫날밤 낭만적인 시를 암송하면서 침대에는 올라가지 않는 여자에 비할 수 있다. 핵심을 놓친 것이다.

공동체가 영적이냐 아니냐는, 교리적 기초만으로 판단할 수 있는 것이 아니다. 공동체의 가장 강렬한 욕구가 무엇인가를 점검해야 한다. 우리의 예배 욕구는 자아에 대한 욕구를 밀어내고 있는가? 우리의 신뢰 욕구는 지배 욕구를 옆으로 밀쳐내는가? 우리의 성장 욕구는 기꺼이 필요한 고통을 겪으려 하는가? 우리의 순종 욕구는 옳은 일을 해야 한다는 압박감을 덜어 주는가? 오히려 옳은 일을 즐거워하고 있는가?

새 언약이 주는 놀라운 복을 깨달음으로 솟아나는 영적 욕구들은 영적 공동체에서 가장 중요한 항목이다. 우리는 그 욕구들을 다른 사람에게 흘려보낸다. 진정한 영적 욕구들은 잘 제시된 가르침보다 사람들 내면 깊은 곳에 더 많은 진리를 전한다. 그 욕구들은 복음이 진리일 때에만 존재할 수 있기 때문이다.

이틀 전 받은 칭찬을 언급하는 것을 용서해 주기 바란다. 봄 학기를 끝낸 그날 밤 두 명의 학생이 나를 찾아와 말했다. "교수님은 지난 몇 주 동안 훨씬 더 매력적이셨습니다. 그래서 교수님이 말씀하신 내용이 훨씬 더 중요하게 여겨졌습니다. 교수님의 가르침은 분명 우리에게 자극이 되었습니다. 하지만 교수님의 수업 방식이 더 감동적이었습니다."

여기에 신비주의의 핵심 열쇠가 있다. 영적인 사람들이 서로 소통할 때, 한 영혼에게서 나오는 무언가가 다른 영혼 속으로 흘러들어간다. 그것은 성교 중에 남자의 몸에서 생명을 주는 액체가 여자의 몸 속으로 흘러가는 것과 같다.

현대주의자들을 비롯해 너무도 많은 그리스도인들이 신비주의를 두려워한다. 내가 멘토로 여기는 친구인 영국 출신의 셀윈 휴즈(Selwyn Hughes)는 수년 전 한 주 동안 나의 수업을 듣더니 이렇게 말했다. "자네가 성령을 두려워한다는 생각이 들어. 자네가 한 말이 눈에 보이게 사람들을 자극한 경우가 일곱 번 있었네. 그런데 그럴 때마다 자네는 매번 재미있는 이야기를 했어. 래리, 성령이 자네에게서 다른 사람들에게로 흘러갈 때 자네가 느끼는 기쁨을 인지하고 그것을 그냥 즐기게."

우리는 통제할 수 없는 것을 두려워한다. 통제할 수 없는 상황은 우리 속에 있는 어떤 것, 죽여야만 하는 무언가를 파괴한다. 다시 말해, 교만을 죽여 버린다.

관리자가 되어 관계에 다가가면 우리는 이내 지루해진다. 우리가 관리할 수 있는 것은 소유할 만한 가치가 없다. 합리주의적 치료 요법의 아버지라 할 수 있는 프로이트는 약혼녀가 그에게 오기 직전에 그녀에게 이런 편지를 쓴 적이 있다. "사랑스런 당신, 내게 올 때 비논리적인 사랑으로 와주오." 그는 그의 지성이 설명하고 관리할 수 있는 것 이상을 원했다. 마음속으로 그는 신비가였다. 우리 모두 그렇다.

파스칼은 그것을 이렇게 표현했다. "우리의 모든 것이 이성의 지배를 받는다면, 우리의 종교에는 신비나 초자연적인 것이 하나도 없을 것이다."주4

부부 싸움을 할 때든 부부관계의 즐거움을 느낄 때든, 소그룹에서 대화를 나눌 때든, 친구와 점심시간에 수다를 떨 때든, 상담을 받을 때든 간에, 우리가 사람들과 함께 시간을 보낼 때, 우리 속에서 나오는 욕구들에 주의를 기울여 보라. 그것은 유익할 뿐만 아니라 겸손의 훈련이 될 것이다. 그것들을 일기에 써보라. 또 친한 친구 한 명과 그것들에 대해 나누어 보라.

우리는 쉽게 낙심할 것이다. 아랫방에서 나온 뱀들이 도처에서 기어 다닐 테니까.

- 어떻게 그녀를 납득시킬까? 그렇게 완고한데.
- 그가 그런 말을 했다니 믿을 수 없어. 바보 같아.
- 내가 그런 멍청한 말을 했어? 입을 닫고 있는 편이 더 나을 뻔했어.
- 도대체 내 고객에게 무슨 일이 일어나고 있는 거지? 알아봐야겠어.

물론 다른 형태일 수도 있다. 새 언약의 복으로 더 선한 욕구들이 나올 수도 있다. 친히 아주 추한 사람이 되심으로써 추한 사람들을 깨끗하게 하신 그분, 그런 다음 이제 깨끗해진 그분의 백성을 친한 친구라 주장하시는 그분, 그들이 선을 원하도록 일하시는 그분, 그들이 그 선을 좇아가도록 도우시는 그분에게 사로잡힐 때, 우리는 그분이 우리 속에서 일으키시는 욕구들을 발견할 것이다.

우리 중 누구도 천국에서는 죄를 짓지 않을 것이다. 하지만 그것이 **불가능하기** 때문이 아니다. 오히려 죄를 **상상도 할 수 없을** 것이기 때문이다. 이유가 뭘까? 온전히 그리스도의 욕구들만을 느낄 것이기 때문이다. 우리의 윗방은 밝은 영광으로 가득 차서 아랫방의 어두움을 사라지게 할 것이다. 그리스도의 생명이 매순간 소방용 호스를 통해 우리에게로 흘러들어 올 것이다. 우리는 문자 그대로 가시적인 그분의 임재 가운데 있을 것이다.

더 이상 목마름은 없다. 더 이상 자기 회의는 없다. 충족되지 않는 갈망은 더 이상 없다. 오로지 윗방만 있다. 그때 우리는 그분과 서로를 동시에 바라볼 수 있도록 우리 의자를 돌리고, 하나님의 무한한 마음속으로 함께 더 깊이 여행하며, 완벽하게 영적 공동체가 될 것이다.

지금은 그리스도를 희미하게나마 보기 위해서, 또 그분의 생명이 우리 속으로 흘러들어 오는 것을 느끼기 위해서, 서로를 바라보아야 한다. 영적 친구들과 영적 지도자들을 바라보아야 한다. 우리는 그렇게 서로를 바라보며, 하나님의 선을 조금이나마 주고받기를 소망한다.

베드로는 우리가 신의 성품에 참여한 자들이기 때문에 아랫방 욕망이 일으키는 타락을 피할 수 있다고 말한다(벧후 1:3-4을 보라). 우리의 영적 욕구들이 살아난다면 새벽 3시에 문을 열고 들어오는 딸에게도 영적 공동체를 선사할 것이다. 영적 욕구들이 살아난다면 사흘 전 밤에 퇴폐적인 업소를 다녀왔다고 말하는 우리의 내담자에게도, 우리는 영적 공동체가 되어 줄 것이다.

그리고 우리가 하는 모든 말을 통하여 이 사람들 각각에게 강력한 무언가를 흘려보내 줄 것이다. 그것은 우리가 관리하는 것이 아니다. 오히려 우리가 신비가로서 즐기는 실재다.

나는 앞에서 아랫방 에너지만을 느낄 수 있었던 순간에 친구에게 전화를 걸었다는 말을 했다. 나는 그리스도로부터 수혈 받기를 원했다. 나를 향한 그분의 욕구들을 경험하고 싶었다. 내 친구는 나를 기뻐해 주었고, 믿어 주었고, 내게서 성령의 흔적과 육체의 흔적을 모두 보았다. 그리고 성령께서 내게 주기 원하시는 것을 주었다. 그러자 나의 윗방 욕구들이 점화되었다. 그는 내게 사랑과 선행을 격려했다.

바로 어제 그 친구가 내게 전화를 걸었다. "자네가 지난번에 내게 전화하지 않았다면 지금 자네에게 전화할 엄두도 내지 못했을 걸세."

그는 실로 엄청나다 생각하는 인생의 위기 순간에 대해 설명했다. 그것이 그가 사용한 단어였다. "나는 보통 아주 개인적이고 힘든 전투는 스스로 처리하려고 노력하는 편이네. 하지만 내가 감당하고 있는 일을 자네에게 정말 나누고 싶어. 왜 그런지는 잘 모르겠네."

그는 내 속에서 영적인 욕구들이 일어나 자신에게 흘러들어 오기를 원하고 있었다. 이전에 자신의 방향에서 영적 욕구들이 내게로 흘러갔던 것처럼, 지금은 반대 방향으로 그 일이 일어날 수 있음을 알았다.

그는 영혼의 양식을 원했다.

우리의 대화에는 관리자의 욕구가 없었다. 비록 내 자신은 그렇게 하고 싶은 마음이 있었지만 말이다. 내가 그에게 준 것은 내가 가장 이해하지 못하는 최고의 것이었다. 내가 아는 것이라고는 묵상하고 즐긴 새 언약의 진리가 내 속에 있는 거룩한 욕구들을 일깨웠고, 우리의 대화에서 그것을 느꼈다는 것이다.

물론 아랫방 욕구들은 사라지지 않았고 지금도 그렇다. 뱀들은 다시 우리를 물 것이다. 영적 공동체는 아침 식사처럼 일상적이어야 한다. 우리가 나눈 대화는 모두 아주 평범했다. 그러나 그 시간은 지극히 평범한 언어가 우리 영혼 속에 평범하지 않은 욕구를 일깨운 신비로운 순간이었다.

아마도 신비로운 공동체가 되는 전략, 세상에서 가장 안전한 곳을 세우는 전략이 도움이 될 것이다. 하지만 먼저 우리에게 영적 공동체를 향해 나아가려 하는 마음이 있음을 분명히 해야 한다. 거기에는 대가가 있다.

15
위험을 감수할 만하다

서로를 지루하게 하는 사람들은 거의 만나지 않는다. 반면 서로에게 흥미를 느끼는 사람들은 자주 만난다.

-C. S. 루이스

내 친구는 결국 노환의 어머니를 설득하여 병원에 모시고 갔다. 그의 어머니는 병원 진료를 받은 지 10년이 훌쩍 넘었다. 이전에 설득할 때마다 그의 어머니는 "내가 왜 병원에 가야 해? 난 멀쩡해"로 줄곧 대응했다.

결국 그녀는 얼굴에 약간의 분노를 띤 채 마지못해 검진 받는 걸 동의했다.

정기 검진을 해보니 문제가 나타나 더 자세한 검사를 받았고, 결국 암 진단이 내려졌다. 수술과 화학 요법 치료를 받아야 했다. 그의 어머니의 분노는 더 노골적으로 표출되었다.

"오지 말았어야 했어. 의사 없이도 잘 지내고 있었는데 이제 그 모든 치료를 견디어야 하잖아."

그 어머니의 논리는 우리의 논리와 다르지 않다. 서로 거리를 유지하면 기분 좋게 지낼 수 있다. 서로 관계를 맺을 때 우리 속에서, 우리 사이에서 어떤 일이 일어나는지 가까이 다가가 관찰하지 않으면 기분 좋게 지낼 수 있다. 잠시 동안, 아니 간혹은 오랫동안 편안하게 지낼 수 있다.

영적 공동체 안에서 일어날 수 있는 일을 희미하게라도 파악하고 나면 우리는 두려움을 느끼기도 하고 활기를 얻기도 한다. 그곳은 악한 무언가가 드러날 수 있는 곳이다. 그리고 일단 그것이 드러나면 처리해야만 한다. 하지만 또한 그곳에서는 죽음에 이어 부활이 따라온다. 진정한 생명이 일어나고 그 생명을 한 번도 경험해 본 적 없는 방식으로 즐길 수 있다. 그리고 지금 맛본 생명으로 인해 앞으로 경험할 것에 대한 식욕을 느낀다.

영적 공동체는 지상에서 가장 안전한 곳이기도 하고 가장 위험한 곳이기도 하다.

루이스는 「나니아 연대기」(*The Chronicles of Narnia*, 시공주니어 역간)를 쓸 때 마음속에 동일한 생각을 하고 있었다. 압제와 희망이 공존하는 이상한 세상에 오게 된 루시는 다리를 건널 참이었다. 하지만 위대한 사자 아슬란이 길을 막고 있다. 목적지까지 가려면 사자 가까이에까지 접근해 지나가야 했다.

루시는 고개를 돌려 사자를 잘 아는 그곳 주민에게 물었다. "사자는 안전한가요?"

"안전하냐고?" 툼누스 씨는 웃었다. "아니, 안전하지 않지. 하지만 좋은 사자야."

우리는 영적 공동체에 들어갈 때, 옷장을 통과해서 그 사자의 공동체 속으로 들어간다. 결국 사자가 양이라는 사실을 알게 되지만, 크게 으르렁거리는 소리에 우리의 심장이 떨리는 일이 있고 나서야 그 사실을 알게 된다.

나는 막 친구와의 통화를 끝냈다. 그는 힘겨운 시련의 시기를 지나며 이신론자가 되었다고 말했다. 그 친구는 힘겨운 문제를 놓고 열심히 끈질기게 기도했지만 상황은 악화되어 기도와 정반대의 결과가 나타났다. 사자가 으르렁거렸다. "나는 네가 원하는 대로 너를 돕지는 않을 거다. 대신 내 발톱이 네 살을 찌르는 것을 느낄 수 있을 거야."

주권적이고 사랑이 많으신 하나님은 이 친구의 상황을 개선시킬 수 있지만 그렇게 하지 않으셨다. 그는 그런 하나님을 믿기보다는 시계를 작동시키고 나서 뒤로 물러나 있는 시계공을 믿는 편이 더 낫다고 생각했다.

예를 들어 우리 아이들이나 절친한 친구들과 함께 우리가 영적 공동체로 들어가려 할 때, 문제가 드러나는 것은 당연한 일이다. 어떤 일들은 형편없이 돌아갈 것이다. 그리스도인이 되는 것과 그리스도를 따르는 것은 별개 문제다. 특히 그분이 우리에게 다른 그리스도인들과 깊은 관계를 맺으라고 말씀하실 때는 말이다. 그것은 유감스러운 상황이 시작될 것이라는 의미다.

결국 영적 공동체는 우리가 가진 가장 고질적인 두려움에 맞닥뜨리게 한다. 우리 마음속의 뻥 뚫린 구멍을 들추어내고 그것을 메우려는 우리의 헛된 시도들을 드러낸다. 또 가장 공포스러운 것은 어린 시절에 꾸던 악몽이 아니라 끔찍한 현실이라는 생각을 하게 만든다. 아마 누구도 우리를 사랑하지 않을 것이다. 그 구멍은 결코 메워지지 않을 것이다. 이 세상에 사랑이 없단 말인가? 우리에게 맞추어 주고 우리를 중요하게 여기는 곳은 없는가? 우리를 원하는 사람은 없는가? 최근에 이혼당한 남자와 대화를 나누어 보라. 모든 사람은 한 번쯤 그와 같은 고통을 겪는

다. 차이가 있다면, 그는 그 사실을 숨기는 것이 더 이상은 어렵다는 것뿐이다.

영적 공동체는 우리를 괴롭히는 것처럼 보일 수 있다. 우리 영혼에 들어온 생명의 샘은 소망을 불러일으키지만, 그런 다음 그 샘은 말라 버린다. 가장 친한 친구가 전화를 하지 않는다. 배우자는 모진 말을 한다. 소그룹은 우리의 문제들에 점점 관심을 잃어 가는 것처럼 보인다. 그 문제는 계속되고 있지만, 사실 성가시다는 걸 인정할 수밖에 없다. 그래서 우리는 그들에 대한 미움과 우리 자신에 대한 미움 사이를 왔다 갔다 한다. 사실 우리는 사랑받을 만하지 않거나 사랑할 능력이 없는 것인지도 모른다.

이러한 생각이 떠오르면 우리는 공황 상태에 빠진다.

우리는 어리석게도 소망을 품고 누군가에게 우리의 깊은 부분까지 드러냈다. 아니 어리석게도, 우리 속에 있는 가장 연약한 부분까지 내어놓았다. 그리고 짓밟히고 말았다. 선이라고는 전혀 없는 곳에 이르렀다.

상당히 많은 부부들이 내게 말했다. "대화를 나눠 보려고 할 때마다, 정말 우리 존재를 나누고 서로를 위해 함께 있어 주려고 할 때마다 상황은 더 나빠져요. 텔레비전이나 더 보는 게 낫죠." 그들의 결혼생활이건 나의 결혼생활이건, 소통을 더 잘하는 법에 대한 의견이 결코 문제를 해결하지 못하는 것 같다.

우리는 정말 영적 공동체로 가기 원하는가? 불가피한 혼란이 올 때 비틀거리며 그 혼란을 통과해서, 긴장이 더 예리하게 느껴지는 곳으로 들어가기를 원하는가?

주위를 둘러보라. 행복한 사람들은 인격적이고 중요한 공동체에 별로 참여하는 것 같지 않다. 골프 시합, 사교 파티, 회원 모집 활동을 하는 컨트리클럽들에 속해 있으면 즐겁다. 회비가 자발적이고 소득 공제를 받는 컨트리클럽 교회라면 훨씬 더 좋다. 친화성은 매력이 있다.

하지만 공동체에 대한 비전을 품은 사람들은 피상적인 공동체를 즐기는 것이 정말 힘겹다. 나는 몇 년 전 벤틀리로 드라이브를 할 기회가 있었다. 도요타 코롤라로 돌아와야 하는 내게 귀로는 힘겨웠다.

최상의 공동체를 원하는 사람들은 보통 가장 크게 실망한다. 그들은 배신의 쓰라림을 경험한다. 그들은 약간의 모욕도 알아차리고 그것을 극복할 수 없는 사람들이다. 관계에서 겪는 고통이 더 심하다면, 그것은 미성숙의 증거라기보다는 더 숭고한 비전을 가졌다는 증거일 수 있다. "그 의사를 보러 가지 말았어야 했다."

나는 할 수만 있다면 인생에 대해, 나 자신에 대해 그리고 다른 사람에 대해 깔끔하게 즐길 수 있는 것만 즐기고 싶다는 생각을 가끔 한다. 우리의 관계들에 존재하는 긴장과 거리감과 어색함에 대해 무디어져서 그저 어깨를 으쓱하며 "다 그런 거지, 뭐"라고 반응한다면, 더 잘 지낼지도 모른다.

약간 오래된 찬송가가 떠오른다.

> 받은 복을 세어 보아라
> 하나하나 확인해 보아라
> 하나님이 일하시니
> 행복하다 여기라

불행히도 **나는 그렇게 할 수 없다.** 내가 원하는 바를 부인할 수 없다. 나는 그 이상을 위해 지음받았다. 나의 가장 깊은 욕망은 하나님이 주셨다. 그리고 나는 내 마음을 피하고 **싶지** 않다. 나의 내적 존재의 갈망은 종종 내 집에 초대한 원수처럼 느껴진다.

그러고 나서 나는 새로운 차원에서 복음을 듣는다. 나는 공동체 없이 하나님께 의지하지 않고 다른 사람과 관계 맺지 않고 나 혼자 해보려고 하는 교만을 용서받았다. 내게는 하나님의 공동체에 기여하는 사람이라는 새로운 정체성이 주어졌다. 나는 다른 사람들 속에서 최고의 것을 끌어낼 수 있고, 그들은 내게서 그렇게 할 수 있다. 그들이 나를 바라보고 귀하게 여기고 기뻐하고 즐거워했으면 하는 내 갈망을 부인할 수 없다. 그리고 지금 내 속에는 그들이 기뻐할 만한 것이 있다. 또한 내 속에는 계속해서 선한 방향을 향해 갈 수 있는 능력이 있다.

어제 저녁 우리 부부는 랜디와 마샤와 함께 저녁을 먹었다. 어제는 마샤의 생일이었다. 내가 마샤에게 준 선물은 **축하**였다. 우리는 그녀를 알아갈수록 그녀에게 주어진 영적 독특함의 기적을 더 많이 축하하게 된다. 랜디도 그 말에 동의했다. 우리는 모두 기뻐했다.

약간의 성찰이 필요한 일이지만 생각해 보니, 공동체의 위험이 홀로 떨어져 있는 사람의 지루한 안전함보다 더 좋아 보였다. 악한 것만이 영적 공동체에 해롭다. 다른 사람들의 실패도 유익이 될 수 있다. 나는 그 실패에 대한 내 반응을 살펴보면서 나 자신을 좀 더 선명하게 들여다볼 수 있었다. 또 어떤 아랫방 욕구들을 십자가에 못 박아야 하는지, 어떤 윗방 욕구들을 축하해야 하는지를 볼 수 있었다.

나는 고통 가운데서 교만과 불만족의 뱀들을 대면할 것이지만, 그 대면을 통해 나와 좌절한 내 친구들 안에서 더 나은 장소를 찾고자 하는 열망도 더 커질 것이다. 또 다른 오래된 찬송가의 운율을 한 번 맞춰 보려 한다. 우리가 윗방 욕구들과 연결된다면 "그것은 참 귀한 일이네, 우리가 서로에게서 예수를 볼 수 있다면."

그럼에도 불구하고 나는 두렵다. 또 망설인다. 나는 혼자 호텔방에 앉아 영적 공동체에 대해 쓰고 있다. 며칠 동안 이곳에 있었다. 캐리가 내 방으로 점심을 가져온다. 우리는 1분도 채 되지 않는 동안 의례적인 인사를 교환한다. 그녀는 내게 책이 잘 진행되는지 묻는다. 나는 그녀의 관심에 감사를 표한다. 나는 그녀와 어느 정도의 관계를 맺을지 관리할 수 있다. 그리고 그것은 기분 좋은 일이다. 하지만 그 관계에는 더 깊이 있는 것이 없다. 한마디로 솜사탕 같은 관계다. 잠깐 달콤할 뿐이다.

내가 그 이상을 추구한다는 사실을 생각하면 두려움이 엄습한다. 어쩌면 그 이상은 없을지도 모른다. 솜사탕이 전부일지도 모른다. 나는 가끔 진정한 영적 공동체를 향한 나의 추구가 도로시가 오즈를 찾는 것과 비슷한 게 아닌가 싶어 염려스럽다. 결국 나는 스크린 뒤에 숨어 결코 존재하지 않는 환상을 만들어 낸 키 작고 머리 벗겨진 남자만을 찾게 되는 건 아닐까?

내 두려움은 아주 컸다. 내 무덤의 비문에 "여기 바보가 잠들다. 그는 평생 환상을 좇았다"라고 쓰게 되지는 않을까 걱정스러웠다. 1년 전 연극 돈키호테 공연을 보았을 때 그런 두려움을 강하게 느꼈다. 나는 공연이 끝날 때까지 앉아 있는 것조차 힘들었다.

고통스러운 질문들이 내 머리를 강타했다. 나는 거만하게 목마를 타고 기독교의 전원 지대를 돌며 존재하지도 않는 용들을 죽이고 있는 것일까? 아무 소용없는 십자군 전쟁에서 존재하지도 않는 가상의 적들을 공격하고 있는 것일까? 그 이상을 바라는 일을 그만두어야 하는가? 그저 교회에 가서 점잖은 사람을 만나고 좋은 찬양을 부르고 괜찮은 설교를 듣고 내가 중요하다고 동의하는 내용을 믿는 신자들과 협력하기만 하면 되는가? 우리가 실제로 서로에게 '그리스도를 흘려보낼' 수 있으며 성령의 능력으로 충만할 수 있다는 신비적인 생각을 내려놓아야 하는가?

완벽한 공동체 같은 것은 없다는 사실을 깨달은 것 같았다. 삼위일체의 기준에서 볼 때, 우리가 경험한 어떤 것도 그에 버금갈 만한 것은 없어 보였다. 우리는 현실적이 되어야만 한다. 하워드 헨드릭스(Howard Hendricks)는 이렇게 말하며 핵심을 찔렀다. "완벽한 교회를 찾았다면, 그곳에 가지 말아라. 당신이 그곳을 망칠 것이다."

그 말이 이해가 된다. 하지만….

우리는 더 잘할 수 있다. 그리고 그렇게 **해야 하는** 것이 아니라 우리가 그것을 **원한다**! 많은 사람은 아니더라도 적어도 몇 명과 함께하는 진정한 영적 공동체를 세울 수 있다. 그 일에 필요한 모든 것을 하나님이 우리에게 주셨다. 하지만 우리 대부분은 진정한 공동체에 가까이 가지 못하고 있다. 비극은 많은 그리스도인들이 자신들의 공동체가 그에 가깝다고 생각한다는 것이다.

포로 생활에서 풀려난 남은 자들이 새 성전을 짓기 위해 기초를 놓았을 때 성전은 이전보다 형편없는 모습이었다. 솔로몬의 성전을 보았던 나이 많은 사람들은 그것을 보고 눈물을 흘렸다. 하지만 젊은이들은 황홀해했다. 그들은 영광스러운 성전이 어떤 모습인지 몰랐다. 그러니 더 못한 것에 만족할 밖에(스 3:10-13).

하나님은 나이 많은 이들에게 그들의 좌절과 대면하라고 말씀하셨다. "너희 가운데에 남아 있는 자 중에서 이 성전의 이전 영광을 본 자가 누구냐?…이것이 너희 눈에 보잘것없지 아니하냐? 그러나…스스로 굳세게 하여 일할지어다. 내가 너희와 함께하노라…이 성전의 나중 영광이 이전 영광보다 크리라"(학 2:3-9).

그 영광이 지금 우리 속에 있다. 처음 성막에 가득했다가 그다음 솔로몬 성전에 가득했고, 그 후 에스겔의 시대에 성전을 떠났던(겔 10장을 보라) 그 영광이 지금 새 성전인 그리스도의 몸 안에, 관계 맺음을 통해 그 영광을 드러내 보여야 하는 각각의 그리스도인들 안에 거하고 계시다(고전 6:19).

만약 당신이 이상적인 공동체를 흐릿하게나마 보았으나 지금 공동체의 모습 때문에 울고 있다면, 여기에 당신에게 주시는 하나님의 말씀이 있다. "굳세어라. 포기하지 말아라. 내가 너희와 함께한다. 영적 공동체의 영광은 천천히 드러나 언젠가 하늘에 가득할 것이다. 결코 더 못한 것에 만족하지 말아라."

당신의 마음이 다른 사람들과 관계 맺는 방식을 변화시키시는 그리스도를 체험하기를 간절히 바란다면, 성령께서는 당신의 신음을 보좌 앞에 가져가실 것이다. 하나님은 그에 대한 응답으로, 현재의 그리스도인 공동체를 보고 울면서 그 영광이 드러날 수 있도록 무슨 위험이든 감수할 몇몇 사람을 찾으라고 요구하실 수도 있다. 또 더 못한 것만을 성취하려 하는 일부 복음주의 기관에 협력하지 않음으로써 그들을 방해하라고 하실 수도 있다.

하지만 하나님이 **분명하게 요구하실** 만한 것이 있다. 그분은 분명 우리가 피하고 싶거나 영원히 떠나고 싶은 사람들과 계속 관계를 맺으라고 하실 것이다. 스타벅스를 사랑하는 동료들과 잘 지내는 일은 쉽다. 하지만 즐기기 힘든 친척과 친구들에게 영적 공동체가 되어 주는 일은 어렵다.

진정한 공동체를 세우려다 보면 혼란과 실망을 겪을 것이고, 가끔은 극심한 영혼의 고뇌와 씨름할 것이다. 하지만 그러한 고투들 때문에 우리는 보이지 않는 실재에 시선을 고정하게 된다. 즉, 성령께서 **일하고 계신다**는 사실에 집중하게 될 것이다. 또 더 좋은 날이 다가오고 있다는 사실, 즉 그리스도께서 **다시 오신다**는 사실을 믿게 될 것이다.

하나님을 향해 함께 여행하다 보면 우리는 다음 세 가지 중 하나를 택해야 하는 지점에 이른다.

1. **미치라** 현재의 공동체를 완벽하게 만족스러운 곳으로 만들기 위해 계속 노력하라.
2. **대체하라** 친밀함을 찾는 일은 너무 모험적이고 위험하고 그 보상도 불확실하고 미약하다. 사람들로부터 물러나 편안하고 안전한 거리를 찾고 기독교적 담요를 두르라. 그리고 거기서 안전하고 의기양양하게 살라.
3. **여행을 계속하라** 어디에서든 모든 사람과 관계 맺는 것이 아니라, 어딘가에서 소수의 사람과 계속 관계를 맺으라. 적어도 두 개의 공동체에는 계속 속해 있으라. 지금 온전히 이루어져야 한다는 부담을 매일 버리라. 영혼의 아픔을 신경증이 아닌 성숙의 증거로 받아들

이라. 그 아픔 아래 있는 영적 욕구들, 당신을 계속 앞으로 나아가게 해주고 계속 하늘을 바라보게 해줄 만큼 강한 욕구들을 발견하라. 최상의 공동체라 하더라도, 당신의 전부를 현재의 공동체에 투자한다면 당신은 가장 비참한 사람이 될 것이다. 다가올 날을 열망하라. 그 희망을 품고 계속 가라. 이생에서 초점을 맞추어야 할 부분을 발견하기를 기대하라. 지금 누릴 수 있는 영적 기쁨을 누리기를 기대하라. 잊을 수 없는 그리스도의 향취를 맛보기를 기대하라. 당신을 품으시는 아버지의 팔을 느끼기를 기대하라. 당신 속에 있는 성령을 느끼기를 기대하라.

당신이 세 번째 안을 택했다면, 나는 당신에게 험악한 상황을 거쳐 진짜 영적 공동체를 체험하도록 도와줄 수 있는 사람들과 관계를 맺는 간단한 모델을 제시할 것이다.

우리가 의자를 돌린다면 아마 다른 몇 사람도 그렇게 할 것이다.

16
들어가라, 보라, 어루만지라:
영적 공동체를 세우는 방법

> 그들은 나를 두 팔 벌려 맞아들였고, 내가 바라는 모든 관심과 애정을 주었고, 영적으로는 물론 정서적으로도 성장할 수 있도록 안전하고 사랑스러운 곳이 되어 주었다. 모든 것이 이상적으로 보였다. 하지만 정확히 그때 나는 허물어졌다. 바닥을 칠 때 받쳐 줄 안전한 장소가 필요했던 것처럼.
>
> —헨리 나우웬

'바닥을 치기에 안전한 장소'는 **영적 공동체**에 대한 좋은 정의인 것 같다.

우리에게는 우리의 깨어짐, 실패, 부족한 대처 능력을 받아들일 만한 안전한 장소가 필요하다. 고통 한가운데서 다시금 생명을 발견할 수 있는 장소가 필요하다. 나는 바닥을 치지 않으려고 엄청난 에너지를 소비한다. 내가 감당할 수 없는 상황, 벗어날 수 없는 상황에 있다는 생각은 정말 끔찍하다.

우리 중 많은 이들이 우리가 얼마나 작고 무력한지 깨닫지 못하는 것 같다. 깨어지는 것은 매력적이지 않다. 안전한 장소에서 깨어질 때까지는 말이다.

우리에게 부어지는 그리스도의 생명을 경험하기까지는 우리는 온전한 기쁨을 알 수 없다. 그 생명은 자비로운 아버지께서 성령을 통해, 종종 그분의 말씀이나 찬양을 통해, 자주는 아니지만 우리의 형제자매들을 통해 직접 우리에게 부으신다.

영적 공동체 안에서 우리의 깨어짐을 드러내면 그 어떤 것도 흉내 낼 수 없는 안식과 소망을 얻을 수 있다. 물론 우리가 뭐든 할 수 있다고 느끼면, 거기서 평안을 느낄 수도 있다. 하지만 그것은 절대 다른 사람에게 줄 수 있는 평안이 아니다. 그리고 거기에는 잠재적 공포가 숨겨져 있다. 그것은 마치 누군가 방해를 하면 뛰어오를 채비를 갖추고 똬리를 틀고 있는 뱀 같다.

깨어짐은 그러한 공포를 느끼게 한다. 우리가 가장 원하는 것을 우리 마음대로 할 수 없음을 인정할 때, 압도적인 공포가 엄습한다. 더 깊은 곳에 있는 것은 느끼지 못한다. 영혼의 어두운 밤이 시작된다. 우리는 고개를 떨구고 혼자 있기에 안전한 장소로 물러나 극도의 고뇌로 울부짖는다. 순수한 기쁨이 우리를 맞이하기 위해 기다린다는 사실을 도저히 믿을 수 없다. 그때 우리를 위해 그것을 믿어 줄 누군가가 필요하다.

우리에게 친구가 있다면, 우리와 함께해 주는 누군가가 있다는 사실을 받아들인다면, 성령의 음성을 듣는 누군가와 함께하고 있다는 사실을 받아들인다면, 이내 **불빛이 꺼진 것은 아랫방뿐임**을 알게 될 것이다.

우리에게는 또 다른 방, 더 좋은 방이 있다. 그리고 우리가 계속 울부짖는 중에도, 우리의 윗방에서는 작지만 결코 끌 수 없는 불꽃이 부드럽게 흘러나옴을 깨닫는다.

우리 눈이 그 부드러운 빛에 적응하는 데는 며칠, 몇 달, 아니 몇 년이 걸릴지도 모른다. 라스베이거스의 네온 광고판에 익숙한 우리 눈에는 조용한 방에 있는 촛불이 희미하고 호소력도 없는 것처럼 보인다. 밝고 휘황찬란한 빛이 비치는 아랫방으로 돌아갈 수 있다면, 우리는 그렇게 할 것이다. 하지만 성령께서는 자비롭게도 우리가 기도할 때 종종 그 기도를 들어 주지 않으시는 것처럼 보인다. 그렇게 그 방을 계속 어둡게 놓아두신다. 그분은 우리가 원하는 대로 삶을 추스를 수는 없도록 막으신다. 그리고 우리를 사막으로 인도하신다.

결국 우리는 처음에는 머뭇거리며 애원하듯 큰 확신 없이 기도한다. 하지만 그러고 나서 우리의 기도들이 **간청**의 기도에서 **소통**의 기도로 변하고 있음을 알아챈다. 하나님과 함께 거하는 것이 즐거워진다. 어느 순간 그것은 우리에게 가장 큰 기쁨이 된다. 이전에는 더 많은 복을 받은 사람을 질투했었다. 하지만 그분의 임재 가운데 잠잠히 앉아 있는 법을 배울 때, 하나님과 함께하는 고요함을 **소중하게 여기는** 법을 배울 때 그 질투심이 희미해진다.

갑자기 성경 말씀이 더 큰 의미로 다가온다. 그 무엇도 우리를 그리스도의 사랑에서 끊을 수 없다는 말씀을 읽고 우리는 무릎을 꿇는다. "주님, 당신은 아름다우십니다!" 전에는 그런 말을 하고 싶은 마음도 없었고 그런 말을 해본 적도 없다. 우리는 마음속 깊은 곳에서 우리가 예배하고 있음을, 하나님을 즐거워하고 있음을, 그분의 임재 가운데 있음을, 삼위일체가 우리에 대해 말씀하실 때 엿듣고 있음을 깨닫기 시작한다.

"내가 그를 선택했다."

"내가 그를 위해 죽었다."

"나는 여전히 그를 위해 일하고 있다."

"그는 우리의 것이다! 파티 시간이 다 되었네!"

하나님을 신뢰하는 것이 당연해 보인다. 우리는 그리스도처럼 되고 싶다. 가격표를 붙여라. 얼마든지 지불할 것이다! 순종은 기쁨이요, 특권이다. 우리는 옳은 일을 하고 싶다. 고통이 도움이 될까? 한번 덤벼 봐! 야고보서 1장이 마침내 이해된다.

이제 우리의 행복에 대해서는 관심이 없다. 우리는 마치 호화로운 뷔페 식당에 앉아 있는 거지 같다. 식당 주인은 "맘껏 먹어"라고 명하신다. "친구들에게 말하러 가도 될까요? 프레디는 몇 달 동안 괜찮은 식사를 못했어요."

우리의 상처들, 우리가 그토록 벗어나거나 잊으려 노력했던 학대와 무시, 공개적인 망신에 신경 쓰는 것이 어리석어 보인다. 상처들? 그래, 인생은 끔찍하지. 하지만 나는 온전해. 왜 내가 그 모든 것을 이겨 내야 하지?

우리는 다른 사람들이 이전에 우리를 어떻게 대했는지 혹은 다시 우리를 어떻게 대할지에 대해 생각하지 않고 그들을 바라본다. 자기 방어, 자기 보호, 자기를 높이는 일은 우리 마음속에서 흘러나오는 조용한 홍수 같은 사랑으로 완전히 덮여 버렸다. 인생은 우리가 생각하는 대로 되어야 한다는 짜증스러운 요구들, 그다지 바르게 행동하고 있지 않다는 성가신 느낌은 살아 있음에서 오는 전율로 인해 옆으로 밀려나 버렸다.

우리는 아랫방 욕구들을 있는 그대로 본다. 그 욕구들은 싸구려에 더럽고 어리석고 무시할 만한 것들이다. 그 욕구들은 우리를 사로잡지 못했다.

우리는 사람들을 다르게 바라본다. 우리가 좋아하는 사람이든 좋아하지 않는 사람이든 둘 다 다르게 바라본다. 그들은 더 이상 우리의 필요를 위해 이용하는 이들도 아니고, 경계해야 하는 위험인물도 아니다.

우리는 이제 사람들을 함께 기뻐할 이들로, 온전해질 가능성을 지닌 이들로, 가끔 비참하게 실패하며 터무니없는 짓을 하는 동료 용사들로, 그리스도 안에서 공유하는 생명을 주고받을 수 있는 이들로 바라본다.

우리는 영적 공동체를 경험했다.

그러고 나서 깨어난다. 단지 꿈이었을까? 즐겁고 황홀하지만…그냥 꿈이었을까? 아니다. **그것은 실제로 일어났다!** 그리고 그 일이 아직 당신에게 일어나지 않았다면, 구름같이 허다한 증인들이 그것이 사실이라고 말해 줄 것이다. 나도 그들 중 하나다.

영적 공동체는 현실이다. 혹 처음으로 그런 경험을 했을 수도 있다. 또 우리가 그것을 이미 맛보았다면 더 자주 그리고 강렬하게 경험할 수 있다.

하지만 그것은 깨어짐에서 시작한다. 다른 길은 없다. 하나님의 경륜에서 죽음은 늘 부활에 선행한다. 그리고 깨어짐의 죽음은 안전한 공동체에서만 일어난다. 우리는 지상에서 가장 안정한 장소를 찾을 때에만 바닥을 친다.

그렇다면 우리가 무엇을 해야 할까? 그러면 우리는 어떻게 살 것인가? 이제 지금까지 이 책에서 말했던 것을 모두 모아서 영적 공동체에 이르는 길을 제시하려 한다. 유령이 견고한 사람이 되는 곳, 영원한 생명을 맛보는 곳, 안전함을 느끼는 곳 말이다. 그러나 기껏해야 맛을 보는 정도일 것임을 기억하라. 만찬은 나중에 있을 것이다.

먼저 영적 리더십을 가진 이들에게 간단하게 몇 마디 하겠다. 유진 피터슨은, 목사의 역할은 사람들에게 기도하는 법을 가르치고 그리스도인들을 예배로 인도하는 것이라고 말했다. 나도 동의한다. 다른 모든 것,

즉 전도, 제자도, 청소년 사역, 이 모든 것은 예배에서 나온다.

그리고 나는 **예배하는** 공동체만이 서로 **연결되는** 공동체가 된다고 강하게 단언한다. 다른 사람들과 하나님을 공유하려면 먼저 그분을 만나야 한다. 먼저 하나님과 연결된 다음, 그 만남에서 솟구쳐 나오는 욕구들을 서로에게 흘려보내는 사람들이 영적 공동체가 된다.

예배가 무엇보다 중요하다. 하지만 그것은 내가 다룰 주제가 아니다. 나의 영역은 예배자들 가운데서 세워지는 공동체에 대해 생각하는 것이다.

아버지가 임신한 미혼의 딸에게 공동체의 선물을 준다는 것은 어떤 의미일까? 마음이 상한 친구가 자신에게 상처를 준 사람에게 공동체의 선물을 준다는 것은 어떤 의미일까? 남편과 아내, 부모와 아이, 좋은 친구들, 목사와 성도, 상담자와 내담자 사이의 영적 공동체는 어떤 모습이며 어떻게 발전할 수 있을까?

또 두 명 이상의 그룹은 어떤가? 한 가정 혹은 목회자 팀, 당회, 예배 팀, 기도 팀, 성경 공부 반, 소그룹, 선교 단체 간사 팀이 영적 공동체가 되기 위해서는 무엇이 필요할까?

내가 염두에 두는 공동체는 몇 안 되는 사람들, 열 명 혹은 열다섯 명 정도 되는 사람들에게만 일어날 수 있다. 그룹은 서로를 바라보며 각자의 의자를 돌릴 수 있을 만큼 작아야 한다. 큰 그룹에서는 그런 일이 일어날 수 없다.

더 많은 사람이 모이면, 중요한 다른 일들이 일어날 수 있다. 수천의 성도가 함께 예배드리고 가르침을 받고 더 깊이 헌신하도록 도전받고 감동을 받으며 문화에 영향을 미치는 일을 할 수 있다. 하지만 그들은 공동체가 될 수 없다. 공동체에서는 사람들이 서로를 안다. 그들은 서로를 바라보기 위해, 서로에게 귀 기울이기 위해, 가끔 말하기 위해 의자를 돌린다.

우리는 주일 아침 행사를 **교회**로 정의하는 잘못을 범했다. 소그룹을 선택 사항으로 여기는 우를 범했다. 일부 사람들은 그것을 '교회 가는 일'에 더하여 선택할 수 있는 부가물로 여겼다. 나는 설교와 예배 그 자체가 중요하며, 그것을 하나님을 만나는 기회라고 생각하지만, 예배는 또한 영적 공동체를 위한 준비이며, 바른 방향으로 좀 더 친하게 함께 여행하는 일의 서곡이라 생각한다. 둘 다 교회가 무엇인지를 분명히 보여 준다.

교회의 핵심은 하나님을 향해 여행하는 것이다. 그렇다면 우리는 무엇을 해야 할까?

기도로 시작하라

영적 공동체는 늘 기적이다. 공동체는 프로그램으로 만들어지지 않는다. 소그룹이 만나는 화요일 저녁에 공동체가 생기도록 우리 뜻대로 계획을 세울 수도 없다. 하지만 우리는 여전히 공동체를 **관리하려** 한다. 성령이 계시지 않는 모조품 공동체를 받아들이게 하거나, 진정한 공동체를 경험하리라는 희망을 버린다. 그리고 물론 우리가 계속 지배하려 하는 한, 진정한 공동체를 경험하지 못할 것이다. 아랫방 욕구들은 영적인 것은 그 어떤 것도 만들어 내지 못한다.

그러므로 우리는 기도해야 한다. 우리는 **주님을 기다리라**는 명령을 받았다. 하나님의 법이 우리 안에 있으므로 우리는 그 명령을 들어야 한다. 그것은 마치 아이가 쿠키를 하나 먹으라는, 아니 두 개, 아니 원하는 대로 다 먹으라는 엄마의 명령을 듣는 것과 비슷하다.

그러나 우리가 기도하며 하나님을 기다리는 모습은 사실 그런 모습과 거리가 **멀다**. 우리들 대부분은 영적 공동체를 경험하기 위해 수년 동안 기다리다가 이제 거의 포기하려는 상황에 이르렀다. 우리들 대부분에게 교회는 성가 연습, 6학년 여학생 반 가르치기, 예배 참석에 지나지 않는다. 또 재미, 흥분, 꾸지람, 무거움, 혹은 다소 지루하고 실망스러운 느낌을 가지고 떠나는 곳이다.

노아는 40일 동안 외부와 차단된 배 안에서 가족 몇 명과 동물원을 시작할 정도의 동물들과 함께 기다렸다. (그가 방주 안에서 시간 관리를 했을지 궁금하다.) 결국 방주가 뭍에 닿았을 때, 노아는 비둘기를 내보내어 쉴 만한 마른 땅을 찾을 수 있는지 시험했다. 아니면 세상에는 아직 물밖에 없어서 비둘기가 다시 돌아올 것인지, 궁금했을 것이다.

비둘기는 돌아왔다. 노아는 "…손을 내밀어 [비둘기를] 방주 안 자기에게로 받아들[였다]"(창 8:9). 좌절감에 그 목을 비틀어 버리고 싶은 유혹을 받았을지 모른다. '여기서 얼마나 더 있어야 할까?'

하지만 노아는 7일을 더 기다렸다(히브리어 *yachal*). '야할'(*yachal*)이란 '기대하며 기다리다, 소망을 품고 기다리다'라는 뜻이다. 그러고 나서 노는 다시 비둘기를 보냈다. 이번에는 비둘기가 입에 "감람나무 새 잎사귀"를 물고 돌아왔다. 물은 서서히 말라 가고 있었다. 적어도 그 수위가 나뭇가지들 아래로 떨어졌다. 하지만 아직 방주의 문을 열 때는 아니었다.

노아는 또 한 주를 꼬박 기다렸다. 그는 진흙이 아닌 마른 땅으로 걸어 나오기 위해 기다리고 있었다.

기도란 **기대하는** 기다림이다. 하지만 우리는 잘 기다리는 사람들이 아니다. 우리는 3년간의 기근이 지난 후 더 이상 기다리지 않기로 결심한 아합 왕과 더 비슷하다. "어찌 더 여호와를 기다리리요[*yachal*]?"(왕하 6:33). 우리는 입으로는 "얼마나, 주님, 얼마나 더 기다려야 합니까?"라고 외친다. 그러나 사실 마음으로는 "나는 충분히 기다렸어. 하나님은 아무 일도 하지 않으실 거야"라고 생각하는 경우가 얼마나 많은가.

때로는 사자가 으르렁거린다. "더 기다려라."

때로는 어린양이 속삭인다. "너의 기다림은 끝났다. 내 축복을 누려라!"

우리 대부분은 진정한 공동체를 경험하기 위해 수년 동안 기다려 왔다. 사람들이 우리를 알고, 우리도 그들을 알기를, 자유와 사랑과 친밀함의 기쁨을 느끼기를 간절히 바란다. 대부분의 사람들은 도움을 구하느라 아주 지쳐 있다. 고통스러운 상황과 깊은 고뇌의 홍수가 목까지 차올랐고, 하나님의 증거는 보이지 않는다. 매일 아침 젖은 베개에 진절머리가 난다.

시편 기자는 그런 경험을 알았다. 하지만 그는 하나님을 기다렸다. "그러나 주님, 오직 주님께만 기도하오니"(시 69편, 새번역. 특히 13절을 보라). 그리고 그는 하나님의 **확실한** 구원을 예상하며 안식을 취했다.

하박국은 주위의 모든 것이 무너질 때에도 주 안에서 기뻐할 정도로 이스라엘을 위해 능력을 드러내시는 하나님을 "끈기 있게 기다리는" 힘을 알았다(합 3:16-18).

우리는 직접 통제할 수 없는 일에 대해 너무 쉽게 기도한다. "하나님,

제 아내의 암을 고쳐 주십시오." 그리고 우리가 통제할 수 있다고 생각하는 일은 계속해 나간다. "좋아요, 여기 소그룹 구성 계획이 있습니다. 모두 매뉴얼 가지고 있나요? 좋습니다. 기도로 시작합시다."

나우웬은 기도에 대한 우리의 접근이 우리 주님과는 너무 다르다고 지적했다. 그분은 이 땅에 사시는 동안, 먼저 기도하셨고, 때로는 밤새도록 기도하셨다. 그러고 나서 그분 곁에 공동체를 모으셨다. 그러고 나서 사역하도록 그들을 보내셨다. 우리는 거꾸로 한다. 우리는 일어났으면 하는 일에 대한 계획을 세우고, 사명 선언문, 장단기 목표, 전략 구상을 마무리한 다음, 그 일을 할 팀을 구성한다. 그리고 마지막으로 우리 계획에 따라 그것을 주님께 맡긴다.

영적 공동체는 기도로 시작된다.

기초를 놓으라

12장에서 논의한 세 가지 기본 신념을 기억하라.

1. 성장은 신비다

성장을 관리하려 하지 말고, 고개를 숙이는 겸손의 자세를 취하라. 다른 사람의 삶을 지배하는 권리를 포기하라. 어리석은 행동을 하는 자녀, 배우자, 친구에 대한 권리 말이다. 우리는 우리 자신을 포함하여 누구도 도울 수 없다. 절대 영적 생명을 관리하지 못한다. 오히려 그것을 흘러가게 할 뿐이다. 영적 공동체는 겸손한 사람들 가운데서만 세워진다.

2. 개인적인 거룩은 숙련된 기술보다 더 중요하다

상담이든, 영적 지도든, 자녀 양육이든, 소그룹 리더십에 대해서든 받을 수 있는 훈련은 받으라. 하지만 성품이 빠진 훈련은 소용없다는 걸 기억하라. 반면 훈련 없이도 성품은 상당한 유익이 되며, 훈련이 더해진 성품은 조금 더 유익이 된다. 영적 공동체는 개인의 경건을 아주 귀하게 여기는 사람들 가운데서만 세워진다.

3. 종종 깨닫지 못할 수도 있지만 모든 욕망은 근본적으로 하나님을 향한 갈망이다

성인 도서 판매점으로 들어가는 성 중독증 환자는 사실 하나님을 찾는 것이다. 또 다른 대기업을 바라보며 침을 흘리는 출세주의자는 하나님을 원하는 것이다. 우리들 대부분은 하나님을 제대로 맛보지 못해서 그보다 못한 것에 흥분한다.

그리고 우리가 다른 사람 속에 하나님을 향한 욕망을 만들어 내지 못하는 존재임을 깨닫는 것이 중요하다. 오히려 우리는 그분의 자녀 속에 이미 그것이 있음을 보고 그 욕망을 일깨운다. 우리는 욕망이 있음을 기뻐한다. 그것은 하나님께로 가는 길이다. 영적 공동체는 무언가를 욕망하는 것을 두려워하지 않는 사람들, 욕망을 기뻐하는 사람들, 그들 속에서 욕망을 감지하고 다른 사람들 속에서 그 욕망을 일깨우는 법을 배운 사람들 가운데서만 세워진다.

하나님의 진리를 붙잡으라

성경 계시의 중심은 예수 그리스도다. 창세기부터 요한계시록까지 성경은 전부 그분에 대해 말한다. 그분은 아버지를 알리셨고, 율법을 가져온 모세의 뒤를 이어 은혜와 진리를 가져오셨고, 그분이 누구신지에 대해 더 많이 보여 주기 위해 성령을 보내셨다. 하나님이 우리와 맺으신 언약을 알려 주시고 확증하셨으며 지금은 그리스도께서 성령을 통해 그것을 이행하고 계신다. 우리는 그 언약을 새 언약이라 부른다.

영적 공동체는 우리 존재 가운데서 영적 욕구들이 육체적 욕구들보다 더 강하게 살아날 때에만 존재한다. 하지만 그러한 욕구들, 즉 예배, 신뢰, 성장, 순종 욕구는 새 언약과 별개로 존재할 수 없다. 토저는 "유일하게 건강한 감정은 위대한 개념에서 나온다"라고 말하며 핵심을 분명히 했다.주1

새 언약은 적어도 네 가지 위대한 개념으로 구성되어 있다. 그것은 우리가 이미 주목했던 네 가지 조항이다.

1. 하나님을 **예배**하고 사람들을 **기뻐하는** 욕구를 일으키는 우리의 새로운 **정결함**
2. 하나님을 **신뢰**하고 사람들에 대해 **비전을** 품게 만드는 우리의 새로운 **정체성**
3. 그리스도 안에서 **성장하려는** 열심과 서로의 마음을 지혜롭게 **분별하는** 욕구를 일으키는 우리의 새로운 기질
4. 순종하려는 욕구와 성령께서 우리에게 주시는 것을 우리와 함께하

는 사람들에게 주며 기뻐하는 우리의 새로운 능력

이 모든 내용을 도표로 그리면 다음과 같다.

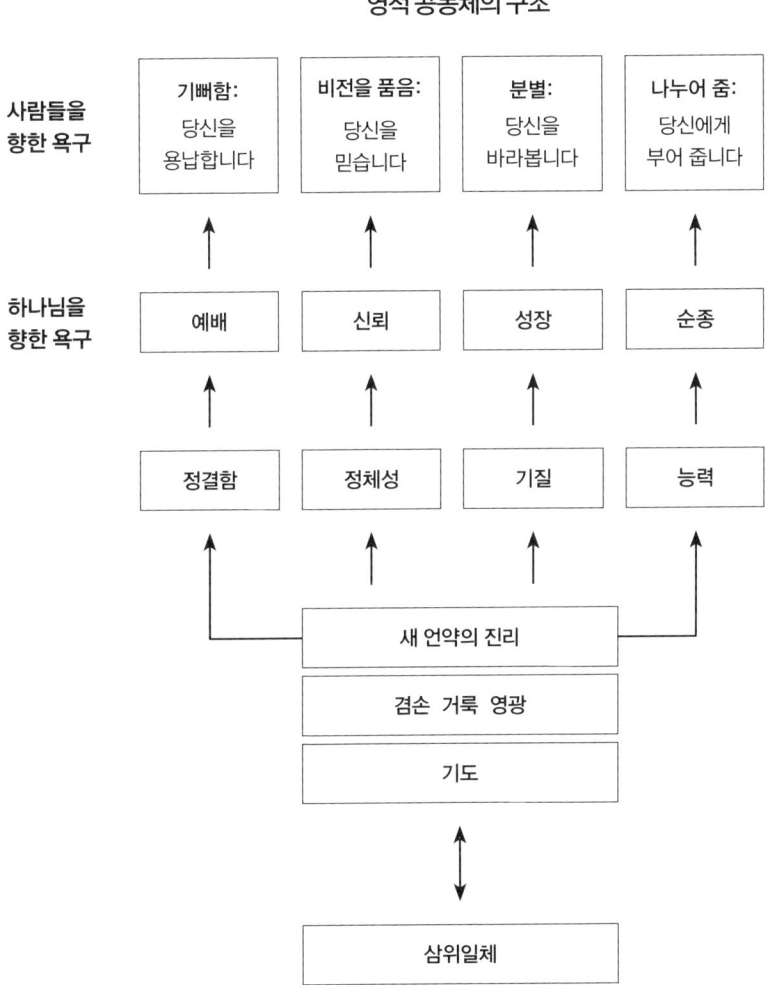

이것이 영적 공동체의 역동적인 **구조**다. 이제 그 공동체가 만들어지는 **과정**, 지상에서 가장 안전한 장소를 만들기 위해 우리가 실제로 할 일에 대해 말하려 한다. 그 과정은 세 부분으로 되어 있다.

1. 우리는 '**당신을 용납합니다**'라는 메시지와 서로를 기뻐함으로 서로의 삶에 들어간다.
2. 우리는 겉모습 아래 있는 것과, 지금 모습과 앞으로 이루어질 모습, 선과 악 둘 다를 **본다**. 우리는 '당신을 믿습니다. 그리고 당신의 삶에서 성령의 일과 육체의 일을 분별합니다'라는 메시지를 전한다.
3. 우리는 그리스도의 생명으로 서로를 **어루만진다**. 우리는 서로를 알아 갈 때 성령께서 우리 속에 일으키시는 것을 값없이 나누어 준다. 우리의 메시지는 '성령께서 당신에게 주도록 내게 일으키시는 것이 무엇이든 당신에게 나누어 줍니다'이다.

이번 장은 누군가의 삶에 들어가는 것, 거기 무엇이 있는지 보는 것, 그리스도의 생명으로 그들을 어루만지는 것이 어떤 의미인지에 대해 몇 가지 생각을 나누며 마무리하려 한다.

우리는 들어간다

당신에게 다음의 세 가지가 있다면, 나는 당신이 내 영혼 속으로 들어와 나를 알도록 허락하고 또 그것을 바라기도 할 것이다.

- 깨어졌지만 강함
- 연약하지만 소망을 품고 있음
- 정중한 태도의 호기심

깨어진 사람은 바닥을 치고 살아남는다. 그들은 여전히 더 낮은 바닥을 치고 더 큰 생명으로 일어날 것임을 안다. 그것은 자신의 이기심과 궁핍에 압도된 그들이 철저하게 하나님을 의지해야 함을 기쁘게 인정하는 지점이다. 다른 누군가가 그렇게 만들 수 없다. 그들은 자신들의 교만을 쥐어짜 내버리고 자비를 구할 뿐이다.

깨어진 사람은 죽음에 직면하여 살았기 때문에, 다른 사람과 함께할 때 자신에 대해 어떤 것도 위태롭게 여기지 않는다. 도움을 주어야 할 필요가 없다. 명석해야 할 필요도 없다. 인정받아야 할 **필요도** 없다. 그들은 우리와 소통할 때, 우리가 그들의 삶에 어떤 변화를 일으키려고 애쓰지 않는다는 걸 깨닫는다.

깨어짐은 그들을 겸손하게 만든다. 우리는 우리를 변화시키기 위해 노력하고 협조해야 한다는 압박을 느끼지 않는다. 그들은 우리가 변화하고 성장하고 성숙하기를 **원하지만** 그들을 위해 변화할 필요는 없다. 우리가 변하든 변하지 않든, 그들은 여전히 견고하다. 우리는 그들에게 상처를 줄 수는 있지만 그들을 파멸시킬 수는 없다. 그들을 불안하게 만들지 못하기 때문에 우리는 안전하다고 느낀다.

내가 아는 깨어진 사람들은 자신의 강점보다 부족함을 더 잘 인식한다. 하지만 "나를 불쌍히 여겨 줘. 나를 돌봐줘"라는 태도는 아니다. 그들은 자신이 궁핍하다고 느끼고, **우리는** 그들의 강점을 느낀다.

깨어진 사람은 항상 하나님을 예배하고 우리를 기뻐할 이유를 찾는다. 그들의 중심이 이미 견고하므로 우리는 그들에게 이용당했다고 느끼지 않는다. 그들에게는 새로운 정결함이 확실히 보이기 때문에, 우리에게 그들을 인증해 달라고 요구하지 않는다. 그것은 이미 이루어진 일이다.

깨어진 사람은 쓴소리를 할 수 있고 우리는 그 말에 감사한다. 그들은 우월한 지식이나 우월한 도덕성에서 기쁨을 찾지 않기 때문이다. 그들은 자신이 옳고 우리가 틀리다는 사실을 기뻐하지 않는다. 그들에게는 하나님의 영광이 중요하다. 다른 무엇보다 그것이 더 중요하다. 그들은 자신들의 지혜를 자랑하지 않으며, 찬사를 얻기 위해 자신들의 통찰력을 드러내지도 않는다.

또한 그들은 연약하지만, 그것이 무분별하게 드러나지 않고 의미 있게 나타난다. 그들의 자기 노출은 자아에 사로잡혀 있다는 느낌을 주지 않는다. 그들이 분투하고 있는 자신의 삶을 나눌 때 우리는 초청받았다고 느끼지만, 그것은 그들을 돕기 위해서도 아니고 그들이 견디는 것을 애처롭게 여기기 위해서도 아니라 함께 소망을 품기 위해서다.

우리에게로 들어왔으면 하는 사람들은, 깨어지고 연약한 가운데서 지칠 줄 모르지만 정중한 호기심을 품고 결코 공격적이지 않은 태도로 열린 문을 향해 기꺼이 열심히 걸어 나가려 하는 이들이다. 그들은 우리가 바로 직전에 했던 말을 **놓치지도** 않고 그 말에 **얽매이지도** 않는다. 때로는 우리의 말을 듣는 동안 눈길을 돌리거나 눈을 감기도 할 것이다. 그들은 다른 누군가에게 초점을 맞춘다. 우리는 그들의 궁극적인 관심사가 아니다. 그들이 우리에게 계속해서 질문을 할 때에도, 우리는 내몰린다거나 압박을 받는다는 느낌 없이 다른 차원으로, 다른 인격으로 이끌린다는 느낌을 받는다.

우리는 (1) 깨어졌지만 강하고 (2) 연약하지만 소망을 품고 있으며 (3) 호기심을 품었지만 정중한 사람들과 함께 있을 때 평안을 느낀다. 그들은 하나님을 예배한다. 그리고 그분을 알기 때문에 우리를 기뻐한다. 우리는 그들과 함께 있을 때 더 견고하다는 느낌을 갖는다.

우리는 본다

영적 공동체는 우리의 새로운 정체성을 보고, 그 새로운 정체성으로 우리가 어떤 모습이 될지를 내다본다. 또한 성령께서 우리의 새로운 성향으로 지금 우리 삶에서 어떤 일을 하고 계신지를 보고, 아랫방 욕구들이 그 일을 막기 위해 어떻게 활동하는지를 본다. 이렇게 보는 것에는 **비전을 품는 것**과 **분별하는 것** 두 가지가 있다.

비전을 품음

겸손하고 거룩하고 깨어진 사람들은 자신을 사랑하지만, 거기에 별로 주의를 기울이지는 않는다. 그들은 자신들이 영원한 가치를 지니고 있음을 알고, 하나님의 뜻에 따라 자신들이 독특하게 기여할 수 있는 바를 귀하게 여긴다.

최근 퀘벡 시에서 보낸 시간은 나 자신이 중요하다는 느낌과 보잘것없다는 느낌을 동시에 가졌던 새로운 경험이었다. 나는 내가 아는 한 여성이 다니는 교회에서 설교했는데, 그 후 그녀가 내 옆 의자에 앉았다. 우리는 거의 10년 동안 간헐적으로 담소도 나누고 서신 교환도 하는 사이였다.

그녀는 이렇게 말했다. "교수님이 이 사실을 아셨으면 좋겠어요. 다른 누구도 하지 못하는 일을 교수님이 제게 해주셨다는 걸요. 다른 사람들은 교수님이 하실 수 없는 일을 하지만 교수님은 제 삶에서 특별한 자리를 차지하고 계세요." 나는 전율을 느꼈다. 무엇보다도 내가 우쭐함보다는 감사함을 느꼈다는 사실 때문이다. 나는 나의 기쁨보다는 그녀의 기쁨에 더 초점을 맞추었다.

루이스도 동일한 생각을 밝힌 적이 있다.

> 내 친구들에게는 각자 그들만이 발휘할 수 있는 무언가가 있다. 나 혼자서는 한 사람이 온전하게 활동하도록 만들 수 없다. 그의 모든 측면을 드러나게 하기 위해서는 내가 비추는 빛 외에 다른 조명이 필요하다. 이 점에서 우정은 축복받은 수많은 사람들(사람은 그 수를 헤아릴 수 없다)이 각자 하나님께로부터 받은 것으로 더 풍성한 열매를 맺는 천국과 비슷한 영광스러운 무언가를 보여 준다. 자신의 방식으로 그분을 본 영혼은 분명 다른 사람들에게 그가 본 독특한 것을 전하기 때문이다. 주2

영적 친구들은 우리 안에 계신 그리스도의 어떤 한 면을 보고 다른 사람은 할 수 없는 방식으로 그것을 이끌어 낸다. 그리고 그들은 그 일을 즐거워한다. 그들은 우리에게서 독특한 것을 볼 때, 큰 기쁨을 느낀다. 그런 다음 대담한 상상력으로 우리의 미래 모습에 대한 비전을 품는다. 그 비전이 그들을 흥분시키다. 바울처럼 그들도 우리가 어디에 있는지를 보고 우리 속에 그리스도의 형상을 이루기까지 수고를 아끼지 않을 것이다(갈 4:19).

분별

본다는 것에는 누군가의 새로운 정체성을 염두에 두고 그들의 미래 모습에 대한 비전을 품는 것 이상의 깊은 뜻이 있다. 그것은 또한 성령의 임재에 민감한 것이다. 그 사람의 삶에서 새로운 욕구를 일으키며 역사하시는 성령의 임재를 민감하게 의식하는 것이다.

영적 공동체는 누군가의 새로운 정체성을 기뻐하고 미래에 대한 비전을 품을 뿐 아니라, 그들을 제대로 인지한다. 즉, 그들의 좋은 점과 나쁜 점을 분별하고 드러낸다. 영적 친구들, 특히 영적 지도자들은 다른 사람들이 그들에게 미치는 영향에 세심한 주의를 기울인다.

그들은 우리의 어떤 모습, 이를테면 우리가 조금 더 자비로워진 모습을 볼 때 전율을 느낀다. 또한 성령의 역사를 어렴풋이 감지하고 기뻐하며 그 사실을 말한다. 무언가가 그들을 언짢게 할 때는, 마치 의사가 엑스레이의 어두운 부분을 분별할 때처럼 그것을 심각하게 다룬다. 그들은 강요하지도 않고, 밀어붙이지도 않고, 거들먹거리지도 않고, 우리에게 동의를 구하거나 어떤 행동을 하라고 요구하지도 않는다. 단지 이따금 그것을 지적하고 우리가 더 자세히 알아보려 하는지 살펴보며 기다린다.

우리가 무턱대고 저지르는 잘못을 영적 공동체가 드러내며 혼란스럽게 만드는 그 순간에도, 그들은 우리를 성장시키시는 하나님을 신뢰한다. 우리 대부분은 그것을 감지한다. 그들은, 성장이란 하나님의 신비한 사역임을 아는 겸손하고 깨어진 사람들이다. 묵묵히 경건에 헌신하는 삶이 강한 질책보다 더 강력한 작용을 한다는 사실도 안다. 그들은 때로 단호한 모습을 보일지도 모른다. 징계도 한다. 하지만 절대 밀어붙이지 않는다.

우리는 어루만진다

이제까지 우리는 **함께 기뻐하는 데서 오는 안전함, 비전이 주는 소망, 사랑스러운 분별의 지혜**를 느꼈다. 우리는 하나님의 일하심에 마음이 열려 있다. 이제 **그리스도의 어루만짐의 능력**을 받아들일 준비가 되었다.

사자의 으르렁거리는 소리를 듣는 중에도 어린양은 부드럽게 인도하고 계심을 우리는 안다. 지혜로운 한 친구가 나와 대화를 나눌 때 이런 말을 한 적이 있다. "기억하게, 래리. 그리스도께서는 항상 부드럽게 인도하신다네." 나는 으르렁거리는 소리만 듣고 있었다. 그의 말을 듣고 나는 안식을 되찾았다.

영적 친구들은 하나님께 귀를 기울인다. 우리와 관계를 맺을 때 하나님이 그들 마음에 일깨우시는 것들에 귀를 기울인다. 깨어진 사람만이 느끼는 자유함으로 하나님의 신실한 전달자요, 우리 영혼을 사랑하는 자로서 하나님이 들려주시는 것이 무엇이든 그것을 우리에게 준다.

그것은 꾸짖음일 수도 있고, 편안한 조언일 수도 있고, 막 떠오른 농담일 수도 있다. 또는 성경의 가르침일 수도 있고, 그들이 나누고 싶은 과거의 기억일 수도 있다. 그 말은 명석하지도 않고, 전달자의 영리함을 드러내는 경우도 거의 없다. 하지만 그 말을 들으며 우리 역시 성령에게 민감해지기를 갈망하게 된다. 그 말이 어떤 것이든, 쓴소리든 따뜻한 포옹

이든, 그리스도의 몸의 구성원을 통해 하늘로부터 우리에게 온 것이다. 그리고 우리는 그 사실을 **안다**.

아마도 서로를 어루만지는 데 가장 큰 장애물은, 우리 속에 생생하게 살아 있고, 대단하게 여겨지는 그것을 나누지 않으려는 마음일 것이다. 초자연적인 역사로 우리 마음속에 생생하게 살아 있는 것을 표현하기보다는, 친구들에 대한 흥미로운 소식을 나누거나 공감해 줄 것 같은 사람들에게 투덜거리는 편이 훨씬 쉽다.

우리에게 아주 귀중한 무언가를 드러내기를 거리끼는 이유는, 사람들이 그것을 평범하게 다룰까 두려움을 느끼기 때문일 것이다. "그래서 자네는 지난 밤 주님과 아주 멋진 시간을 보냈군. 진정한 예배의 시간을 보냈단 말이지. 정말 멋지네! 틀림없이 지난 주일 설교와는 아무 관련이 없을 걸세. 설교자가 끔찍하지 않았나?" 우리는 감탄을 잘하지 않는 사람에게 우리 아기를 자랑해 온 것이다. 그러다 우리를 가장 전율시키는 것에 대해서도 부끄러워하게 되었다.

영적인 사람들이 다른 사람들을 어루만질 수 있는 이유는 자유롭기 때문이다. 하나님께 순종하고자 하는 욕구는 그들 속에 무엇이 있든 그것을 기꺼이 주고자 하는 마음으로 이어진다. 그들은 자기 내면 가장 깊은 데 있는 것은 성령으로부터 온 것임을 분명하게 확신하고 살아간다. 그것은 바로 그리스도다. 그리고 그들은 그분을 알리기를 즐거워한다.

다음주에 당신의 소그룹을 만날 준비를 하고 있다면, 전날 밤에 한 시

간을 떼어 놓으라. 그리고 각 사람을 마음에 그려 보라.

1. 깨어졌지만 강인하고, 연약하지만 소망을 품고 있으며, 호기심을 품었지만 정중한 태도를 지닌 사람으로 그들에게 다가가는 것이 어떤 의미인지 깊이 생각하라. 그들 각자의 새로운 정체성을 함께 기뻐하고자 하는 당신이 그들에게 안전한 사람이 되도록, 그들이 들어오고 싶은 사람이 되도록 기도하라.

2. 그런 다음 하나님을 신뢰하면서, 당신의 독특한 가치에 대해 묵상하라. 당신은 몇몇 사람들 안에서 다른 사람은 끌어낼 수 없는 선한 것을 끌어낸다. 그것이 당신에게 어떤 느낌일지 주의를 기울이라.

   당신의 그룹 구성원들을 생각하라. 그들의 독특함을 마음속으로 그려 보라. 그들은 당신 속에 잠겨 있는 무엇을 끌어낼 수 있을지 질문하라. 그들만의 독특함을 말로 표현해 보고, 그런 다음 성령께서 그들을 그리스도의 형상으로 빚으실 때 각자가 그리스도의 몸에서 어떤 역할을 할 수 있을지 비전을 품으라.

3. 성장하고 싶어 하는 당신의 갈망에 집중하라. 당신의 삶에서 성령께서 일하고 계신 곳은 어디인가? 그 일에 방해되는 것은 무엇인가? 당신의 친구들이 어떻게 성장하고 있는지 묵상하라. 당신을 즐겁게 하는 것은 무엇인가? 당신을 화나게 하고 실망시키고 슬프게 하는 것은 무엇인가? 각 사람을 위해 기도하라.

4. 계속 무릎을 꿇고, 당신 안에 살아 있는 거룩한 욕구에 세심하게 주의를 기울이라. 그룹의 누군가에게 편지를 쓰고 싶을지도 모른다. 최근에 구입한 CD에 들어 있는 노래가 떠올라 누군가에게 당신이

산 CD를 주고 싶을지도 모른다. 순종하라. 당신 속에 살아 있는 것을 각 사람에게 부어 주라.

영적 공동체는 사람들 사이에서 복음의 진리가 일깨운 성령의 욕구들이 흘러나오기 시작할 때 세워진다. 모이기를 폐하지 말고 함께 모일 때 어떻게 사랑과 선행을 격려할지 골똘히 생각하라.

이제 서로 마주 보도록 의자를 돌릴 때다.

17
영적 공동체 되어 가기

그분은 온갖 방법으로 우리를 위해 일하신다. 하지만 무엇보다도 서로를 통하여 일하신다. 사람들은 서로에게 거울이 된다. 즉, 다른 사람에게 그리스도를 '전달하는 사람'이 된다. 보통 그분을 알리는 사람은 그분을 아는 사람들이다. 서로에게 그분을 보여 주는 그리스도인의 몸인 교회가 중요한 이유가 여기 있다. 흔히 교회는 교육, 건축, 선교, 예배 등의 다양한 목표를 위해 존재한다고 생각한다… 하지만 교회는 다른 어떤 것도 아닌 사람들을 그리스도에게로 이끌기 위해 존재한다. 그들을 작은 그리스도로 만들기 위해 존재한다. 교회가 그 일을 하고 있지 않다면 예배당, 성직자, 선교, 설교 그리고 성경조차도 시간 낭비일 뿐이다. 하나님은 다른 목적을 위해 인간이 되신 것이 아니다. 우주 전체도 다른 목적을 위해 창조되었을 것 같지 않다.

-C. S. 루이스

오늘 아침, 힘든 시간을 보내고 있는 친구를 위해 기도하는 중이었다. 그때 마음속에 어떤 이미지가 그려졌다. 거친 바다에서 지브롤터 크기의 바위가 나오는 것을 보았다. 그 바위가 안정적으로 견고하게 완전히 자리를 잡자, 두려움에 빠진 사람들이 바위를 바라보고 소망을 찾으며 물속에서 허우적거리는 것이 보였다.

그 바위에는 얼굴이 있었다. 내 친구의 얼굴이었다. 나는 울기 시작했다. 물에 빠져 있는 사람을 안전한 데로 데려다 주는 한 사람의 삶의 힘을 깨달았을 때, 내 속 깊은 곳에서 눈물이 흘러내렸다.

그러고 나서 나는 그룹을 이룬 사람들을 떠올렸다. 바위 같은 그들은 각자 충분히 섬이 될 만한 사람들이었다. 그리고 나의 마음은 예수님의 팔복을 떠올리고 있었다. 깨어진 사람들이 복이 있다고 선언하실 때 그분이 사용하신 단어, 즉 우리가 '복이 있다'고 번역한 단어는 섬, 조용하고 방해받지 않는 안전한 장소라는 의미다.

하나님 백성의 공동체는 폭풍이 이는 바다 가운데서 그런 바위가 되어야 한다. 고통의 세상에서 평안의 섬이 되어야 한다. 그 공동체는 깨어진 사람들의 공동체가 되어야 한다. 하나님과의 사귐을 누리며 선을 위해 하나님을 의지하는 겸손한 사람들의 공동체가 되어야 한다. 죄보다는 거룩함을 사모하는 회개하는 사람들의 공동체가 되어야 한다. 자신들의 욕망이 하나님을 향한 것임을 알기에 그들의 깊은 욕망을 영광스러워하고 그것을 추구하며 용납하는 열정적인 사람들의 공동체가 되어야 한다.

죄인들이 예수님 주변으로 모여들자 기분이 상한 바리새인들을 향해 예수님은 이런 말씀을 하셨다. "건강한 자에게는 의사가 쓸 데 없고 병든 자에게라야 쓸 데 있느니라"(마 9:12). 바위처럼 견고한 사람들은 또한 주님의 이 말씀을 듣는다. 영적 공동체를 세우는 사람들은 치료책을 찾고 있는 병든 사람들이다. 그래서 이제 이들은 깨어진 사람들이 살 수 있는 방법을 널리 알리고 싶어 한다.

내가 아는 한 작은 교회에서 뇌손상을 입은 여성을 공동체 속으로 받아들였다. 다소 직설적이었지만 부드러운 그 여성은 때때로 설교 시간에 자신의 의견을 밝히는 말을 했다. 한 장로님은 내게, 그들의 공동체는 그녀를 천사로 받아들였다고 말씀하셨다. 그들에게서 더 깊은 차원의 긍휼과 은혜를 끌어내도록 하나님이 보내신 사람으로 받아들였다는 말이다.

또 다른 교회에서는 최근에 한 여성이 공동체에 자신의 죄를 고백했다. 그 결과와 아픔은 계속되었지만 거기에는 사랑과 소망이 있었다. 그녀의 아버지는 눈물을 흘리며 딸 앞에 무릎을 꿇었다. 그는 비통함 가운데 울부짖으며 딸에게 자신을 주었다.

그리스도의 공동체는 산산조각 난 꿈들과 깨어진 삶이라는 거친 바다 한가운데서 하나님이 주신 용서를 함께 기뻐한다. 그들은 서로의 미래 모습을 믿는다. 절대 죄를 가볍게 여기지 않지만, 은혜의 풍성함을 누리기를 좋아한다. 그들은 서로에게 그리스도를 전달하는 사람들이다. 이것이 바로 영적 친구들이 함께 하나님을 향해 여행할 때 하는 일이다.

하지만 때로 우리에게는 그 이상이 필요하다. 우리 삶은 엉망진창이 될 수 있다. 안개가 너무 짙어서 한발자국 앞조차 볼 수 없다. 그럴 때는 특별한 인도하심이 필요하다. 지혜로운 사람에게 우리 쪽으로 의자를 돌려 달라고 요청해야 할 때다. 우리 마음속 깊은 곳을 살피고, 우리가 올바른 관점을 가질 수 있도록 도와 달라고 해야 할 때다. 우리 눈이 어두워 보기 힘든 것을 보게 해주고, 또 우리가 스스로를 기만하며 다른 사람에게 숨기는 것을 밝혀 달라고 요청해야 할 때다.

때로는 영적 친구만으로는 충분하지 않다. 우리에게는 **영적 지도자**가 필요하다.

간혹 아랫방 욕구들이 우리를 졸라 댈 때 어떻게 대처해야 할까? 깊은 우울, 강박적인 충동, 걷잡을 수 없는 공황을 어떻게 다룰까? 우리를 무시하거나 학대하는 배우자, 친구가 없는 내향적인 아이, 동성애적 욕구와 싸우는 우리의 친구들을 어떻게 해야 할까? 우리 영혼을 쭈그러뜨리고 우리를 분노, 절망, 포기에 이르게 하는 실망에 어떻게 대응할까?

영적 친구들은 우리를 기뻐하는 사랑으로 우리 삶에 들어와서, 비전이 주는 소망을 품고 앞으로 나아가도록 이끌 수 있다. 또 우리가 계속 지녀야 할 습관과 버려야 할 습관을 분별하고, 우리에게 그리스도를 드러낼 수 있는 능력을 공급할 수 있다. 하지만 좋은 친구들의 역량을 뛰어넘은 더 많은 분별이 필요할 수도 있다. 특별히 영적 지도의 사역으로 부르심 받은 현명한 사람들 앞에 우리 삶을 내려놓아야 할 때가 올지도 모른다.

대부분의 사람은 현명한 사람들과 대화를 나누는 일이 필요하다는 사실에 동의하지만, 우리 문화는 이상한 방식으로 그런 사람들을 제공했다. 각자가 그 과정을 결정하고 학문적인 방식으로 준비하는 것이다. 사람들을 돕고자 하는 부담을 느끼는 사람들은 곧바로 상담 전문가를 떠올린다. 그래서 그들이 그 일에 적합함을 보증하는 주목할 만한 자격증들을 취득하고, 교수들과 몇몇 친구들로부터 받은 추천서를 보내 대학원에 지원한다. 그런 다음 그들에게 충분한 지능이 있음을 증명하는 시험을 치르고 몇 년 동안 교실에서 상담 이론과 기술을 배운다.

그 과정에서 교회는 어떤 역할을 할까?

이 사람들이 학위를 얻으면, 주 당국은 성공적인 시험 결과에 근거하여 이들이 심리학을 잘 적용할 만한 충분한 지식을 갖추었다고 사회에 공표한다. 그들의 나이가 꽤 어릴지라도 상관없다. 실제로 나는 그들이 그런 지식을 갖고 있다고 생각한다. 하지만 나는 내 인생과 씨름할 때, 내 삶에 심리학적 원리를 적용할 전문가를 찾아가고 싶지는 않다. 오히려 내 영혼을 자세히 들여다보고, 그곳에 있는 것들을 통해 하나님을 향해 나아가도록 지도할 수 있는 지혜롭고 노련하고 영적인 사람이 있었으면 좋겠다.

영혼을 돌보고 치유하는 능력, 다른 사람의 삶 속에서 성령의 사역을 일깨우는 능력은 무엇보다도 영적 성숙, 즉 하나님과의 사귐의 깊이에 달려 있다. 이런 사역으로의 부르심을 느끼는 사람들에게는 대학원 과정에 합격하는 것 이상이 필요하다. 정말 이 사람이 그 일로 부르심 받았음을 동의하는 경건한 공동체의 승인이 필요하다.

영혼을 돌보고 치유하는 능력은 하나님이 계시해 주시는 것을 잘 알아 가느냐에 달려 있다. 하나님은 분명 인생과 사람과 우리의 문제 그리고 그 문제에 대해 그분이 무엇을 하고 계신지를 알려 주신다. 학문적 공동체가 아니라 영적 공동체야말로 영적 지도자들을 양산할 수 있는 적절한 장이다.

서구 문화는 영적 문제와 심리적 문제로 영역을 나누는 잘못을 범했다. 목회자들과 훌륭한 그리스도인들이 영적 문제를 다루도록 위임한다. 그들은 기도를 드리고 성경 본문을 해설하고 성경의 원리를 적용하고 믿음을 키운다. 문제가 심리적인 것이라 여겨지면, 즉 기도와 성경적인 가르침만으로는 건드릴 수 없을 것 같은 정서적, 관계적 장애가 있다고 여겨지면 훈련받은 전문가들을 부른다. 우리는 이런 장애들을 질병과 정신 장애로 보고, 심리 치료사가 다루어야 한다고 생각한다.

하지만 그것은 옳지 않다. 심리적인 문제는 근본적으로 영적인 문제다. 그 문제로 고통을 겪는 사람들에게는 영적인 상담이 필요하다. (어떤 증상은 신체적인 장애로 나타날 수도 있다. 이 경우는 심리 치료사도 목사도 도울 수 없다. 의사가 필요하다.) 하지만 피상적이고 조직화된 제자 훈련이 영적 상담으로 여겨지는 경우들도 많다. 그저 이 구절을 암송하라, 더 많이 기도하라, 그렇게 행동하지 말라, 교회에 빠지지 말라 등의 조언을 주는 정도로 말이다.

영적 상담(혹은 영적 지도)은 지금 우리가 정신 치료에서만 할 수 있다고 생각하는 모든 것을 한다. 먼저, 우리의 기만적이고 방어적인 마음(아랫방)을 탐색한다. 또 끔찍한 공격에도 살아남은 생명(윗방)을 기대한다. 또 깊은 아픔과 고통 속으로 들어간다(롬 8장의 신음). 그리고 치유가 일어나도록 관계의 기회를 마련한다(히 10:24에 나오는 사랑과 선행의 격려).

우리는 심리 치료와 영적 지도 중 하나를 선택해야 하는 것이 아니다. 오히려 홀로 있는 것과 공동체 중 하나를 선택해야 한다. 그것은 두려움과 교만 때문에 혼자 사느냐, **아니면** 영적 친구들의 사랑과 영적 지도자들의 지혜가 있는 그룹 안에서 하나님을 향한 여행을 할 것이냐를 선택하는 것이다.

나는 20여 년 동안 상담 대학원에서 학생들을 가르쳤다. 이제 우리는 전문 어휘들을 버리고 더 이상 환자, 진단, 처치, 심리 치료에 대해 말하지 않는 것이 온당하다고 진심으로 확신한다. 대신 그들의 영혼이 하나님은 물론 그들 자신이나 다른 사람들과 단절되어 있음을 말해야 한다. 영적 돌봄과 영혼의 치유에 대해 말해야 한다. 육체의 동력과 성령의 동력이 어떻게 움직이는지 영적으로 분별하는 법에 대해 말해야 한다. 다시 말해, 영적 우정과 영적 지도에 대해 말해야 한다. 그러면 같은 문제를 더 효과적으로 다룰 수 있을 것이다.

'영적 지도'라는 표현에는 약간 거부감이 든다. 나는 지도자라는 용어를 사용하지만, 그것은 누군가에게 무엇을 해야 할지 말하는 권위를 가진다는 의미가 아니다. 오히려 하나님께로 가는 길을 제시함으로써 사람들을 섬기는 일로 부르심 받은 성숙한 그리스도인을 가리킨다. 누구와 결혼할지, 어떤 본문을 읽어야 할지, 며칠 동안 금식을 해야 할지를 지시하는 사람들은 위험하다. 그들은 자신이 책임지는 사람들에게 권력을 행사하는 리더들로, 우리 주님이 추천하지 않았던 사람들과 비슷하다.

하지만 다른 단어의 거부감이 덜한 것도 아니다. **영적 인도자**라는 어휘에는 뉴에이지풍의 분위기가 있다. 그래서 이 사람의 말은 성경에 근거한 인도처럼 느껴지는 것도 같고, 성경에서 분명하게 표현된 성령의 말씀과는 무관하지만 왠지 성령께서 말씀하실 수도 있을 것 같은 내용을 담은 그저 기묘한 생각처럼 여겨지기도 한다.

심리 치료사는 역사적으로 성직자가 어떤 역할을 했는지를 보여 주는 탁월한 단어지만, 훈련을 받아 얻는 자격증과 지나치게 많은 관련이 있다. 또한 중요한 자격 요건인 영적 깊이의 중요성이 담겨 있지 않다.

상담가는 너무 허약하게 느껴진다. 좋은 단어지만 남용되고 있다. 누구나 상담을 한다.

멘토와 **제자** 둘 다 성령의 주권적인 역사를 놓치는 기계적인 느낌이 든다.

원로 역시 비즈니스 상식과 조직적인 능력을 가진 사람을 의미하는 경우가 많다.

목회자는 주일에 한 번 보는 사람, 병원에 있을 때 조금 더 자주 보는 사람이라는 느낌이다.

교사는 교실, OHP, 강의안 등의 이미지가 떠오른다.

목자는 성경의 의미와 좀 더 가깝고 사용해도 괜찮은 단어 같다.

하지만 나는 조건적으로 **영적 지도자**라는 용어에 한 표를 던진다.

우리는 여행 중이다. 인생은 때때로 우리가 찾을 수 없는 길을 따라 아직 보지 못한 땅을 향해 가는 여행이다. 그것은 영혼의 운명과 본향을 향한 영혼의 여행이다. 영적 지도자들은 성령을 아는 사람이며, 성령을 신뢰하는 사람이다. 소명과 은사와 자아 인식으로 인간 영혼의 움직임을 보고 영혼이 그 목적지를 향해 가도록 지도할 수 있는 사람이다.

그들은 책을 폭넓게 읽는다. 혹 상담 학위를 받았을 수도 있고, 문학이나 철학 학위를 받았을지도 모른다. 또 후자가 더 나을 수도 있다. 혹은 정규 교육을 거의 받지 못했을 수도 있다. 그들은 성경을 하나님의 말씀으로 경외하며 사랑하지만 애니 딜라드(Annie Dilard), 표도르 도스토예프스키(Fyodor Dostoevsky), 존 그리샴(John Grisham)의 소설도 읽는다.

무엇보다 그들은 자신의 삶이나 다른 사람의 삶을 관리하지 않는다. 그들은 그들 속에 계신 그리스도에 민감한 신비가로 살아간다. 그들이 그리스도 안에 있다는 사실을 기반으로 삼고 살아간다. 그들은 기도하는 사람들이다.

그들이 가장 귀하게 여기는 훈련은 경건한 사람들에게서 비롯된다. 그들은 교수일 수도 있지만 목사나, 배관공, 재봉사일 수도 있다. 직업과 상관없이 기도와 삼위일체와 예배와 은혜에 대해 말하는 사람들이다. 그들은 중요한 훈련이 비공식적인 형태를 띠는 것을 보며, 절대 형식을 좇지 말고 상담을 '행하지' 말라는 교훈을 얻는다. 또한 본능적으로 그리고 직관적으로 성령께서 그들에게 지시하실 때 사람들과 관계를 맺는다.

그러한 사람에게 다가가는 사람이 많지 않다. 하지만 영적 지도자와 함께하는 시간은 많은 사람을 도울 수 있다. 마리아와 같은 사람들 말이다.

마리아는 혈우병 환자다. 그녀는 50대 초반에 혼자되어 절망적인 외로움 속에서 살았다. 만성 피로에 시달렸고, 대부분의 사람들을 거북해했다. 때로는 어떤 사람들과 함께 있을 때 자유를 느꼈지만 보통은 혼자 있는 것을 더 좋아했다.

마리아에게 교회는 지루하고 맥 빠지는 곳이다. 시원한 냉수보다는 꾸짖기만 하는 곳처럼 느껴진다. 주일학교 선생님은 인격적이지도 않고 절대 위험하지 않은 기도로 수업을 시작하며, 가르침은 지극히 형식적이다. '여러분이 이렇게 하면 하나님이 저렇게 하실 것입니다'라고 말한다. 그녀는 그렇게 되지 않음을 안다.

때때로 마리아는 우울감과 싸우는데, 간혹 약을 먹어야 할 정도로 증세가 심각하다. 가끔은 대도시로 날아가 스무 명의 남자와 섹스를 하고 싶은 걷잡을 수 없는 유혹을 느낀다. 자살 충동과 싸워야 했던 경우도 한두 번이 아니다.

마리아가 만약 영적 공동체에 속해 있었다면 그녀의 삶은 달라질 수 있었을 것이다. 그녀가 아무리 바닥을 쳐도 여전히 그녀를 기뻐해 주고 믿어 주며 바라봐 주고 어루만져 줄 만큼 안전한 장소를 찾았다면, 그녀는 자신 속에서 다른 실재를 경험했을 것이다. 그녀의 윗방 욕구들이 살아났을 것이다.

하지만 마리아에게는 인생의 어려운 시기를 지나는 대부분의 사람들처럼 그 이상이 필요할지도 모른다. 그녀가 영적 지도자를 만날 수 있었다면 좋았을 텐데. 일주일 동안의 수련회에서 매일 만나거나, 혹은 몇 달마다 집중적으로 몇 시간 동안이라도 만남을 가졌더라면 좋았을 것이다. 그도 안 된다면 매주 한 번씩이라도 영적 지도자를 만날 수 있었다면 좋았을 것이다.

하지만 그녀에게는 아무도 없다. 마리아에게는 진정한 영적 공동체가 없다. 저녁식사를 함께하며 친화적인 순간을 제공하는 몇 명의 친구들만이 있을 뿐이다. 교회 일을 함께 해보자고 초대하는 친구들만이 있을 뿐이다. 가끔 진실하게 공감하며 그녀를 위로하려 하고 상담을 받으라거나 성급하게 그녀에게 성경의 기준을 따르라고 말하는 몇 명의 친구들만이 있을 뿐이다. 그녀에게 지혜를 주는, 그녀가 신뢰하는 성숙한 사람들은 없다. 그녀에게 시간을 내줄 수 있는 사람은 하나도 없다.

그 상황은 전혀 달라질 수 있다.

교회에는 많은 것이 필요하다. 하지만 교회가 그 목적을 바로 붙잡고 있을 때에만 그 필요의 우선순위를 제대로 정리할 수 있다. 교회의 목적은 사람들을 그리스도에게로 이끄는 것이다. 서로에게 그리스도를 비추어 주고, 우리 삶의 방식을 통해 사람들에게 그리스도를 보여 주는 것이다.

그 일은 하나님을 향해 여행하는 사람들의 공동체 안에서만 일어난다. 서로를 바라보며 의자를 돌리는 사람들의 그룹에서만 일어난다. 영적 친구와 영적 지도자는 그리스도의 에너지로 가득한 사람이다. 그들은 의자를 돌리고 있다. 자신의 욕구를 서로에게 흘려보내고, 베란다에 있는 사람들에게 함께하자고 초대하고 있다. 하지만 진정한 영적 친구가 한 명이라도 있는 사람, 특히 그런 남자는 많지 않다. 하물며 영적 지도자에게 가는 사람은 훨씬 적다.

성령께서 당신에게 공동체에 대한 생각을 일깨우고 계시다면 그리고 영적 친구들로 가득하고 영적 지도자들이 간간히 섞인 영적 공동체를 세우기 위해 무엇을 할 수 있을지 고민하고 있다면, 나와 함께 하나님의 마음을 듣기 위해, 그분이 우리를 통해 하실 일을 보기 위해 기도하자고 초대하고 싶다. 그리고 이 책이 그 일에 도움이 되기를 기도한다.

교회는 하나님을 향해 함께 여행하는 영적 친구들과 영적 지도자들의 공동체여야 한다. 우리는 그러한 공동체가 되어야 한다. 기도는 그 출발점이다.

묵상과 토론을 위한 질문

들어가며

의자를 돌려놓자

- 아마도 성령께서는 교회의 구성원들을 보실 때, 크랩 박사가 마이애미에서 본 사람들처럼 생각하실 것 같다. 줄지어 있는 흔들의자에 앉아 서로 삶을 나누지는 않고 앞만 쳐다보던 그들 말이다. 혹시 당신은 교회의 가족들과 "개인적인 이야기도 하고, 기도 제목도 나누고, 흥미로운 토론도 하고, 성경 말씀도 묵상하고, 가끔 서로를 위해 울기도 하면서" 교제를 나누지만 진짜 연결되었다는 느낌은 갖지 못했던 적이 있는가? 무엇을 놓치고 있었다고 생각하는가? 그리고 그 이유는 무엇인가?

- 크랩 박사는 그리스도인들이 "어떤 하나 됨, 즉 우리 안에 있는 가장 선한 것을 인식하게 해주고, 그것이 드러나는 것을 가로막는 온갖 악을 깨닫게 해주는 그런 하나 됨, 멋진 소년은 남성으로, 예쁜 소녀는 여성으로 만들어 주는, **마음이 통하는 하나 됨**을" 경험했으면 하는 비전을 제시한다. 이 비전에서 가장 매력적으로 느껴지는 것은 무엇

인가? 위협적인 것은 무엇인가? 당신의 망설임과 두려움에 대해 무엇을 할 수 있을까?

- 크랩 박사는 1부에서 영적 공동체에 대해 어떻게 생각해야 할지 설명할 것이다. 더 읽기 전에 현 시점에서, 당신은 '영적 공동체'라는 어구를 들을 때 무엇이 떠오르는가? (영적 공동체에 대해 생각할 때) 당신이 들어보았거나 보았거나 혹은 속해 있었던 영적 공동체가 있는가?

- 크랩 박사는 2부에서 우리의 분투를 어떻게 이해할지를 다룰 것이다. 이는 영적 친구와 영적 지도자가 인생 여정에 왜 중요한지를 분명히 밝혀 줄 것이다. 당신이 영적 친구로 생각하는 사람은 누구인가? 당신에게 영적 지도자가 있었다면, 당신은 그로부터 어떤 유익을 얻었는가? 영적 지도자가 없었다면, 그런 사람을 만나면 어떤 유익을 얻을 수 있을 것 같은가?

- 당신이 이 책을 고른 이유는 무엇인가? 과거의 경험 때문인가, 아니면 현재의 갈급함 때문인가, 혹은 미래에 대한 소망 때문인가? 서론을 읽고 당신은 무엇을 기대하게 되었는가?

크랩 박사의 메시지의 요점에 기초를 놓기 시작해 보자. 그것은 이 세상 속에서 어떻게 관계를 맺을지에 대한 것이며, 영적 공동체에 속한다는 것이 어떤 의미인지를 분명히 보여 줄 것이다. 우리의 의자를 돌려놓을 준비를 해보자.

1

영적 공동체를 어떻게 생각할 것인가

1
제발, 쉽다고 생각하지 말자

- 영적인 삶의 목표든, 그 과정이든 명확하게 이해하는 사람은 아무도 없다. 그리스도 안에서 얻는 온전함, 성숙이란 정확히 무엇인가? 그리고 어떻게 거기에 이르게 되는가? 예수님을 제외하고, 성숙한 그리스도인의 모델을 본 적이 있는가? 그 사람의 삶에서 영적 성숙의 증거로 무엇을 보았는지 구체적으로 말해 보라.

- 영적 성숙에 이르는 여정에서 혼란과 실망은 불가피하다. 하지만 좋은 점도 있다. 혼란의 좋은 점은 열린 마음이며, 실망의 좋은 점은 소망의 필요성을 절감하게 하며 소망을 불어넣는다는 것이다. 영적이지 않은 세상에서 영적으로 사는 삶과 관련하여 당신은 어떤 혼란을 겪었는가? 다시 말해, 그리스도인의 성숙과 그 성숙에 이르는 방법에 대하여 어떤 점이 혼란스러웠는가? 그 길에서 당신은 어떤 실망과 맞닥뜨렸는가? 그 가운데 당신의 신앙을 자라게 하고 당신을

그리스도 안에서 성숙시키시기 위해 하나님이 분명히 사용하신 것은 무엇인가?

- '논란이 되는 주제들'에 대한 크랩 박사의 논의를 검토해 보라(31-36쪽). 놀라운 점이나 새롭게 배운 주제는 무엇인가? 특별히 어떤 점에 동의하거나 동의하지 않는가? 한두 가지 예를 들어보라.

- 영적 돌봄이 필요한 시기에 당신은 어디를 찾아가는가? 왜 크랩 박사는 영적 돌봄이 필요한 사람에게 심리 상담 대신 영적 우정과 영적 지도를 제안하는가?

우리가 살아가면서 혼란스럽지 않고 결코 실망하지도 않을 유일한 사실이 있다. 그것은 그리스도의 속죄가 성령의 사역을 보증한다는 것이다. 성령께서는 우리가 태어날 때부터 죽음을 거쳐 영원에 이르기까지 우리 삶에 계속해서 역사하실 것이다. 우리는 여기서 돌봄이 필요한 영혼을 위한 소망을 발견한다.

2
쉽지는 않지만 그만한 가치가 있다

- 진정한 영성을 함양하려면 우리 본성의 토대를 무너뜨려야 한다. 그래서 하나님은 당혹스러운 자비하심으로, 우리가 가장 좋아하는 꿈들을 산산조각 내시거나 적어도 그 꿈들이 산산조각 나도록 허락하신다. 하나님이 우주를 다스리실 때, 간혹 상상도 할 수 없는 일이 일어난다. 그것은 우리가 맞닥뜨리리라고는 생각도 못한 악몽이다. 당신의 꿈들이 산산조각 났던 때는 언제인가? 당신은 어떤 악몽에 맞닥뜨렸는가? 무엇 때문에 당신은 이런 질문을 하게 되었는가? '내가 사랑한다고 말하는 이 하나님은 어떤 분이신가? 그분은 어디에 계신가?' 당신이 영적으로 더 성숙해지도록 하나님이 그 경험들을 어떻게 사용하시는지에 대해 이 시점에서 깨닫게 된 것은 무엇인가?

- 헨리 나우웬은 "조금만 건드려도 다시 피를 흘리는" 내면의 상처에 대해 쓰면서 "이 상처는 거기 그대로 남아 있겠지만 그럴 만한 이유

가 있을 것이다. 혹 이것이 구원으로 가는 입구, 영광에 이르는 문, 자유로 가는 통로는 아닐까?"라고 말했다. 어떻게 상처가 그러한 선물이 될 수 있는지 당신의 생각을 나누어 보라. 상처가 어떤 종류의 구원, 영광, 자유에 이르게 할 수 있을지 숙고해 보라.

• 하나님의 임재의 기쁨을 누리려면, 늘 기쁨 없는 고독의 순간을 지나야 한다. 그것은 관계를 가장 갈망하는 이들이 고통스럽게도 홀로 남게 되는 순간이다. 그런 일이 일어날 때, 우리 영적 공동체의 특성이 드러난다. 당신은 크랩 박사가 시도한 것 같은 모험을 해본 적이 있는가? 당신의 자아, 영적 여정, 혹은 상처까지 누군가와 혹은 그룹의 사람들과 나누어 본 적이 있는가? 당신이 바라지 않았던 반응…당신이 바랐던 반응…그리고 당신이 경험했던 반응은 무엇이었는가? 그 경험을 통해 어떤 기독교 공동체, 혹은 어느 수준의 기독교 공동체가 당신에게 유익한지에 대해 무엇을 깨달았는가?

• 크랩 박사는 치유를 그만둔다. 문제를 고쳐 그의 분투를 줄이는 작업이라는 의미에서의 치유 말이다. 대신 문제 해결보다는 하나님을 발견하는 일을 더 많이 생각하기를, 우리 삶을 개선하기 위해 그분을 사용하는 데 더 초점을 맞추기보다는 어떤 상황에서도 하나님을 예배하는 데 더 초점을 맞추기를, 병적인 측면보다는 우리의 여행에 대해 더 많이 생각하기를 원한다. 우리가 그 반대로 자주 행하는 이유는 무엇인가? 왜 영적인 성장보다는 정서적인 치유나 상황 개선에 더 초점을 맞추는가? 47쪽에 열거된 문장들, 하나님을 알아 가는 여행

길을 우회해서 가게 하고, 그분을 영화롭게 하는 좁은 길에서 벗어나게 하는 그 문장들을 들어보거나 말해 본 적이 있는가?

- 우리 공동체에는 해결사들이 가득하다. 속수무책으로 문제만 쳐다보는 일은 있을 수 없다. 또 우리는 서로의 문제들에 이름표 붙이기를 좋아한다. 이름표는 우리에게 상황을 통제하고 있다는 느낌을 주기 때문이다. 우리는 하나님이 어떻게 일하시는지는 궁금해하지 않는다. 또 인생의 골짜기들은 우리가 풀도록 문제를 제시하는 곳이 아니라 오히려 영적 우정의 기회라는 사실을 깨닫지 못한다. 당신의 현재 삶에서 하나님이 어떻게 일하시는지 의아스러운 상황이 있는가? 현재의 어떤 상황이 영적 우정의 기회인가?

- 이번 장에서 크랩 박사는 교회를 세우라고 요청한다. 하나님께로 피하는 사람들의 공동체, 다른 도움의 근원을 찾아 도망하지 않도록 서로 격려하는 공동체를 세우라고 요청한다. 이러한 크랩 박사의 요청과 관련하여 당신에게 가장 도전이 되는 것은 무엇인가?

※

공동체의 가장 중요한 임무는 우리의 깨어짐을 인정하고 드러낼 만큼 안전한 곳을 만드는 것이다. 그럴 때에야 우리를 하나로 묶으시는 능력이 제 역할을 할 수 있다. 그럴 때에야 하나님이 우리 영혼을 회복시키기 위해 공동체를 사용하실 수 있다.

3
영적 공동체란 무엇인가

- 그리스도인 소그룹에 속해 있으면서 거룩함에 대한 욕구와 하나님을 알고자 하는 갈망을 강렬하게 느낀 적이 있었는가? 무엇 때문에 그러한 욕구와 갈망이 생겼다고 생각하는가? 그 욕구를 충족시키고 그 갈망을 채우기 위해 무엇을 했는가?

- 헨리 나우웬은 "내 경험을 곱씹어 보면서 새삼 깨닫는 것은 세상 속에서 살아가기 위해서는 영적인 삶에 초점을 맞추어야 한다는 것이다"라고 썼다. 당신은 누군가가 '세상 속에서 살아갈 수 있도록' 영적인 삶에 초점을 맞추는 모습을 본 적이 있는가? 당신의 삶에서 한 가지 예를 들어보라. 아니면 지인의 예도 좋다.

- 루이스는 "가장 중요한 일을 우선순위에 두고, 부차적인 일은 나중에 하라. 부차적인 일을 먼저 하다 보면 가장 중요한 일과 부차적인 일

모두 실패할 것이다"라고 말했다. 이 말을 당신의 삶을 들여다보는 렌즈로 삼을 때, 현재의 고난이나 문제에 대한 당신의 접근법에 대해 이것은 무엇을 제안하는가? 당신의 현재 상황에서 최우선 순위에 두어야 할 가장 중요한 것(예배와 신뢰로 하나님을 영화롭게 하는 일을 가장 중요하게 여기는 것)은 어떤 모습을 취할 수 있을까?

- 크랩 박사가 친구와 나눈 대화(58-61쪽)를 검토하되, 특히 그가 나중에 제시한 분석에 주목하며 살펴보라. 크랩 박사의 접근법에서 어떤 점이 중요하다고 생각했는가? 이 접근법에서 새로웠던 것은 무엇이었는가? 어떤 점에서 그것이 도움이 될 수 있을까?

- 크랩 박사는 "상담가들은 하나님이 버리신 것을 개선하려고 애를 쓰며 시간을 낭비한다"고 썼다. 이 말은 어떤 상황에 적용되는가? 하나님이 우리 삶의 한 측면을 버리셨을 때 성령께서는 우리 영혼의 그 방에서 어떤 역할을 하시는가?

영적 공동체에서는 사람들이 보통 쉽게 가 닿지 못하는 서로의 마음 깊은 곳에 이른다. 어색하긴 하지만 서로 껴안고 소리쳐 울고 의견을 나누고 싶어 하는 마음 이면의 깊은 곳을 발견한다. 그들은 터놓고 사랑을 표현하고 두려움을 드러낸다. 이런 수준의 친밀함이 아주 낯설게 느껴지긴 하지만 말이다. 영적인 함께함이 이루어지면, 어떤 움직임이 생겨난다. 그리스도 안에서 함께하면 그리스도를 향해 움직이게 된다.

4
아르만도가 필요해

- 우리 인간들은 타인과 **거리를 두어** 쉽게 안전을 유지하려고만 하지, 사람들과 **함께** 안전을 누리는 위험을 감수하려 하지는 않는다. 당신의 삶에서 각각의 범주에 해당하는 사람은 누구인가? 좀 더 구체적으로 들어가 보자. 당신은 어떤 사람들과 있을 때 스스로를 보호하고 안전을 유지해야 한다고 느끼는가? 또 어떤 사람들과 있을 때 당신의 결점까지도 다 나눌 만큼 안전하다고 느끼는가? 어느 쪽 목록이 더 긴가? 그 이유는 무엇인가?

- 우리의 능력이 아니라 우리의 약함이 다른 사람들을 움직인다. 우리가 받은 복이 아니라 우리의 슬픔이 우리를 멀어지게 하는 두려움과 수치의 장벽을 부순다. 가두 행진을 벌일 만한 성공이 아니라 우리의 공공연한 실패가 우리를 소망 가운데 하나로 묶는다. 당신의 관계에서 이러한 진리를 경험해 본 적이 있는가? 서로 연결되는 일이 다소

예기치 않게 일어나는 이유에 대해 구체적으로 생각해 보라.

- 깨어짐은 하나님과의 더 깊은 관계에 이르는 길이라는 말을 종종 듣는다. 하지만 실제로 그렇게 되는 경우는 거의 없어 보인다. (우리가 깨어진 존재가 아님을 보여 주어야 사람들은 우리가 하나님을 안다는 사실을 믿을 것 같다.) 당신은 깨어짐이 하나님과의 더 깊은 관계로 이어진 것을 본 적이 있는가? 당신의 삶에서, 혹은 당신이 아는 누군가의 삶에서, 혹은 성경에 나오는 인물의 삶에서 예를 들어보라.

- 우리 자신을 제대로 직면하면, 마치 변색된 은처럼 우리의 영적 아름다움을 덮어 버린 이기심과 두려움과 분노와 욕정으로 가득한 우리 모습 때문에 깨어져 버린다. 하지만 그 밑에는 은이 있다. 서로에게 꼬리표를 붙이면 그 은의 광택을 보기 어렵다. 또 그 꼬리표들로 인해, 우리 문제가 곧 우리 자신이라고 믿는다. 당신은 다른 사람들로부터 어떤 꼬리표를 받았는가? 당신이 자신에게 붙인 꼬리표는 무엇인가? 이러한 한계들은 어떻게 당신을 틀에 가두고 제한하고 보호했는가?

- 다음의 내용이 나오는 단락들을 다시 살펴보라. 이 내용은 개인적으로 당신에게 어떤 교훈을 주었는가?

  — 아르만도와 주교에 대한 묘사
  — 크랩 박사와 리치의 대화
  — 베스에 대한 크랩 박사의 반응

영적 공동체는 마음을 터놓는 진실함을 보이는 사람들의 공동체다. 그 일은 추함과 갈등이 관계를 끊는 것이 아니라는 확신을 가질 때에만 일어난다. 내면의 가장 깊은 곳에 있는 것은 깨어짐이 아니라 아름다움, 말 그대로 그리스도의 아름다움이라는 더 강한 확신에서 흘러나오는 자신감을 가질 때에만 일어난다.

5
영적 공동체가 아닌 것

- 영적 공동체가 아닌 곳에서는 우리의 문제들을 숨기거나 오히려 과시하는 경향이 있다. 당신은 지금 어느 방향으로 기울어져 있는가? 혹은 과거에 어느 방향을 택했는가? 당신의 선택에 대해 설명하고, 당신의 공동체는 당신의 선택을 어떻게 장려했는지 간단하게 설명해 보라.

- 매기 로스는 영적인 삶이란 외로움이 사실 하나님에 대한 갈구임을 점차 깨닫기 시작하는 것이라고 말했다. 당신의 삶에서 이 진리를 느낀 적이 있는가? 혹은 지금, 외로웠던 시간을 돌아볼 때, 외로움을 하나님을 향한 갈구로 볼 수 있는가? 당신은 외로울 때 무엇을 했는가? 혹은 지금 무엇을 하고 있는가? 외로움을 '하나님을 향한 갈구'라 정의한다면 무엇이 그 해결책이 될 수 있을까?

- 매기 로스는 서로와의 진정한 관계(크랩 박사가 연결됨 혹은 영적 공동체라 부르는 관계)는 하나님과의 풍성하고 지속적인 사귐 없이는 불가능하다고 말했다. 당신은 어떻게 '하나님과의 풍성하고 지속적인 사귐'을 가지고 있는가, 혹은 가질 수 있을까? 당신은 그렇게 하기 **원하는가**? 구체적으로 말해 보라.

- 인간관계들은 갈등에 부딪히기 마련이며, 성령께서 주시는 자원으로만 갈등을 넘어 진정한 관계에 이를 수 있다. 당신은 갈등을 영적 자원에 더 온전히 의지하는 기회로 여긴 적이 있는가? 그 자원들에 대해 그리고 어떻게 그 자원들이 갈등 상황에 도움이 되었는지 구체적으로 말해 보라. 갈등이 영적 우정이 풍성해지는 기회가 되었던 적이 있는가? 그 친구와 그가 당신에게 주었던 영적 돌봄에 대해 자세히 나누어 보라. 또 당신이 맞닥뜨렸던 갈등이, 영적 지도자를 만나는 기회나 영적 돌봄의 기회가 될 수 있었던 적이 있었는가? 그랬다면 그 갈등은 어떻게 다르게 해결될 수 있었겠는가?

- 갈등은 매순간 모든 인간관계에 잠복해 있으면서, 그것을 촉발시킬 도화선을 기다린다. 우리의 죄, 자기중심적 욕구, 깨어짐(넓은 의미에서)이 그러한 도화선 역할을 한다. 영적 친구가 당신의 이러한 추하고 이기적인 면을 보고서도 용납해 준 적이 있는가? 그 친구는 깨어짐이 무엇인지 알고 있고, 당신이 잘사는 것에 관심을 가지고 있으며, 하나님께 받은 생명을 당신에게 흘려보내는 사람이다. 당신도 다른 사람에 대해 그러한 은혜로운 용납을 해준 적이 있는가? 그러한 용

납은 그 사람에게 어떤 영향을 미치는가?

- 신적 자원이 없다면 방금 생각한 용납을 할 수도 없고 받아들일 수도 없다. 그 대신 우리는 **친화성** 뒤로 갈등을 숨긴다. 중요한 프로젝트를 위해 **협력함**으로써 다른 데로 주의를 돌린다. 또 우리의 아픔을 진정시킬 위안을 찾는다. 갈등이 특히 더 심할 때는, **상담**으로 문제를 해결한다. 혹은 **규율을 따라야** 한다는 압박으로, 더 잘하고자 하는 새로운 노력 안에 우리의 추잡함을 담으려 한다. 81쪽의 표를 살펴보라. 현재 당신의 관계들은 '영적 공동체가 아닌 것' 부분의 '관계에 갈등이 생길 때' 아래에 나열된 다섯 가지 범주, 즉 갈등을 다루기 위해 세우는 관계들 중 각각 어디에 해당하는가? 목록을 보면서 당신이 그 이상을 간절히 원하는지 아닌지 그리고 그 '이상'이 무엇일지 생각해 보라.

하나님의 임재 속으로 더 풍성하게 들어가지 않고는 누구도 다른 사람을 알지 못하고, 다른 사람에게 우리를 알릴 수도 없다. 서로 연결되는 데 필요한 자원은 성령께서 주셔야만 한다. 그것은 마리아가 하나님의 아들을 잉태할 때 복종했던 것처럼 그분 앞에 순복할 때에만 받을 수 있다. 영적 공동체는 영적 자원에 의존한다. 하지만 너무도 많은 공동체가 영적 공동체가 아니다. 크랩 박사는 다음 장에서 어떤 공동체가 영적 공동체가 아닌 이유가 무엇인지 질문하면서, 때때로 우리가 영적이라 전제하는 다섯 가지 관계에 대해 조금 더 면밀하게 살펴볼 것이다.

6
영적 공동체가 아닌 이유

- 서두에 나오는 크랩 박사와 친구의 만남에 대한 이야기를 다시 살펴보라. 크랩 박사가 한 일을 묘사해 보라. 친구에 대한 그의 반응, 또 그 후 그 친구의 반응에서 무엇을 배웠는가? 당신은 어떤 관계에서 이런 본을 따라 해석하거나 조언하거나 상황을 고치려 하는 대신 기도할 수 있겠는가?

- 크랩 박사는 인간 고투의 뿌리에는 영적인 문제가 있다고 믿는다. 즉, 하나님과의 단절이 자신 및 타인과의 단절을 낳았다. 이러한 단절은 실망스럽고 때로는 공격적인 세상에 맞서 자기 일은 자기가 알아서 하겠다는 결단에서 비롯된다. 우리는 진심으로 우리에게 관심을 가진 사람은 존재하지 않는다고 결론 내린다. 이것이 바로 불신앙이다. 자기 일은 자기가 알아서 하겠다는 결단(이를 반역이라 한다)은 하나님과의 교제와 다른 사람들과의 교제를 깨뜨린다. 또한 나누어 주는

자가 되어야 하는 피조물의 본성을 거스르는 일(자신과의 단절)이다. 이러한 진단은 과거의 고투든, 현재의 고투든 당신의 개인적인 고투와 잘 들어맞는가? 당신이 아는 사람의 고투와는 어떤가? 이혼 문제를 겪고 있는 사람에게는 적절한가? 포르노물에 중독된 사람에게는? 어린 시절의 근친상간을 다루어야 하는 사람에게는? 각각의 경우에 당신이 왜 긍정의 대답과 부정의 대답을 했는지 설명해 보라.

- 공동체에 속하면 누구도 온전히 믿지 않겠다는 우리의 결단은 죽어야 한다. 대신 사람들에게서 최고의 것을 받고 우리 속에 있는 최고의 것을 기꺼이 주겠다는 마음이 그 자리를 차지해야 한다. 그것은 사람들이 사랑받는다고 느낄 때에만 일어난다. 안전하다고 느끼고 사람들을 신뢰하며 용기를 가질 때에만 일어난다. 그래도 여전히 위험을 감수해야 한다. 당신은 다른 사람이 당신을 충분히 알도록, 혹은 적어도 더 잘 알도록 모험해 본 적이 있는가? 그랬다면 그때 어떤 일이 일어났는가? 자신에 대해…하나님에 대해…공동체에 대해…어떤 교훈을 얻었는가? 그런 모험을 하지 못했다면 무엇이 걸림돌이었는가?

- '갈등을 겪는 공동체' 부분, 특히 야고보 사도, 애슐리 몬터규, 샬롯 뷜러, 에이브러햄 매슬로, 크랩 박사의 말을 살펴보라. 특별히 당신에게 의미 있는 것은 어떤 것인가? 갈등의 근원을 생각할 때 어떤 관점에 가장 동의하는가? 그 이유는 무엇인가? 당신이 보기에 자아실현 욕구는 좋은지, 나쁜지 설명해 보라.

- 우리의 계획과 다른 누군가의 자기중심적 계획이 정면으로 맞설 때 갈등이 폭발할 것이다. 그러면 우리는 너무 쉽게 갈등을 다루는 다섯 관계 중 하나에 의지한다. 하지만 영적 공동체에는 이것들 중 어느 것도 없다. 각각에 대한 설명을 다시 보라(96-100쪽). 각각은 영적, 성경적 공동체에 대한 당신의 생각과 어떻게 모순되는지 다른 방식으로 설명해 보라.

- 이 장의 마지막 부분은 비전과 소망으로 가득하다. 크랩 박사가 여기서 하는 말 중 가장 매력적인 것은 무엇인가? 가장 도전되는 것은 무엇인가?

심리학자 패터슨과 수잰 하이도어는 성공적인 심리 치료의 본질은 사랑이라 제안하지만, 크랩 박사는 치료를 통해 사랑을 구매한다는 개념을 걱정한다. 하지만 영적 공동체가 거의 없기 때문에 우리는 전문가들을 찾는다. 우리는 갈등 중에 있는 사람들에게 친화적인 관계, 협력하는 관계, 위로하는 관계, 상담 관계, 규율을 따르게 하는 관계만을 제공한다. 우리가 더 잘할 수 있을까?

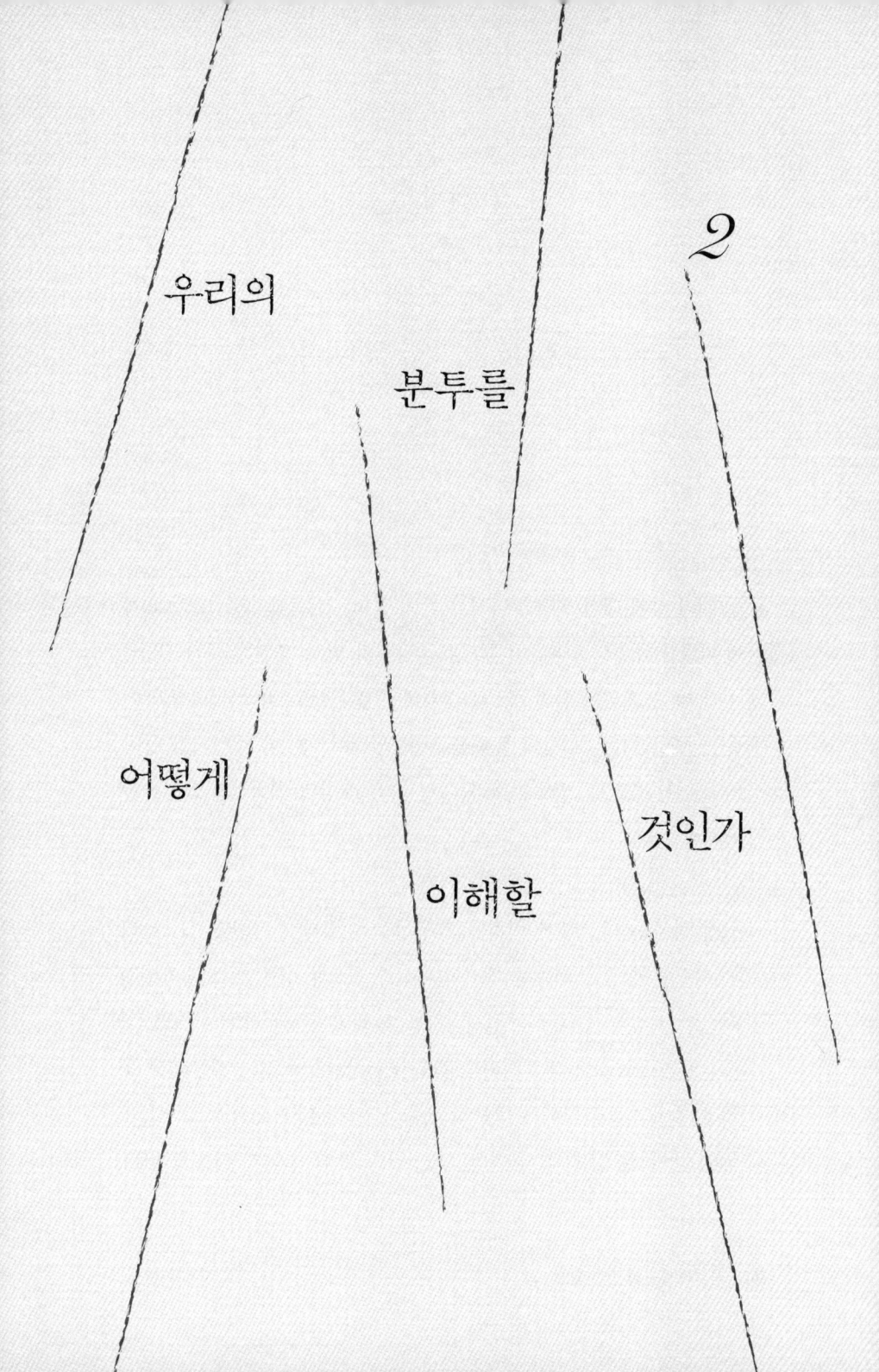

7
두 개의 방

- 두 개의 방에 대한 설명을 다시 살펴보고(107-114쪽과 116-117쪽, 119쪽에 나열된 목록을 보라), 이 두 방을 당신의 말로 표현해 보라. '위'와 '아래'라는 표현이 공간적으로 정확하지 않음에도 적합한 명칭인 이유는 무엇인가? 첫 번째 목록을 보며, 당신이 아랫방 주민처럼 살아가고 있는 증거를 제시해 보라. 그런 다음 윗방의 매력적인 측면들을 제시해 보라.

- 크랩 박사는 아랫방에 비치된 가구들을 이렇게 묘사한다. (1) 우리는 사람들과 좋은 관계를 맺고 싶다. (2) 필요한 것은 스스로 책임진다. (3) 세상은 우리를 좌절시키기도 하고 만족시키기도 하지만, 만족시키는 경우보다 좌절시키는 경우가 더 많다. 우리는 세상에서 무엇을 좋아하고 추구해야 하는지 배운다. (4) 우리는 행복을 추구하기 위해 해야 할 일과 해서는 안 되는 일을 말해 주는 도덕률을 안다.

아랫방에는 또 쉴라의 경우처럼 종종 알코올 중독자 아버지와 의존적인 어머니로 인한 힘든 기억들도 있다. 당신은 시간의 몇 퍼센트 정도를 아랫방에서 살고 있는가? 당신을 계속 그곳에 머무르도록 영향력을 끼치는 것은 무엇인가? 당신을 그곳에 머무르게 하는 힘든 기억들은 어떤 것인가? 이 방에 하나님만 추가하려고 노력해 본 적이 있는가? 어느 정도 성공했는지 설명해 보라.

- 루이스는 만약 이 세상의 그 무엇으로도 만족시킬 수 없는 욕구가 우리 내면에 있음을 알게 된다면, 사실은 우리가 또 다른 세상을 위해 창조된 것이 아닌지 의심해 보아야 한다고 말했다. 당신은 이러한 욕구를 인식해 본 적이 있는가? 그 순간에 대해 설명해 보라. 이러한 루이스의 관찰은 두 개의 방에 대해 무엇을 시사해 주는가?

- 사람들은 순간적으로 아랫방에 만족하지 못하긴 하지만, 때때로 오랫동안 그곳에서 아주 행복하게 살아간다. 그들의 자산이 삶을 꽤 잘 꾸려 가게 해주기 때문에 깨어짐과 철저한 신뢰의 가치를 알지 못한다. 그리고 친화적이고, 협력하고, 위로하고, 상담해 주고, 규율을 따르게 하는 관계들이 있는 공동체, 즉 영적 공동체가 아닌 것이 작동하는 것 같다. 우리가 아주 오랫동안 본향이라 불렀던 그 방에서는 진정한 삶과 진정한 공동체와 진정한 기쁨을 구할 수 없음을 인정해야만 했던 적이 있는가? 어떤 상황과 (혹은) 깨달음이 그것을 인정하게 했는가?

- 크랩 박사가 쉴라에게 쓴 편지를, 이번에는 그가 당신에게 쓰고 있다고 상상하며 다시 읽어 보라. 거기서 어떤 격려를 얻었는가? 구체적으로 당신에게 적용할 만한 것은 무엇인가?

※

다른 방에 가기 위해서는, 즉 성령께서 성경을 통해 우리에게 하시는 말씀을 듣고 그리스도와의 사귐을 누리며 하나님의 임재를 의식하고 그 방에서 우리의 힘겨운 삶의 정황에 대해 말하기 위해서는 두 가지 일이 일어나야 한다. 첫 번째는 우리의 아랫방이 어떤 모습인지 보는 것이고, 두 번째는 교회, 즉 하나님을 향해 여행하는 사람들의 공동체에 속하는 것이다. 크랩 박사는 다음 두 장에서 아랫방을 더 자세히 설명할 것이다. 그것을 통해 그 방이 어떤 모습인지 보는 데 도움이 되기를 바란다. 또 우리를 윗방으로 인도해 줄, 물을 들고 있는 남자를 찾고자 하는 필사적인 열망과 흥분을 느끼기를 바란다.

8
아랫방은 존재한다

- 크랩 박사는 아주 놀라운 말로 이 장을 시작한다. "내 믿음이 살아남을 수 있을까 생각했던 순간들이 있었다." 당신은 살면서 하나님에 대한 신뢰가 위태로워졌던 순간이 있었는가? 고통과 혼란에도 불구하고 당신을 붙잡아 주었던 것은 무엇이었는가? 혹 잠시 신앙을 버렸다면 다시 회복하게 해준 것은 무엇이었는가?

- 크랩 박사는 위대함의 힘이 비참함의 힘을 압도적으로 이긴 세 사람의 삶을 보고 신앙을 지켰다. 진흙 투성이의 발이 그대로 드러나는 수치와 비통함을 알지만, 결코 파괴되지 않고 부패하지 않는 생명이 뿜어져 나오는 사람이 주변에 있다면 그에 대해 말해 보라. 심히 고통스러운 힘겨운 시련과 예수님에 대한 강렬한 신앙 사이에 어떤 상관관계를 발견했는가?

- 우리의 비참함은 과거 사실이었을 뿐만이 아니라 현재도 계속되는 사실임을 인정해야 한다. 공동체적으로는 물론 개인적으로도 우리는 왜 자신의 비참함을 보지 못할까? 왜 그것을 인정하기를 망설일까? 완전히 무시하지는 않더라도 왜 우리는 자신의 비참함을 대수롭지 않게 여길까? 이 세 질문에 대한 답으로 대여섯 가지 이유를 말해 보라.

- 우리의 비참함은 복합적 인간성이나 심리 장애의 증거라는 생각을 없애기 위해, 또 우리의 위대함은 훌륭한 훈련, 효율적인 정부, 경제적 이점, 혹은 필요하면 받는 심리 치료의 산물이라는 생각, 즉 우리가 얼마든지 관리할 수 있는 것이라는 생각을 없애기 위해 크랩 박사가 인용한 파스칼의 글(127-130쪽)을 다시 살펴보라. 그런 다음, 당신의 비참한 모습을 당신의 행동에서 예를 들어 나누어 보라. 혹은 아랫방 에너지와 윗방 에너지가 섞여 있는 모습의 예(125-126쪽, 크랩 박사의 예)에 대한 내용을 나누어 보라.

- 크랩 박사는 우리의 현재 문화(127-128쪽)와 우리를 현재 수준의 도덕성에 이르게 해준 역사(129-131쪽)를 개관한다. 그가 제시한 요점 가운데 새롭거나 충격적이거나 놀라웠던 것은 무엇인가?

※

우리의 문제는 관계를 망가뜨리고 영적 공동체를 불가능하게 만든다. 섭식 장애와 다중 인격과 성 중독증과 관계의 갈등 이면에 있는 이 비참함에 대한 분명한 기독교적 시각을 회복하기 전까지는 영적 공동체의 가치를 인식할 수 없을 것이다. 하지만 우리는 도덕적 비참함에 대한 깊은 성찰과 만인 제사장직에 대한 온전한 이해를 회복해야 한다. 우리는 모두 제사장이다. 모두 하나님께 직접 나아갈 수 있으며 그분께 가까이 갈 수 있다. 우리 속에는 다른 사람에게 흘러들어 가기를 기다리는 성령의 생명이 있다. 그것은 영혼을 치유할 수 있는 생명이다.

9
아랫방 가구들

- C. S. 루이스는 견고한 사람과 유령을 구분한다. 견고한 사람이 되기 위해서는 생명을 얻기 위해 의지하는 우상을 모두 버려야 하며, 그러한 포기는 언제나 고통이 뒤따른다. 우리는 고통으로 인해 우리 영혼이 가장 갈망하는 바에 초점을 맞추고 하나님께로 향한다. 크랩 박사는 자신이 유령이었던 순간에 대해 말한다(137-138쪽). 당신은 안전하지 못한 유령을 만난 적이 있는가? 당신이 안전하지 못한 유령이었던 적이 있는가? 두 경우에 대해 다 자세하게 설명하고, 유령 같은 속성 뒤에 숨어 있는 것이 무엇인지 분석해 보라.

- 아랫방, 시궁창, 육체, 뱀들, 지하실 죄들 등의 표현이 다 적합하다. 당신은 당신에게 있는 이런 측면들에 대해 읽을 때 어떤 반응을 보였는가? 하나님은 이러한 표현들을 통해 당신에 대해 무엇을 보여 주셨는가?

- 헨리 나우웬(134쪽)과 C. S. 루이스(135쪽과 140쪽)의 글 그리고 리처드 러블레이스가 언급한 조나단 에드워즈(137-138쪽)의 글들을 다시 살펴보라. 각각의 글은 아랫방을 이해하는 데 어떤 면에서 도움을 주었는가? 특히 눈에 띄거나 깨달음을 준 구절은 무엇이었는가?

- 크랩 박사는 링 안으로 들어가서 그의 동물적 자아는 케이오시켰지만, 악마적 자아가 링 옆에서 환하게 웃으며 앉아 있는 모습은 보지 못했다고 고백했다. 그러면서 "뱀들이 기어가고 있었고 시궁창에서 악취가 올라오는데, 나는 향수에 물이 살짝 튀었다고 생각했다"고 말한다. 당신의 지하실 죄들에 대해 비슷한 경험을 한 적이 있다면 구체적으로 나누어 보라.

- 우리의 아랫방에 있는 네 개의 가구들에 대해 다시 살펴보라. 또한 좀 더 자세한 설명들을 훑어보라(143-154쪽).

1. **하나님의 형상**이 타락해서 **자아에 대한 욕구**로 가득해졌다.
2. 인류에게 주어진 **자원들**이 타락해서 **지배 욕구**로 가득해졌다.
3. 즐거움과 고통에 대한 **인생 경험들**이 타락했다. **삶**(다시 경험하고 싶은 기쁨)과 **죽음**(피해야만 하는 고통)을 **정의하려는 욕구**로 대응했기 때문이다.
4. 우리의 필요를 밝혀 주기 위해 주신 **하나님의 거룩한 법**이 타락했다. 그것은 이제 말 그대로 우리를 미치게 하는 **성취 욕구**를 불러일으킨다.

- 처음이든 지금이든 이 가구들에 대한 설명을 읽을 때 하나님은 지난 주 어떤 행동, 말, 태도 등을 생각나게 하셨는가? 자아, 지배, 정의, 성취 등의 죄악된 욕구 중 당신은 어떤 욕구를 붙들고 가장 격렬하게 씨름하고 있는가? 왜 시궁창의 냄새와 당신의 다리 위로 뱀이 기어 다니는 느낌이, 주님과의 동행에 중요하고 영적 공동체에 필수적인지 당신의 말로 표현해 보라.

크랩 박사는 자아에 대한 욕구("내게 필요한 것을 줘"), 지배 욕구("내가 실현시킬 거야"), 정의하려는 욕구("이게 삶이야. 이게 죽음이야"), 성취 욕구("나는 선하려고 노력하는데, 당신은 왜 내가 원하는 것을 하도록 내버려두지 않는가?")를 '육체의 동력', 즉 하나님 없이 견고하고 온전한 인격이 되고자 하는 노력이라 부른다. 이러한 동력이 곧 냄새 나는 시궁창이며 기어다니는 뱀이다. 이런 욕구들이 우리 삶을 지배하는데, 어떻게 영적 공동체를 세울 수 있을까? 우리는 할 수 없다. 하지만 하나님은 우리를 영적 공동체로 인도하실 수 있는 계획을 품고 계신다⋯.

10
윗방은 존재한다

- "기독교는 우리가 서로를 존경해야 하는 이유를 알려 준다. 왜 우리가 하나님의 형상을 지닌 동료들과의 만남에서 배움을 기대해야 하는지 알려 준다. 서로를 엄청난 가치가 있는 이들로 여길 수 있는 분명한 기초는 오직 기독교에만 있다." 이렇게 서로를 존경하고 가치 있는 이들로 여기게 해주는 기초를 설명해 보라. 필요하면 성경을 활용하라.

- 영적 공동체는 항상 기적이다. 우리 삶에는 서로의 윗방을 보기 위해 고투하는 페기, 마셜, 말린, 개리, 수잰, 멜 같은 사람들이 있기 때문이다. 이 사람들에 대해 읽을 때, 어떤 소그룹 혹은 개인이 떠올랐는가? 몇 가지 예를 들어보고, 그 사람들의 목록을 기도 제목으로 삼아, 당신의 마음을 변화시켜 주실 뿐만 아니라 하나님이 창조하신 이 사람들에 대한 시각을 바꾸어 주시도록 기도하라. 그들 중 일부는

예수님에 대한 믿음으로 하나님이 가족으로 받아들이신 이들이다. 영적 공동체는 성령 없이는 일어날 수 없다. 따라서 하나님의 영이 당신 속에서 활발히 움직이시도록 기도하고, 당신 자신을 그분의 사역에 내어 드리라.

- 우리는 우리의 아랫방에서 다른 사람들과 '연결되려' 하고, 다른 사람들 안에서 그 방만을 보려 한다. 이는 결혼생활을 상당히 힘들게 만든다. 크랩 박사는 자신의 결혼생활에 대해 "서로의 내면에 있는 윗방을 보아 왔던 것은 우리에게 가장 큰 갈등의 원인이었던 동시에 가장 풍성한 축복이었다"고 말한다. 배우자나 친한 친구를 생각하며, 윗방에 초점을 맞출 때의 유익과 아랫방에서 연결되려 함으로써 생긴 상처를 설명해 보라.

- 크랩 박사는 이렇게 쓴다. "내가 선한 사람이라고 당신이 믿고 있다는 걸 내가 확신한다면, 나는 오만하거나 건방진 행동을 하지 않을 것이다. 나는 편안해질 것이다. 그리고 그럴 때 나의 악마적 자아와 더 잘 대면할 수 있다. 그리고 나서 나의 거룩한 자아를 발견하고 기뻐한다…비참한 실패를 고백했는데도 아주 기쁘게 당신을 바라보는 친구가 있다는 사실은 다른 어떤 것보다 더 영향력 있다." 당신의 삶에서 당신에게 이러한 편안함을 주었던 사람, 혹은 현재 주고 있는 사람은 누구인가? 그러한 용납을 받으면 오만하거나 건방진 행동을 하지 않게 되는 이유는 무엇인가? 비참함이 드러났음에도 불구하고 당신을 기뻐하고 용납해 줄 사람은 누구인가?

- 크랩 박사는 영적 공동체에서 "영적 대화에서 가장 초점을 맞추어야 하는 것은 죄나 정신적인 상처가 아니라 성령의 사역이다. 무엇이 선인가? 서로의 삶에서 성령이 독창적으로 간섭하신다는 증거는 무엇일까?"라고 말한다. 앞으로 당신이 맺게 될 관계나 현재 관계에서 이런 시각을 유지하려고 노력해야 할 관계는 어떤 것인가? 그의 삶에서 드러나는 성령의 역사의 증거를 숙고함으로써 지금 시작해 보라. 당신의 깨달음을 구체적으로 적어 보라.

우리 삶에서 우리의 윗방을 보는 사람들, 건강한 조직과 나쁜 조직이 섞여 있는 그곳, 비참함의 법칙이 훨씬 잘 보이는데도, 위대함의 법칙이 작동하는 것을 보는 사람들이 있어서 나는 안전함을 느낀다. 그들이 나를 어떻게 바라보는지 알기에, 내가 그리스도 안에 있음을 더 깊이 깨닫는다. 그리고 그리스도가 내 안에 계심을, 온갖 저급한 욕망 아래 거룩함을 향한 강력한 욕구가 있음을 더 깊이 깨닫는다. 이러한 진리가 우리 마음속에 자리를 잡을 때에만, 우리가 얼마나 깊이 타락했는지 적나라하게 드러나도 절망하지 않고 예배를 드릴 것이다.

11
윗방 가구들

- 이 장은 바로 지금 당신을 걱정시키는 누군가를 생각해 보라는 초청으로 시작된다. 크랩 박사는 정직하고 정확하게 현실적으로 생각하라고 말한다. 당신은 그 사람의 아랫방을 보았다. 이제 연습했던 것처럼 그 사람의 윗방을 볼 수 있겠는가? 그 경험을 묘사해 보라. 혹은 지금 연습해 보고 그 사람의 윗방을 찾고 또 관찰한 결과에 대해 말해 보라. 당신의 아랫방에 익숙함에도 불구하고 당신의 윗방을 보려 하는 사람은 누구인가? 그러한 용납은 당신에게 어떤 도움이 되었는가?

- 169-177쪽에 나오는 성경적 언약의 역사에 대한 개관을 훑어보라. 이 부분에서 당신이 얻은 새로운 통찰은 무엇인가? 혹은 당신이 이미 알고 있었지만 새롭게 인식하게 된 것은 무엇인가?

- 새 언약이 가져온 복들 중에서 가장 경시되는 것은 그 새 언약으로 말미암아 가능해진 새로운 방식의 관계 맺기다. 크랩 박사는 그것을 새 언약의 네 가지 조항으로 정리한다.

  — **새로운 정결함** 우리는 우리가 이해하기 어려울 정도의 완벽한 용서를 받았다.
  — **새로운 정체성** 우리는 이제 가망 없는 죄인들이 아니라 죄 짓는 성도들이다.
  — **새로운 성향** 우리는 선을 행하고 싶다.
  — **새로운 능력** 우리 안에 계시는 하나님의 영은 예수님을 죽음에서 일으키신 것과 동일한 능력을 우리에게 주셔서 우리가 순종하고 사랑할 수 있게 하셨다.

- 당신이 신자라면, 각각의 경험에 대해 설명해 보라. 아직 당신의 삶을 그리스도께 드리지 않았다면, 당신은 어떤 조항이 가장 매력적인가? 그 이유는 무엇인가?(당신의 삶을 그리스도께 드리려면 당신이 죄인임을 인정하고 죄 사함을 구하며 예수를 구세주와 주로 고백해야 한다. 그 기도는 간단하다. "사랑의 하나님, 제가 당신의 거룩함에 얼마나 미치지 못하는지 깨닫습니다…제가 죄인임을 고백합니다…그리고 당신의 용서를 구합니다…당신의 아들 예수를 보내셔서 내 죄를 위해 십자가에서 죽게 하시니 감사합니다. 그 위대한 희생을 겸손히 받아들입니다. 그리고 예수님, 이제 저의 구세주와 주님이 되어 주십시오. 아멘.")

- 새 언약의 네 가지 조항은 윗방의 네 가구와 잘 들어맞는다. 크랩 박사는 그것을 다음과 같이 정리해 준다.

  1. 예배 욕구를 품은 새로워진 그리스도의 형상
  2. 신뢰 욕구를 불러일으키는 자신과 하나님에 대한 인식
  3. 인생 경험을 성장 욕구를 만족시키는 기회로 보는 태도
  4. 하나님의 법을 우리가 가장 사랑하는 분의 성품으로 받아들이는 태도와 그로 말미암은 순종 욕구

- 각 욕구에 대한 설명(177-185쪽)을 훑어보라. 처음이든, 지금이든 이 가구들에 대한 설명을 읽을 때, 하나님은 지난 한 주 동안 당신의 어떤 행동과 말과 태도를 떠오르게 해주셨는가? 혹은 좀 더 간단하게 말해서, 지난주에 이 욕구들 중 어떤 욕구를 맛보았는가? 무엇이 그런 욕구를 일어나게 해주었는가? 예배, 신뢰, 성장, 순종 욕구 중 당신에게는 어떤 욕구가 가장 자주 생기는가? 이런 욕구들 각각이 주님과의 동행과 영적 공동체에 기여하는 데 중요한 이유를 자신의 말로 설명해 보라.

- 183-185쪽에 있는 표를 다시 보라. 우리의 분투에 대해 그리고 그것을 가장 잘 다루는 법에 대해 어떤 점을 더 명확히 이해했는가? 당신의 분투에 대한 영적 공동체의 역할에 대해서는 어떤가? 이제 185-186쪽에 있는 '영적 공동체의 과제'를 보라. 그 설명 중에서 무엇이 매력적이고 특별히 중요하게 여겨지는가?

히브리서의 저자는 새 언약이 옛 언약보다 좋다는 사실을 여러 모양으로 상기시킨다. 새로운 정결함, 새로운 정체성, 새로운 성향, 새로운 능력이라는 축복을 받은 우리는 새로운 방식으로 하나님께 그리고 서로에게 다가갈 수 있다. 그러면 그분은 우리가 새로운 언약 공동체로 계속 함께 모일 수 있도록 지도하신다. 그리고 그렇게 함께 모여서 어떻게 윗방의 욕구들을 일깨울 수 있을지, 어떻게 사랑하고 선을 행하고자 하는 욕구를 활활 타오르게 할 수 있을지 골똘히 생각하도록 지도하신다. 이제 다음 3부에서는 영적 공동체를 세우기 위해 우리가 할 수 있는 일이 무엇인지 살펴볼 것이다. 하나님을 향해 여행하는 사람들의 공동체, 온갖 좋은 일이 일어나는 지구상에서 가장 안전한 곳 말이다.

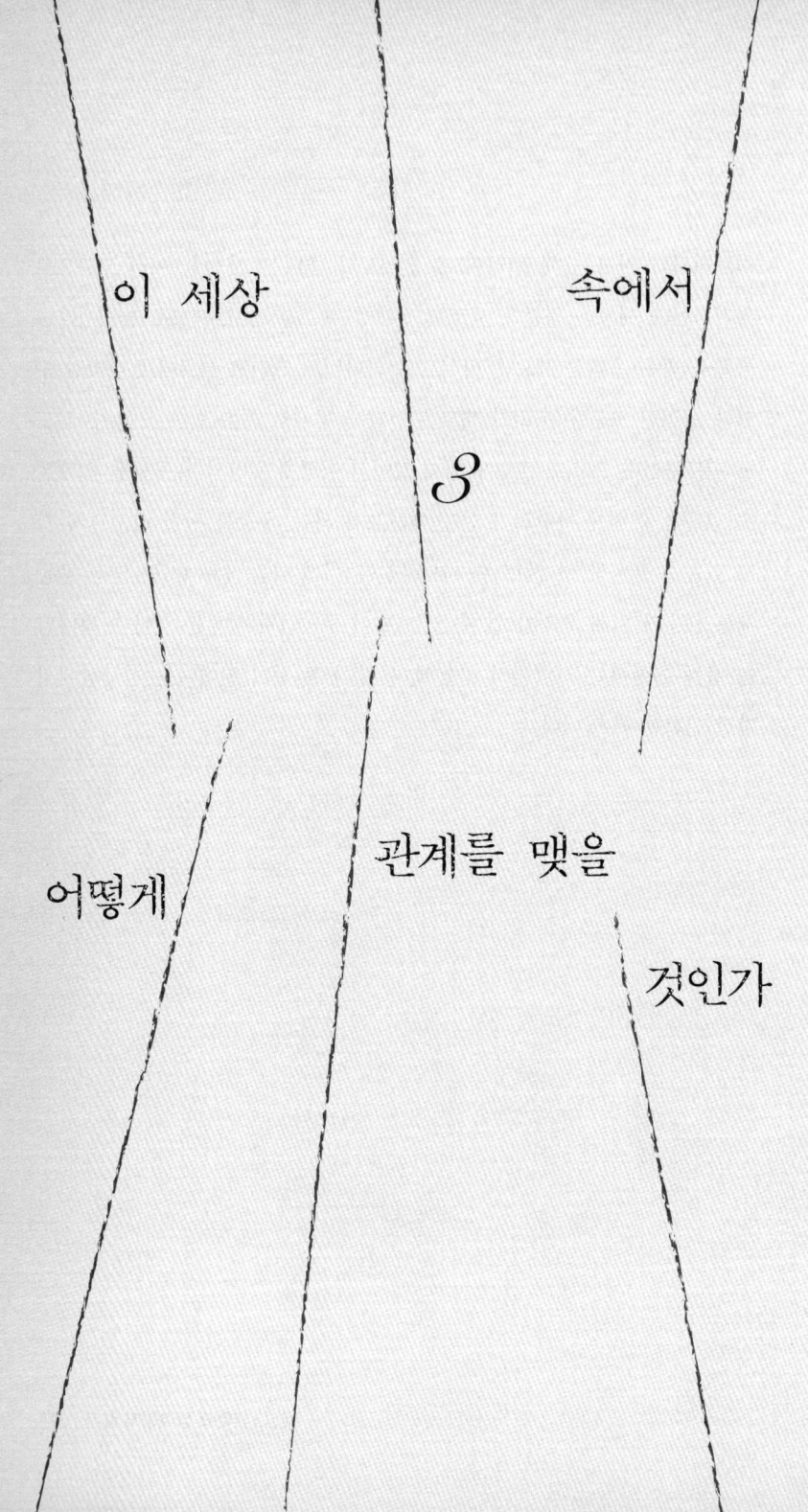

12
서로를 바라보는 우리 영혼 : 세 가지 기본 신념

- 예배하고 신뢰하고 성장하고 순종하고자 하는 욕구를 방해하는 것은 무엇인가? 이런 노력을 방해하는 것은 무엇인가?

- 구원받았다고 해서 아랫방이 사라지지는 않는다. 따라서 예배하고 신뢰하고 성장하고 순종하고자 하는 선한 욕구는 보통 미약해서 감지하기 어렵다. 하지만 이러한 선한 욕구들이 당신의 마음속에 있다는 징후는 무엇인가? 당신이 찾은 증거는 팔을 다친 친구의 경우처럼 극적이지 않을지도 모르지만, 그렇게 극적일 수도 있다. 크랩 박사는 "내 속에 있는 그 욕구들이 당신 속에 있는 같은 욕구와 만날 때, 우리는 영적 공동체를 경험한다"고 쓴다. 동료 신자들과 함께 있을 때 선한 욕구들이 더 선명해졌던 징후들이 있었는가? 예배 중에는 어떠했는가? 당신이 '예'라고 답했다면, 무엇 때문에 그렇게 될 수 있었는지 나누어 보라.

- 이 장은 우리의 의자를 온전하게 돌려 우리 영혼들을 만나기 위해 필요한 확고하고 강한 세 가지 신념을 간략하게 제시한다. 새는 날아다니고 물고기는 헤엄을 치듯이, 우리는 공동체를 이루어야 한다. 삼위일체가 즐기시는 그런 공동체, **영적 공동체**를 세워야 한다. 그 공동체를 경험하는 만큼 우리는 변하고 성장하고 치유받는다. 첫 번째 기본 신념은 영적 공동체는 성령의 사역이지 우리의 사역이 아니라는 것이다. 이 신념에 대한 설명을 살펴보라(194-201쪽). 성령과 성령께서 보여 주시는 그리스도가 없다면 진정 가치 있는 일은 아무것도 할 수 없었던 적이 있었는가? 혹은 가까이에서 그런 것을 본 적이 있는가? 또 당신의 삶에서나 가까운 누군가의 삶에서, 오랫동안 사소한 문제들로 씨름해 왔는데 하나님을 의지하라는 가르침으로 정작 큰 문제들은 재빨리 해결했던 경우가 있었는가? 영적 공동체를 세우는 데 우리에게 가장 어려운 것은 지나친 열심을 포기하는 것이다. 왜 이것이 어려운가? 마지막으로 영적 공동체를 세우는 데 기도는 어떤 역할을 하는가?

- 두 번째 기본 신념은 선을 위한 에너지든, 악을 위한 에너지든 우리에게서 나오는 에너지의 질은 우리가 하나님과 어떤 교제를 하느냐에 달려 있다는 것이다. 당신이 사람들에게 미치는 영향력의 질이 하나님과의 교제의 정도에 영향을 받은 적이 있었는가? 몇 가지 구체적인 예를 들어보라. 당신이 나눈 개인적인 경험에 비추어, 피터 크리프트의 말(198-199쪽)을 다시 살펴보라. 그의 말에 동의하는가, 동의하지 않는가? 그 이유는 무엇인가? 그러고 나서 다시 영적 공동체가

세워지는 데 기도가 어떤 역할을 하는지 나누어 보라.

- 세 번째 기본 신념은 우리 욕망을 인정하고 그 욕망의 근원을 추적할 수 있는 안전한 장소에 있으면, 하나님에 대한 갈급함을 경험하게 될 것이라는 점이다. 바쁘고 분주한 삶은 우리가 가장 원하는 것이 무엇인지 깨닫지 못하도록 숨겨 버렸다. 또 두려움이 우리 영혼에 해자가 될 수도 있다. 당신의 영혼도 해자가 둘러싸고 있는가? 만약 그렇다면 당신의 삶을 가득 채우고 있는 분주함과 중독의 악어들은 무엇인가? 제임스 휴스턴은 "하나님을 향한 채워지지 않은 갈망이야말로 다른 어떤 것보다 강력한 인간의 동력이다"라고 말했다. 당신은 이 말에 동의하는가, 동의하지 않는가? 그 이유는 무엇인가? 당신을 이끌어 가는 것은 무엇인가? 그 욕망이 하나님을 알고자 하는 깊은 욕망의 희미한 표현은 아닌지 잠시 생각해 보는 시간을 가지라.

우리에게는 우리의 욕구들을 인정하고 탐구할 수 있는 안전한 곳이 필요하다. 우리의 욕구들은 부끄러운 것이 아니라 아주 인간적인 것이며, 그것은 이미 예수 안에서 충족되었음을 믿는 동료 여행자들과 함께하는 공동체가 필요하다. 우리 존재를 탐구하기에 충분히 안전하다고 느끼는 곳, 그래서 그 종점은 하나님과의 즐거운 만남이 되는 곳이 필요하다. 이 세 가지 신념은 그것을 기초로 영적 공동체를 세우려 할 때 그 목표를 향해 나아가도록 도와줄 것이다.

13
갈림길

- 이번 장의 서두에 나오는 낙심한 크랩 박사가 친구와 나눈 중요한 대화를 살펴보라. 대화 내용, 어떤 일이 일어났는지, 하나님이 그 친구를 통해 어떤 일을 하셨는지에 대한 크랩 박사의 분석을 자세히 살펴보라. 그 대화에서 가장 눈에 띄는 것은 무엇인가? 그 분석에서는 또 어떤가? C. S. 루이스의 말처럼 당신이 하나님을 발견하도록 도와준 친구가 있었는가? 언제였는가?

- 새로운 정결함에서 나오는 **함께 기뻐하고 싶은 욕구**(211-212쪽에서 정의하고 있는)가 영혼을 치유하는 이유는 무엇인가? 달리 말해서, 죄를 인정하면 왜 예배를 드리게 되는가? 이런 경험을 해본 적이 있는가? 누가 당신과 함께 기뻐해 주었는가? 혹은 어떤 사람의 아랫방을 인식했음에도 불구하고 그와 함께 기뻐한 적이 있는가?

- **비전을 품고 싶은 욕구**(212-214쪽에서 정의하고 설명하고 있는)가 죄된 지배 욕구의 해결책인 이유는 무엇이고, 그로 인해 치유가 일어나는 이유는 무엇인가? 비전을 품고 싶은 욕구가 하나님을 신뢰하려는 욕구를 일깨우는 이유가 무엇인지 자신의 말로 설명해 보라. 당신이 지배하던 것을 결국 하나님께 내어드림으로써, 그분에 대한 신뢰가 커진 적이 있는가? 구체적으로 말해 보라. 새로운 정체성은 성도들 안에서 신뢰 욕구를 불러일으킨다. 그리고 우리가 그 성도들과 함께 여행할 때 그 욕구는 다른 사람이 미래에 되어질 모습에 대한 비전을 품고 싶은 욕구로 바뀐다. 당신은 가까이에 있는 사람에 대해 어떤 비전을 품고 있는가? 당신에 대해 '비전을 품은' 사람은 누구인가? 또 그 사람은 당신의 삶에 어떤 영향을 미치는가? '비전을 품은 사람들'의 공동체에 속하는 것은 어떤 의미일 것 같은가?

- **분별 욕구**(214-216쪽에서 설명하고 있는)는 새로운 기질이라는 새 언약의 선물에서 나온다. 당신은 성장하고자 하는 깊은 욕구를 느낀 때…시련을 영성 형성의 수단으로 환영한 때…거룩함을 더 사모했던 때가 있었는가? 각각에 대해 자세하게 말해 보라. 고통을 적으로 보지 않는 것이 치유가 되는 이유는 무엇인가? 당신은 고난을 성장의 기회로 본 적이 있는가? 혹은 누군가가 그렇게 반응하는 것을 본 적이 있는가? 어떤 성장이 있었는가? (이 질문에 답하기에는 너무 이를지도 모르겠다.) 성장에 대한 기대나 성장에 마음을 여는 일은 고통당하는 사람에게 어떤 영향을 미쳤는가?

- 힘을 부어 주고 싶은 욕구(216-218쪽에서 설명하고 있는)는 압박감을 버리는 것을 나타낸다. 그러한 움직임이 치유를 향한 걸음이 되는 이유는 무엇인가? 순종 욕구를 조금이라도 맛본 적이 있는가? 우리의 새로운 능력이신 성령께서는 순종 욕구를 불러일으키신다. 그리고 그 욕구는 성령께서 우리 속에서 일으키시는 것은 무엇이든 다른 사람들에게 주어 그들도 우리 주님을 더 순종하게 하고 싶은 욕구로 바뀐다. 우리가 우리 속에 있는 가장 영적인 것을 다른 사람에게 주는 것, 그것은 사실 서로에게 그리스도를 보여 주는 것이다. 당신은 다른 사람 속에 있는 그리스도를 본 적이 있는가? 그때의 경험을 묘사해 보고, 어떻게 그 일이 거룩함을 향해 나아가도록 해주었는지 설명해 보라.

- 영적 공동체는 다른 누군가의 마음에 그를 윗방으로 옮겨 주는 욕구를 일으킴으로써 영혼을 치유한다. 그곳에서는 아랫방 욕구들이 죄로 폭로된다. 하지만 그 욕구들이 죄로 보여야만 그것들을 무시할 수 있다. 견고하고 고귀한 욕구들을 봐야만, 악한 욕구들의 본색을 알게 될 것이다. 220쪽의 도표, 이번 장의 가장 중요한 결론, 그에 뒤이은 네 단락에서 제기된 질문들을 다시 살펴보라. 크랩 박사가 여기서 제시하는 갈림길의 선택을 당신의 말로 정의해 보라. 관리자가 아닌 신비가가 되는 길을 선택하려 할 때 당신은 느끼는 두려움, 망설임, 흥분, 기대는 무엇인가? 구체적이고 기도하는 마음으로 말해 보라.

영적 공동체는 다음의 네 가지 욕구를 드러내는 두 사람 이상의 무리가 그 욕구를 서로 주고받는 것이라 말할 수 있다. 함께 기뻐하는 데서 오는 안전함, 비전이 주는 소망, 사랑스러운 분별의 지혜, 어루만짐의 능력이 그것이다. 영적 공동체에서는 서로 만날 때 어떤 욕구들이 생겨난다. 그것은 하나님이 새 언약을 통해 주신 복을 누리며 살아갈 때 초자연적으로 일어나는 욕구들이다. 두 개의 갈림길 중 한 가지는 관리자의 길이다. 이것은 계속 아랫방에 머물면서 치유하는 공동체를 발전시키려 노력하는 관리자로 살아가는 넓은 길이다. 또 다른 갈림길은 신비가가 되는 좁은 길이다. 이 신비가들은 그 영혼 속에서 하나님의 임재와 일하심을 경험한다. 이 책의 나머지 부분에서는 신비주의의 길을 선택하는 데 필요한 것이 무엇인지 나눌 것이다.

14
관리자인가, 신비가인가 : 공동체의 신비

- 영혼이 치유받을 수 있는 안전한 공동체는 사람들이 서로를 바라보는 공동체이며, 그들이 거룩한 욕구를 느끼도록 성령께서 일하시는 공동체다. 그들은 그 욕구들을 품고 서로 대화를 나눈다. 그 욕구들은 우리가 관리할 수 없는 것이다. 그래서 우리는 겸손히 하나님을 의지한다. 신비가가 되는 것이다. 크랩 박사는 신비주의를 "거듭난 마음 안에서 느끼는 영적 욕구로, 성령께서 보여 주신 진리와 그 진리를 누리게 해주시는 같은 성령의 도움으로만 존재할 수 있다"고 정의한다. 이 정의는 신비주의에 대해 당신이 이전에 이해한 것과 어떤 점이 다른가? 이 정의에서 매력적인 것, 혹은 흥미로운 것, 혹은 위협적인 것은 무엇인가?

- 문제는 우리가 관리자이거나 형편없는 신비가라는 것이다. 우리는 나쁜 욕구들만 느끼는 경향이 있다. 크랩 박사는 나쁜 욕구들만 느

겪던 개인적인 예를 제시한다. 당신은 최근의 어떤 상황에서 그러한 강렬한 욕구를 느꼈는가? 겉으로는 은혜롭게 보여도, 자아에 관심을 쏟고, 상황을 지배하며, 고통을 피하고, 옳게 행동하려는 압박에 굴복하려는 당신의 악마적 자아가 활동을 시작했던 때가 있었는가?

- 영적 공동체는 관계의 기술을 배우고 연습한다고 시작되지 않는다. 영적 공동체는 새 언약이 열어 준 문을 통해 그분께 가까이 나아가 그분과 관계를 맺음으로써 시작된다. 당신은 어떤 면에서 십자가가 열어 준 문을 활용했는가? 혹은 활용할 수 있겠는가? 예를 들어, 다른 사람들을 다스릴 수 있는 권력을 내려놓는 겸손을 배우기 위해 무엇을 하고 있는가?

- 공동체가 영적이냐 아니냐는, 교리적 기초만으로 판단할 수 있는 문제가 아니다. 공동체의 가장 강렬한 욕구가 무엇인가를 점검해야 한다. 거울을 들여다보라. 그리고 당신의 대답이 긍정이든 부정이든, 아래의 질문들에 대한 당신의 대답을 설명해 주는 증거를 제시하라.

　― 우리의 예배 욕구는 자아에 대한 욕구를 밀어내고 있는가?
　― 우리의 신뢰 욕구는 지배 욕구를 옆으로 밀쳐내는가?
　― 우리의 성장 욕구는 기꺼이 필요한 고통을 겪으려 하는가?
　― 우리의 순종 욕구는 옳은 일을 해야 한다는 압박감을 덜어 주고, 오히려 우리가 하는 옳은 일을 즐거워하게 해주는가?
　― 당신은 신비를 두려워하는가?

— 당신은 성령을 두려워하는가?

- 232쪽에 나오는 논의를 통해 당신은 천국에 대한 어떤 새로운 시각을 얻었는가? 또 베드로전서 1장 3-4절에서 영적 공동체에 대한 어떤 새로운 소망을 찾았는가?

❧

이제 아마도 신비로운 공동체가 되는 전략, 세상에서 가장 안전한 공동체가 되는 전략을 막연하게나마 표현한 모델이 도움이 될 것이다. 하지만 먼저 우리에게 영적 공동체를 향해 나아가려 하는 마음이 있는지 분명히 해야 한다. 거기에는 대가가 따른다.

15
위험을 감수할 만하다

- 상황을 더 나아지게 할 수 있지만 그렇게 하지 않으신 주권적이고 사랑 많으신 하나님을 믿기보다는, 시계를 작동시키고 나서 뒤로 물러나 있는 시계공을 믿는 편이 더 낫다고 생각했던 적이 있는가? 또 비유적으로 말해서, 당신의 삶에서 의사를 보러 가지 않기를 바랐던 때가 있었는가? 당신에 대해 더 많이 드러내려 하지 않고, 공동체는 물론 다른 사람과 더 친밀해지려 하지 않았던 때가 있었는가?

- 크랩 박사는 주위를 둘러보라고 말한다. 당신이 아는 행복한 사람들은 인격적이고 중요한 공동체에 별로 참여하지 않는 것처럼 보이는가? 그런 모습, 그 분명한 현실에 대해 당신은 어떻게 생각하는가? 왜 그런 일이 생길 수 있다고 생각하는가?

- 크랩 박사는 이렇게 쓴다. "공동체의 위험이 홀로 떨어져 있는 사람의

지루한 안전함보다 더 좋아 보였다. 악한 것만이 영적 공동체에 해롭다." 영적 공동체에 대한 이해가 깊어 가는 것에 기초하여 무엇이 '악한' 것이 될 수 있을지 정의해 보고, 당신은 크랩 박사의 말에 동의하는지, 동의하지 않을지와 그 이유를 설명해 보라.

• 크랩 박사는 영적 공동체를 추구하면서 경험한 두려움을 솔직하게 나눈다. 그는 자신이 추구한 것이, 도로시가 오즈를 찾는 것과 비슷하지 않은지, 아무 소용도 없는 십자군 전쟁에서 존재하지도 않는 가상의 적들을 공격하는 돈키호테 같지는 않은지 염려스럽다고 말한다. 당신은 자신에 대해 그런 생각을 해본 적이 있는가? 성전의 영광을 어렴풋이 본 당신은 이상적인 공동체의 모습에 대한 크랩 박사의 흥분을 똑같이 중요하게 여기는가? 당신이(그리고 크랩 박사가) 더 못한 것에 안주하도록 만드는 것은 무엇인가?

• 하나님을 향해 여행하다 보면 그분은 당신을 미치는 것, 대체하는 것, 여행을 계속하는 것(245쪽)의 세 가지 가운데 하나를 택해야 하는 지점으로 끌고 가실 것이다. 각각의 선택을 하도록 만드는 것은 무엇인지 말해 보고, 각각의 장점과 단점을 나열해 보라. 당신은 어느 쪽에 기우는가? 그 이유는 무엇인가?

※

진정한 공동체를 세우려다 보면 혼란과 실망을 겪을 것이고, 가끔은 극심한 영혼의 고뇌와 싸울 것이다. 하지만 그러한 고투들 때문에 우리는 보이지 않는 실재에 시선을 고정하게 된다. 즉, 성령께서 일하고 계신다는 사실에 집중하게 될 것이다. 또 더 좋은 날이 다가오고 있다는 사실, 즉 그리스도께서 다시 오신다는 사실을 믿게 될 것이다.

16
들어가라, 보라, 어루만지라: 영적 공동체를 세우는 방법

- 이번 장의 처음 다섯 쪽을 다시 본 다음, 영적 공동체는 왜 깨어짐으로 시작되는지 당신의 말로 설명해 보라.

- 크랩 박사는 영적 공동체에 이르는 길을 제시하기 전에, 영적 리더십을 가진 이들에게 전도, 제자도, 청소년 사역을 포함해 모든 것은 예배에서 나온다는 사실을 상기시킨다. 그는 또한 설교와 예배는 영적 공동체를 위한 준비이며, 바른 방향으로 좀 더 친하게 함께 여행하는 일의 서곡이라 생각한다고 말한다. 교회의 핵심은 하나님을 향해 여행하는 것이다. 당신의 교회는 예배하는 공동체인가? 그렇다고 답했다면 구체적인 증거를 들어보라. 또 아니라고 답했다면 당신의 교회가 어떻게 더 예배하는 공동체가 될 수 있을지 아이디어를 나누라. 당신의 예배 경험이 더 깊은 친밀함이나 동료 신자들과의 더 가까운 공동체로 향하는 길을 열어 주었던 적이 있는가?

- 영적 공동체는 늘 기적이다. 우리는 공동체가 생기도록 프로그램을 세울 수 없다. 그저 공동체가 생기도록 기도해야 한다. 우리는 직접 통제할 수 없는 일에 대해 너무 쉽게 기도하는 경향이 있다. 그리고 우리가 통제할 수 있다고 생각하는 일은 계속해 나간다. 영적 공동체를 세우는 일과 관련하여 기도와 기다림의 중요성을 요약해 보라. 헨리 나우웬은 그리스도의 삶에서 어떤 교훈을 끌어내는가? 당신이나 당신의 교회가 사역을 위해, 혹은 영적 공동체를 세우기 위해 애쓸 때, 그리스도께서 하셨던 방식과는 정반대로 했던 적이 있는가? 그분의 본을 따른다면 무엇이 달라질 수 있겠는가?

- 영적 공동체는 기도로 시작된다. 그다음 단계는 세 가지 기본 신념(성장은 신비다. 개인적인 거룩함은 숙련된 기술보다 더 중요하다. 종종 깨닫지 못할 수도 있지만 모든 욕망은 근본적으로 하나님을 향한 갈망이다)과 예수 그리스도 안에 계시된 하나님의 진리(예배, 신뢰, 성장, 순종하려는 영적 욕구를 일깨우는 진리. 새로운 정결함, 새로운 정체성, 새로운 기질, 새로운 능력이라는 조항이 담긴 새 언약의 진리)를 확고하게 붙잡는 것으로 기초를 놓는 것이다. 크랩 박사가 지금까지 이 책에서 말했던 모든 것을 종합한 네 가지 진술, 흐름을 표현한 도표, 세 가지 핵심 항목을 살펴보라. 이 부분을 읽을 때 무엇이 번뜩 떠올랐는가? 당신의 마음에 도전이 되거나 마음을 불타오르게 만든 것은 무엇인가? 영적 공동체에 대한 이러한 새로운 통찰과 살아난 욕구들로 무엇을 할 것인가?

- 들어가라, 보라, 어루만지라. 이제 당신이 이 단계를 밟을 준비가 되었는지, 이미 이 각각이 의미하는 바를 맛보았는지 숙고해 보라.

— **들어가라** 크랩 박사는 당신이 깨어졌지만 강한 사람, 연약하지만 소망을 품고 있는 사람, 호기심을 품고 있지만 정중한 사람이라면 당신을 자기 영혼 속으로 들어오게 할 것이다. 당신은 이런 자격 요건을 갖추었는가? 구체적으로 말해 보라. 당신의 주변에는 궁핍함이 느껴지지만 다른 한편으로 강함이 느껴지는 깨어진 사람이 있는가? 항상 하나님을 예배하고 당신을 기뻐할 이유를 찾는 사람, 당신에게 쓴소리를 할 수 있고 당신은 그것을 고마워할 수 있는 사람이 있는가? 무엇이 그 사람을 그런 사람으로 만들어 주었는가?

— **보라** 비전을 품는 것과 분별은 어떻게 다른가? 또 영적 공동체에서 이 두 가지가 어떻게 서로 보완되는가? 당신은 누군가의 속에서 그리스도를 본 적이 있는가? 그리스도의 어떤 면들을 보았는가? 당신 속에 거하시는 그리스도를 보는 사람은 누구며, 또 그것은 그리스도의 어떤 면들인가? 당신의 삶에서 특히 성령의 임재하심과 역사에 민감한 사람은 누구인가? 그 사람과의 만남은 어떤 유익이 되는가? 누군가 당신 안에서 혹은 당신을 통해 성령께서 역사하심을 말했던 때가 있는가? 그때 그 사람과의 공동체 혹은 사귐이 어떠하다고 느꼈는가?

— **어루만지라** 크랩 박사의 지혜로운 친구는 "그리스도께서는 항상 부드럽게 인도하신다네"라고 말했다. 주님께서 분명하지만 부드럽게 당신을 인도하셨던 때에 대해 구체적으로 나누어 보라. 주님께서 그리스도의 몸의 지체를 통해 당신을 분명하게 인도하셨던 적이 있는가? 주님께서 당신을 사용하여 누군가를 인도하신다는 사실을 당신에게 알려 준 사람이 있었는가? 이 경험은 그 사람과의 관계에 어떤 영향을 주었는가?

- 이 장의 마지막 부분(267-269쪽)을 죽 읽어 내려갔다면, 이번에는 자세히 읽은 다음 거기 나오는 제안들을 따라해 보라. 소그룹에 속해 있지 않다면 배우자, 기도 짝, 정기적으로 만나는 친한 친구를 생각해 보라.

영적 공동체는 사람들 사이에서 복음의 진리가 일깨운 성령의 욕구들이 흘러나오기 시작할 때 세워진다. 모이기를 폐하지 말고, 함께 모일 때 어떻게 사랑과 선행을 격려할지 골똘히 생각하라. 이제 서로 마주 보도록 의자를 돌릴 때다.

17
영적 공동체 되어 가기

- 하나님의 백성들, 혹은 하나님의 백성 중 한 사람이 폭풍이 이는 바다 가운데서 당신에게 바위가 되어 주었던 적이 있는가? 그 경험은 당신에게, 즉 당신의 신앙, 당신의 고통, 당신의 상황, 당신의 능력에 어떤 영향을 미쳤는가? 이 책에서 크랩 박사가 정의하는 진정한 영적 공동체에 의지할 수 있다면 어떨 것 같은가?

- 크랩 박사가 '영적 지도'라는 말을 어떤 의미로 사용하는지 당신이 이해한 대로 정의해 보라. 그것은 현대의 심리학이 제공하는 것과 어떻게 다른가?

- 영혼을 돌보고 치유하는 능력, 다른 사람의 삶 속에서 성령의 사역을 일깨우는 능력은 무엇보다도 영적 성숙, 즉 하나님과의 사귐의 깊이에 달려 있다. 당신의 삶에서 이런 역할을 할 만한 사람은 누가 있

는가? 당신은 상담가나 심리 치료사를 찾아갔던 적이 있는가? 혹은 찾아갈 것을 고려해 본 적이 있는가? 어떤 문제나 아픔에 직면했었는가? 심리적인 문제는 근본적으로 영적인 문제였는가? 영적 지도자의 제안 중에서 당신이 받아들이지 못했던 것이나 받아들이지 못할 것 같은 것은 어떤 것이 있을까?

- 마리아의 이야기를 다시 읽어 보라. 그녀가 영적 지도자의 인도를 받았거나 진정한 영적 공동체에 속했다면 어떤 유익을 얻었을지 설명해 보라.

- 이제 당신의 삶을 들여다보라. 진정한 영적 공동체에 속한다면 당신의 삶은 어떻게 달라질 것 같은가? 크랩 박사가 묘사한 것과 같은 영적 공동체를 찾기 위해 당신은 무엇을 할 것인가?

교회에는 많은 것이 필요하다. 하지만 교회가 그 목적을 바로 붙잡고 있을 때에만 그 필요의 우선순위를 제대로 정리할 수 있다. 교회의 목적은 사람들을 그리스도에게로 이끄는 것이다. 서로에게 그리스도를 비추어 주고, 우리 삶의 방식을 통해 사람들에게 그리스도를 보여 주는 것이다. 그 일은 하나님을 향해 여행하는 사람들의 공동체 안에서만 일어난다. 서로를 바라보며 의자를 돌리는 사람들의 그룹에서만 일어난다. 크랩 박사는 이런 공동체가 매력적으로 느껴진다면 하나님의 마음을 듣고 그분이 우리를 통해 하실 일을 보기 위해 기도하자고 초청한다. 교회는 하나님을 향해 함께 여행하는 영적 친구들과 영적 지도자들의 공동체여야 한다. 우리는 그러한 공동체가 되어야 한다. 기도는 그 출발점이다.

주

1장

1. 내가 주저 없이 확신하는 내용, 즉 복음주의 정통 신앙을 규명해 준 "여섯 가지 근본적인 확신" 목록에 대해서는 Alister McGrath, *Evangelicalism and the Future of Christianity*(Downers Grove, Il.: InterVarsity Press, pp. 55-56를 보라. 「복음주의와 기독교의 미래」(한국장로교출판사).
2. 이 용어는 트리니티 신학교의 구약학 교수 Richard Averbeck 박사의 도움을 받았다. 내가 잘못 사용했다면 용서를 구한다.

2장

1. Henri, Nouwen, *Sabbatical Journey*(New York: Crossroad, 1998), p. 25를 보라. 「안식의 여정」(복있는사람). "조금만 건드려도 다시 피를 흘리는 이 내면의 상처를 어쩌할까? 사랑받고자 하는 이 엄청난 욕망과 거절에 대한 이 엄청난 두려움, 이 상처는 사라질 거라 생각하지 않는다. 이 상처는 거기 그대로 있겠지만 그럴 만한 이유가 있을 것이다. 혹 구원으로 가는 입구, 영광에 이르는 문, 자유로 가는 통로는 아닐까?"
2. *Story of a Soul: The Autobiography of St. Therese of Lisieux*, trans.

John Clarke(Washington, DC: ICS Publications, 1996).

3장

1. 진정한 영적 움직임이 있다면 그것은 우리 둘 다에게 있을 것이다. 내가 그에게 무언가를 부어 주어 그가 그리스도를 향해 움직인다면, 나도 마찬가지로, 아니 더욱 강하게 움직일 것이다. 받는 것보다는 주는 것이 더 복된 일이니. 영적 공동체를 경험하는 순간에 영향을 받지 않는 사람은 아무도 없다.
2. 나는 이전 책에서 **목표**(우리가 해야만 하는 것과 우리만이 막을 수 있는 것)와 **욕망**(우리가 몹시 원하지만 얻을 수 없는 것)의 차이를 다루었다. *The Marriage Builder*(Grand Rapids, MI: Zondervan, 1982). 「결혼 건축가」(두란노).

4장

1. Jean Vanier, *From Brokenness to Community*(New York: Paulist Press, 1993), pp. 26-27. 「희망의 공동체」(두란노, 절판).

5장

1. Maggie Ross, *The Fire of Your Life: A Solitude Shared*(San Francisco, CA: HarperSanFrancisco, 1992), p. 120.
2. 앞의 책, p. 3.
3. Richard Foster, *Devotional Classics*(London: Hodder & Stoughton, 1993), p. 441에 인용되어 있다. 「신앙고전 52선」(두란노).

6장

1. C. H. Patterson and Suzanne Hidore, *Successful Psychotherapy: A Caring, Loving Relationship*(Northvale, NJ: Jason Aranson, 1997), 1장을 보라.
2. 앞의 책, pp. xv, 1-22.

3. 앞의 책, p. 13.

4. Patterson and Hidore, *Successful Psychotherapy*, p. 26에 인용되어 있다.

5. 앞의 책, p. 26.

6. 앞의 책, p. 26.

7. 앞의 책, p. 26.

7장

1. Richard Foster, *Devotional Classics*(London: Hodder & Stoughton, 1993), p. 478에 인용되어 있다. 「신앙고전 52선」.

2. 앞의 책, p. 479.

3. 갈라디아서 5:16-23을 보라.

8장

1. 세 인용문 모두 "A New Tale for Presidents' Day." *USA Today*, 12 February 1999, p. 55에 나온다.

2. Foster, *Devotional Classics*, p. 253에 인용되어 있다. 「신앙고전 52선」.

3. 같은 책.

9장

1. Henri Nouwen, *Sabbatical Journey*(New York: Crossroad, 1998), pp. 219-220. 「안식의 여정」.

2. Richard Lovelace, *Dynamics of Spiritual Life*(Downers Grove, Il: Inter Varsity Press, 1979), p. 89.

3. 같은 책, p. 86.

4. Teresa of Avila, *Interior Castle*, 3rd ed.(New York: Image Books, Doubleday, 1989), pp. 40-41. 「영혼의 성」(바오로딸).

5. C. S. Lewis, *Mere Christianity*(New York: Macmillan, 1952), pp. 94-95.「순전한 기독교」(홍성사).

10장

1. Nouwen, *Sabbatical Journey*, p. 220.「안식의 여정」.
2. Thomas à Kempis, *The Imitation of Christ*(London: Penguin Books, 1952), p. 45.「그리스도를 본받아」.

11장

1. Teresa of Avila, *Interior Castle*, p. 28.「영혼의 성」.
2. 이 내용의 상당 부분은 칼리지 스테이션(College Station), 그레이스 바이블 교회(Grace Bible Church)의 담임 목사, Dwight Edwards의 탁월한 가르침의 도움을 받았다.
3. Robert Webber, *Worship Old and New*(Grand Rapids, MI: Zondervan, 1994), p. 31.
4. 사람은 누구나 규제를 벗어던지고 제멋대로 죄를 짓는 은밀한 상상을 한다고 생각한다. 그것은 매력적으로 들릴 수 있다. 이에 굴복하지 않는 사람은 두 부류다. 두려운 사람과 신뢰 욕구가 더 강한 사람. 두 번째 부류가 더 큰 기적이다.

12장

1. Teresa of Avila, *Interior Castle*, p. 47.「영혼의 성」.
2. 친구에게서 받은 개인적인 편지에서 인용하였다. Peterson의 글의 출처는 찾을 수 없었다.
3. Eugene Peterson. 친구의 편지에서.
4. Peter Kreeft, *Christianity for Modern Pagans: Pascal's Pensees* (SanFrancisco: Ignatius Press), p. 321.

5. 앞의 책, p. 322.

6. James Houston, *The Heart's Desire*(Colorado Springs: NavPress, 1996), p. 21.

7. 앞의 책, p. 54.

13장

1. A. W. Tozer, *The Christian Book of Mystical Verse*(Harrisburg, PA: Christian Publications, 1963), p. vi.

14장

1. Tozer, *The Christian Book of Mystical Verse*, pp. 26-27.

2. Houston, *The Heart's Desire*, p. 17.

3. 앞의 책, p. 198.

4. Kreeft, *Christianity for Modern Pagans*, p. 236. 그다음 파스칼은 이렇게 덧붙인다. "우리가 이성의 법칙을 위반하면 우리 종교는 불합리하고 터무니없어질 것이다. 이성을 배제시키는 것, 이성만을 인정하는 것, 둘 다 지나치다"(p. 237).

16장

1. Tozer, *The Christian Book of Mystical Verse*, p. vii.

2. Wayne Martindale and Jerry Root, eds., *The Quotable Lewis*(Wheaton, IL: Tyndale, 1989).

옮긴이 김명희는 연세대학교 영어영문학과를 졸업하고, IVP 편집부에서 일했다. 옮긴 책으로는 「리더가 리더에게」, 「성경은 드라마다」, 「영혼을 세우는 관계의 공동체」, 「제자도」, 「너의 죄를 고백하라」, 「영성에의 길」, 「리더는 무엇으로 사는가」, 「이는 내 사랑하는 자요」, 「아담」(이상 IVP) 등 다수가 있다.

영혼을 세우는 관계의 공동체

초판 발행_ 2013년 11월 25일
초판 8쇄_ 2024년 3월 25일

지은이_ 래리 크랩
옮긴이_ 김명희
펴낸이_ 정모세

펴낸곳_ 한국기독학생회출판부
등록번호_ 제2001-000198호(1978.6.1)
주소_ 04031 서울시 마포구 동교로 156-10
대표 전화_ (02)337-2257 팩스_ (02)337-2258
영업 전화_ (02)338-2282 팩스_ 080-915-1515
홈페이지_ http://www.ivp.co.kr 이메일_ ivp@ivp.co.kr
ISBN 978-89-328-1307-3

ⓒ 한국기독학생회출판부 2013

책값은 뒤표지에 있습니다.
무단 전재와 복제를 금합니다.